Lexikon Sortimentspolitik
Gestaltung – Schnittstellen – Management – Kennzahlen

Enzyklopädie des Handels

Susanne Czech-Winkelmann

Lexikon Sortimentspolitik

Gestaltung – Schnittstellen – Management – Kennzahlen

Deutscher Fachverlag

Bibliografische Information Der Deutschen Bibliothek
Die Deutsche Bibliothek verzeichnet diese Publikation in der Deutschen Nationalbibliografie; detaillierte bibliografische Daten sind im Internet über http://dnb.dnb.de abrufbar.

ISSN 1436-4336
ISBN 978-3-86641-040-4
© 2010 by Deutscher Fachverlag GmbH, Frankfurt am Main.
Alle Rechte vorbehalten.
Nachdruck, auch auszugsweise, nur mit Genehmigung des Verlages.
Umschlag: Bayerl & Ost, Frankfurt am Main
Satz: Mitterweger & Partner, Plankstadt
Druck und Bindung: Stürtz GmbH, Würzburg

Vorwort der Herausgeber

Die Enzyklopädie des Handels umfasst die wichtigsten Fachgebiete der täglichen Handelspraxis. Jeder Band behandelt den Gegenstandsbereich in sich geschlossen. Jedes Stichwort wurde dabei sorgfältig ausgewählt und inhaltlich auf die Schnittstellen zwischen Herstellern, Händlern und Kunden ausgerichtet.

Die Autoren sind namhafte Experten auf ihrem Fachgebiet, die seit vielen Jahren an den Schnittstellen Hersteller – Handel – Konsumenten arbeiten und forschen. Die Reihe richtet sich u. a. an Manager in den Unternehmen, die den Handel beliefern, an Manager aus dem Handel selbst und an Lehrende und Studierende an Hochschulen, Berufsakademien und Fachschulen.

Die Verfügbarkeit handelsrelevanter Fachinformationen hat in den letzten Jahren deutlich zugenommen:

- Die Publikationen über die Besonderheiten des Handels konzentrieren sich in der Regel auf die Übertragung allgemeiner Marketing- und Managementüberlegungen auf den Handel.

- Gerade das Internet bietet für viele Stichwörter Fundstellen an. Bei genauer Untersuchung erweisen sich jedoch zahlreiche dieser frei zugänglichen Informationen als wenig praxistauglich, da sie oft nicht dem aktuellen Wissensstand entsprechen, aus dem notwendigen Zusammenhang gerissen sind, vorrangig das wirtschaftliche Interesse des Autors vertreten oder gar fehlerhaft sind. Kurz gesagt: Die Fachinformationen aus vielen elektronischen Quellen sind nicht reliabel und damit für Praxis und Lehre eher schädlich.

In der Praxis zeigt sich immer wieder aufs Neue, dass gut gemeinte Marketingideen der Hersteller an der Handelspraxis scheitern und umgekehrt Forderungen der Händler durch die Hersteller häufig nicht erfüllt werden können. Es fehlt an der schnellen Verfügbarkeit des korrekten Fachwissens. Die Enzyklopädie des Handels, die im Rahmen der Fachzeitung **Lebensmittel Zeitung** erscheint, will diese Lücke schließen und allen Interessierten einen schnellen Zugriff auf den aktuellen Wissensstand ermöglichen.

Der Reihe ist zu wünschen, dass sie eine weite Verbreitung und große Resonanz bei möglichst zahlreichen Lesern bzw. Nutzern in Handel und Industrie findet.

Wiesbaden, im April 2010

Klaus Brüne
Susanne Czech-Winkelmann
Bernhard Heidel
Jakob Weinberg

Vorwort der Autorin zum Werk

Einen eigenen Band zu dem Themenkreis „Sortimentspolitik/ECR" zu verfassen, stellte von Anfang an eine besondere Herausforderung dar, die ich aber gerne angenommen habe, zumal mir ein Werk dieser Ausrichtung in der vorliegenden Fachliteratur bisher nicht untergekommen war: Was gehört im Kern zur Sortimentspolitik des Handels, und was nicht mehr? Welche Stichwörter erwartet der suchende Leser in einem solchen Band – und welche nicht? Welche Schnittstellen zu anderen Disziplinen müssen deshalb erfasst werden, und wo soll man die Grenze ziehen? Käuferverhalten, Marktforschung, Logistik, EDI, Enabling Technologies, Category Management, Verkaufsförderung, Werbung, Preisgestaltung, Internationales Marketing, rechtliche Aspekte, Betriebstypen, Kennziffern des Handels, Psychologie, E-Commerce – die Sortimentspolitik hat Berührungspunkte zu all diesen Fachgebieten.

Das Zustandekommen dieses Bandes wäre ohne zahlreiche Helfer nicht denkbar gewesen. Allen voran gebührt der Dank meinem wissenschaftlichen Assistenten und Tutor Janis Denne, der unermüdlich recherchiert und Wissenswertes zusammengetragen hat. Auch die Grafiken sind durch seine Hand entstanden. Mit dem Zusammentragen der ersten vielen hundert Stichwörter legte meine frühere Tutorin Katja Schulz – die sich mittlerweile als Sales Analyst/Key Account Managerin in einem internationalen Konsumgüterkonzern bewährt – den Grundstein für diesen Band. Meine Tutorin Jaqueline Boos hat mit sehr viel Akribie und Überstunden an den Enabling Technologies gearbeitet. Vielen Dank. An dieser Stelle gilt mein Dank auch der GS1 Germany für die Unterstützung und die zur Verfügung gestellten Bilder. Ein herzliches Dankeschön ebenfalls an Claudia Rivinius, Leitung Unternehmenskommunikation der STI – Gustav Stabernack GmbH für die Stichwörter und Texte zum Bereich Verpackung/Display und die vielen Abbildungen, die diesen Band auflockern und so das Lexikon leichter lesbar machen. Dank an die vielen weiteren Helfer, ohne die der eine oder andere Beitrag nicht zustande gekommen wäre. Dem Fachbereich Wirtschaft möchte ich danken für die zur Verfügung gestellten Mittel zur Finanzierung des wissenschaftlichen Mitarbeiters. Und zuletzt ein herzliches Dankeschön an den Verlag für das übertragene Vertrauen und insbesondere an Iris Werner für ihre wertvolle persönliche Unterstützung in den letzten Arbeitsmonaten und ihre geschätzten Beiträge im Rahmen des Lektorats.

Allen, die in diesem Band stöbern, wünsche ich, dass sie darin für sich hilfreiche Anregungen finden und weiterführende Erkenntnisse mitnehmen – außerdem freue ich mich über alle Anmerkungen, die von Ihnen, sehr verehrte Leser, kommen, um diesen Band fortzuführen und der Sortimentspolitik damit erstmals den ihr gebührenden Platz im Regal zu geben.

Wiesbaden, im April 2010   *Susanne Czech-Winkelmann*

Vorwort der Autorin zum Werk

Die Verfasserin freut sich über Anregungen und Verbesserungsvorschläge:

Susanne.Czech-Winkelmann@hs-rm.de

Prof. Dr. Susanne Czech-Winkelmann
Vertriebsmanagement – International Sales Management
Wiesbaden Business School
Hochschule RheinMain – University of Applied Sciences
Bleichstraße 44
65183 Wiesbaden

A

ABC-Analyse
Die ABC-Analyse ist ein (zweidimensionales) Analyseverfahren, mit dem Kunden, Geschäftsfelder, Produkte, Produktgruppen usw. anhand von ausgewählten Kriterien verglichen werden, um anschließend in eine Rangreihe ihrer Bedeutsamkeit gebracht zu werden. Diese Rangreihe wird wiederum nach bestimmten, individuell festzulegenden Kriterien nach den Kategorien A, B, C (usw.) klassifiziert. Die verwendeten Kriterien sind in der Regel betriebswirtschaftliche Kennzahlen wie Umsatz, Absatz, Marktanteil, Deckungsbeitrag usw, die zu bestimmten Objekten in Beziehung gesetzt werden.
Beispiele:
- Kunden – Umsatz
- Produkte – Spanne
- Artikel – Lagerbestand
- Warengruppen – Rohertrag
- Lieferanten – Einkaufsvolumen

Die Kategorien sind von absteigender Ordnung, sodass beispielsweise A-Produkte einen besonders hohen Umsatzanteil oder Deckungsbeitrag haben, während C-Produkte in einem wesentlich geringeren Maße zum Umsatz des Unternehmens beitragen.
Die Anzahl an Kategorien, in die die Objekte eingeteilt werden, ist abhängig von der Zielsetzung der Analyse und der folgenden, unterschiedlichen Behandlung der verschiedenen Kategorien. So kann es durchaus sinnvoll sein, fünf oder sechs oder mehr Kategorien zu bilden, sofern für die Objekte in diesen Kategorien jeweils auch individuelle Pläne festgelegt und auch durchgeführt werden.
Die ABC-Analyse bestätigt sehr oft das sogenannte Pareto-Prinzip, das besagt, dass in seinem Ursprung 20 % der Bevölkerung 80 % des Einkommens erhalten. (Vilfredo Pareto, 1848–1923, war Nationalökonom und Soziologe italienischer Herkunft. Er entdeckte 1897 dieses Prinzip bei seiner Beschäftigung mit der Verteilung von Reichtum und Einkommen im England des 19. Jahrhunderts.)
Mit der ABC-Analyse ist es möglich:
- das Wesentliche vom Unwesentlichen zu trennen
- sich auf das Wesentliche zu konzentrieren
- Schwerpunkte zu setzen
- Wirtschaftlichkeit und Effizienz zu steigern.

Above-the-Line
Darunter werden die „klassischen" werblichen Maßnahmen verstanden, wie TV, Print, Radio, Kino und Plakatwerbung.
→ Below-the-Line.

Absatz
Menge an eigenproduzierten oder auch fremdbezogenen Gütern (Waren und Dienstleistungen), die ein Unternehmen innerhalb einer Periode über einen Absatzmarkt veräußert.
Die Multiplikation des Absatzes mit dem Güterpreis ergibt den Umsatz.

Absatz, aktionsbereinigt
Absatz von Normalware ohne Aktionsware.

Absatzanalyse
Systematische Untersuchung der vergangenen und gegenwärtigen Absatzmengen eines Unternehmens in einem bestimmten Absatzmarkt und innerhalb eines bestimmten Zeitraums.
Die hierbei untersuchten Faktoren beziehen sich z. B. auf die Abnehmer/Konsumenten, die Wettbewerber oder z. B. den Preis.

Absatzanteil

Ziel ist es, möglichst umfangreiche Informationen und Erklärungen über die Marktentwicklung und die aktuelle Marktlage zu erhalten und die Prognose zukünftiger Absätze zu verbessern.

Absatzanteil
Gibt an, wie hoch der Anteil (in Prozent) eines Produkts oder z.B. einer Produktgruppe am gesamten Absatzvolumen des Unternehmens ist.
Durch Ermittlung des Absatzanteils und des Absatzmixes können verbesserte Entscheidungen in der Sortimentspolitik getroffen werden.

Absatzgebiet
(engl.: Sales Area)
→ Verkaufsgebiet.

Absatzkanal
(engl.: Channel, Trade Channel, Marketing Channel, Distribution Channel)
Bezeichnet den Weg, über den die betrieblichen Leistungen (Waren, Dienstleistungen) des Herstellers dem Abnehmer verfügbar gemacht werden. Weitere Bezeichnungen für den Absatzkanal sind z.B. Absatzweg, Vertriebskanal, Vertriebsweg, Distributionskanal oder Distributionsweg. Grundsätzlich wird zwischen Direktvertrieb und indirektem Vertrieb mit Einschaltung von Handelsorganisationen – Großhandel/Einzelhandel – unterschieden.
Die richtige Kanalauswahl ist äußerst wichtig für den Erfolg der Unternehmung. Die Produktart und das Verhalten sowie die Erwartungen der Konsumenten/Abnehmer nehmen erheblichen Einfluss auf die Entscheidung.
Preisdruck und direkter Zugang zum Abnehmer führen dazu, dass immer mehr Unternehmen versuchen, den Direktvertrieb als Absatzkanal zu forcieren. Dadurch ist auch das Internet in den letzten Jahren für viele Branchen ein äußerst wichtiger Absatzkanal geworden.
Werden mehrere unterschiedliche Absatzkanäle eingesetzt, spricht man von „Multi-Channel-Distribution" bzw. einem Mehrwegeabsatz.
Beispiel: Absatzkanal für ein Haarprodukt sind Frisör, Drogeriemarkt/Lebensmitteleinzelhandel und eigene Salons.

Absatzvolumen
Mit dem Absatzvolumen wird der gesamte, realisierte Absatz eines Unternehmens in Mengeneinheiten innerhalb einer bestimmten Periode auf einem abgegrenzten Markt bezeichnet. Das Absatzvolumen eines Unternehmens im Verhältnis zum gesamten Absatzvolumen des jeweiligen Markts entspricht dem → Marktanteil des Unternehmens.

Abschrift
(Synonym: Preisabschrift)
Unter Abschrift versteht man eine Reduktion des bisherigen Verkaufspreises einer Ware. Eine Preisabschrift erfolgt mit dem Ziel, den → Abverkauf bestimmter Artikel zu erhöhen, um so ihren Lagerbestand zu senken und sie anschließend durch andere oder auch neue Produkte im Sortiment zu ersetzen.
Beispielsweise werden bei verderblichen oder stark mode- sowie trendabhängigen Waren nach einem festgelegten Zeitraum automatisch Preisabschriften vorgenommen, um das Sortiment möglichst zügig von ihnen zu bereinigen.
Bei modeabhängigen Waren, wie z.B. Textilien, fanden Preisabschriften insbesondere in den früher geläufigen Sommer- und Winterschlussverkäufen statt.

Abverkauf
Form des Verkaufs, die darauf abzielt, durch Aktionen (meist Rabattaktionen) eine möglichst hohe Senkung der Lagerbestände herbeizuführen.

Gründe dafür liegen vor allem in Trendänderungen, in Produktinnovationen oder in dem Beginn einer neuen Saison, wodurch die noch im Sortiment vorhandenen Waren für den Kunden „unattraktiv" werden.

Der Abverkauf findet hauptsächlich im Einzelhandel statt. Ein populäres Beispiel für den Abverkauf sind die früher üblichen Sommer- und Winterschlussverkäufe.

Abverkauf je führendem Geschäft (Stück/Wert)

Summe des gesamten Verkaufs (Stück/Wert) dividiert durch die Anzahl der führenden Geschäfte innerhalb einer Periode und eines Markts.

Als „führend" wird in diesem Zusammenhang ein Geschäft bezeichnet, das den jeweiligen Artikel in der betrachteten Periode im Sortiment geführt hat (= numerische Distribution).

Abverkauf je verkaufendem Geschäft (Stück/Wert)

Summe des gesamten Verkaufs (Stück/Wert) dividiert durch die Anzahl der verkaufenden Geschäfte innerhalb einer Periode und eines Markts.

Als „verkaufend" gelten in diesem Zusammenhang Geschäfte, die den jeweiligen Artikel in der betrachteten Periode mindestens einmal veräußert haben.

Abverkaufsquote

Kennzahl, die das Verhältnis von verkauften Waren (Absatz) zum ursprünglichen Lagerbestand und den Wareneingängen innerhalb einer Periode widerspiegelt. Die Abverkaufsquote dient vorrangig dazu, Informationen über die Nachfrageintensität und damit über die Verkäuflichkeit eines Artikels zu gewinnen.

Sie berechnet sich nach folgender Formel:

$$\text{Abverkaufsquote} = \frac{\text{Absatz}}{\text{Lagerbestand} + \text{Warenzugänge}} \times 100$$

Beträgt der ursprüngliche Lagerbestand 100 und die Warenzugänge in der betrachteten Periode 50, dann handelt es sich um einen eher wenig nachgefragten Artikel, wenn die Abverkaufsquote 30 % beträgt.

Die Abverkaufsquote wird bei kurzfristigen sortimentspolitischen Entscheidungen hinsichtlich Preisreduktion, Warenplatzierung, Warenpräsentation sowie Nachkäufen relevant.

Werden die Artikel nach ihrer Abverkaufsquote sortiert, so entsteht die Renner/Penner-Liste, die anschaulich ausdrückt, was die Abverkaufsquote aussagt.

Acht-Stufen-Prozess

(Synonym: 8-Stufen-Prozess)
(engl.: 8-Step Category Management Process)

Der Category Management Process ist ein von Hersteller und Handel gemeinsam erarbeiteter Planungsprozess, der dazu dient, langfristig strategische und operative Leistungsziele im Category Management zu erreichen. Der Prozess, der auch als Kernstück des Category Managements gesehen wird, erstreckt sich über acht Schritte, weshalb er auch als „Acht-Stufen-Prozess" bezeichnet wird.

Die Schritte des Acht-Stufen-Prozesses gliedern sich wie folgt:

Abb.: Der Acht-Stufen-Prozess des Category Managements

Added Value

→ Warengruppen-Definition
→ Warengruppen-Rolle
→ Warengruppen-Bewertung
→ Warengruppen-Leistungsanalyse
→ Warengruppen-Strategien
→ Warengruppen-Taktiken
→ Warengruppen-Planumsetzung
→ Warengruppen-Überprüfung.

Added Value
→ Zusatznutzen.
Der Added Value ist ein addierter Wert oder Zusatznutzen eines Grundprodukts, der aufgrund einer mit dem Produkt verbundenen konkreten Zusatzleistung, wie Kundendienst, Garantie, Service usw., entsteht.
Beispiel: Functional-Food-Produkte sind Lebensmittel mit einem gesundheitlichen Added Value/Zusatznutzen. Beispielsweise sollen bestimmte Margarine- oder Milchprodukte durch zugesetzte Phytosterine den Cholesterinspiegel senken.
Bei Unternehmensleistungen mit hoher Substitutionsgefahr kommt dem Added Value eine besondere Bedeutung zu.

After-Sales-Service
Der sogenannte Nachkauf-Service. Es handelt sich um Dienstleistungen, die dem Kunden nach dem Kauf einer Ware oder Dienstleistung angeboten werden.
→ Kundendienst.

Agentrics LLC
Agentrics LLC mit Sitz in Alexandria, Virginia, USA, entstand im November 2005 aus der Verschmelzung von WWRE (World Wide Retail Exchange) und GNX (Global Net Exchange). Diese beiden Unternehmen wurden in den USA im Jahr 2000 gegründet, um Ineffizienzen in Beschaffung und Logistik zwischen Handel und Industrie zu reduzieren.
Agentrics bietet in verschiedenen Bereichen Lösungen an, so für Einkauf und Beschaffung, Globale Daten-Synchronisierung, Eigenmarken-Management usw.
Für Einkauf und Beschaffung ist Agentrics GenSource heute die am weitesten verwendete Plattform in der Konsumgüterindustrie.
Für die globale Daten-Synchronisierung zwischen Lieferanten und Händlern ist das Agentrics- → SINFOS-Joint-Venture → SA2 Worldsync zuständig.
www.agentrics.com

Agglomeration
Bezeichnet eine räumliche Konzentration, wie z. B. die Ansiedlung mehrerer (Handels-)Unternehmen am selben Standort.
Gründe für die Agglomeration aus Firmensicht sind die erhöhte Standortattraktivität sowie die Nutzung von Skalen- und Netzwerkeffekten.
Unterschieden wird in branchengleiche (z. B. Textiloutlets) und branchenungleiche (z. B. Geschäfte in der Innenstadt) Agglomeration; weiterhin in gewachsene (z. B. innerstädtische Geschäftszentren) und geplante Agglomeration (z. B. Einkaufszentren).
Nachteile der Agglomeration sind erhöhte Konkurrenz und Substituierbarkeit sowie eine zum Teil höhere Mitarbeiterfluktuation.

AIDA-Formel
Kurzformel für das bekannteste Wirkungsmodell der Werbung:
A = Attention (Aufmerksamkeit erzielen ≈ Unaided/Aided Awareness)
I = Interest (Interesse wecken ≈ Interest)
D = Desire (Wunsch nach Besitz erwecken ≈ Attitude)
A = Action (Kaufabsicht bzw. Kauf auslösen ≈ Trial, Purchase, Usage).

Aktion
(Synonym: Promotion/Verkaufsförderungsaktion/VKF-Aktion)

Sämtliche, meist temporäre Maßnahmen, die zur Förderung des Verkaufs am POS (Point of Sale) dienen.
Beispiele für Aktionen sind Gewinnspiele, Preisnachlässe, Verkostungsaktionen usw., die dem Käufer einen direkten Nutzen bringen und Kaufanreize schaffen sollen. Die Gestaltung der Aktionen wird in Preis-, Produkt-, Prominenten- und Themenaktionen differenziert.
Hauptziel der Aktionen ist die Absatzsteigerung.

Aktionen, Anteil
Anteil der Aktionen, die für ein Produkt oder einen Hersteller durchgeführt werden im Verhältnis zu den insgesamt durchgeführten Aktionen bzw. den in einer bestimmten Warengruppe durchgeführten Aktionen.

Aktionen, Anzahl
Anzahl der Aktionen, die für ein Produkt oder einen Hersteller in einer Periode von einem Handelsunternehmen durchgeführt wurden.

Aktionsartikel
Waren, die während einer zeitlich begrenzten Aktion im Sortiment vorzufinden sind.
Aktionsartikel zeichnen sich meist durch Preisvorteile oder durch einen anderen, mit den Artikeln verbundenen → Zusatznutzen für den Verbraucher aus.

Aktionsindexanalyse
Bewertet den Aktionserfolg hinsichtlich abverkaufter Menge sowie Gewinn.
Die Analyse erfolgt unter Betrachtung der für die Aktion verwendeten Promotionarten, um deren Wirksamkeit zu erfassen.
Ziel ist es, durch die Aktionsindexanalyse den Einsatz zukünftiger Verkaufsförderungsmaßnahmen zu optimieren.

Eine Erweiterung dieses Verfahrens stellt die → Drei-Phasen-Aktionsindexanalyse dar.

Aktionsplatzierung
Verkaufsförderungsaktion, verbunden mit einer Sonderplatzierung und meist auch einer Preisreduktion.

Aktionspreis
Unter dem Normalpreis festgelegter Preis, der lediglich für die Dauer der geschalteten Aktion Gültigkeit besitzt.

Aktionsprofilanalyse
Ermittelt die Anteile und die Häufigkeit unterschiedlicher Promotionarten (Preisnachlass, Display, Sonderaufmachungen, werbliche Unterstützung usw.) innerhalb eines Zeitraums.
Mit der Aktionsprofilanalyse ist es möglich, die unternehmenseigenen Aktionen mit denen der Konkurrenz zu vergleichen und auf deren Erfolg hin zu kontrollieren.

Aktionsrabatt
Form eines → Rabatts, der für ausgewählte Marken oder Artikel im Rahmen einer Verkaufsförderungsmaßnahme dem Handel gewährt wird. Als Gegenleistung für die Zahlung des Rabatts wird mit dem Produkt eine zeitlich befristete Aktion durchgeführt, z. B. eine Zweitplatzierung mit Preisreduktion der Ware oder eine Sonderplatzierung mit Laden- oder Handzettelwerbung. Solche Aktionen werden entweder in allen oder nur in ausgewählten Filialen durchgeführt.
Aktionsrabatte werden artikel- oder maßnahmenbezogen festgelegt. Liegt dem Aktionsrabatt eine bestimmte Maßnahme zugrunde, wird er pro hineinverkauftem Stück oder in Form eines Fixbetrags gezahlt. In letzterem Fall ist die Nähe zum Werbekostenzuschuss gege-

Aktionssortiment

ben. Der Aktionsrabatt dient auch zum Hineinverkauf größerer Warenmengen zulasten der Wettbewerber des Herstellers.

Aktionssortiment

Zeitlich begrenztes Sortiment von → Aktionsartikeln, die im Rahmen von Abverkaufsaktionen meist zu besonders günstigen Preisen angeboten werden. Durch das Angebot eines Aktionssortiments sollen die Absätze erhöht und das Preisimage des Unternehmens verbessert werden.

Allgemeine Nachricht
(engl.: General Message)
EANCOM-Nachrichtentyp: GENRAL
Dieser Nachrichtentyp dient dazu, allgemeine Nachrichten zwischen Geschäftspartnern zu transferieren. Aus diesem Grund ist für die GENRAL kein bestimmter Nachrichtentyp festgelegt.
Die allgemeine Nachricht wird beispielsweise dann zwischen Geschäftspartnern verwendet, wenn vorab gesendete EDI-Nachrichten genauer erläutert werden sollen oder wenn Unternehmen, die EDI neu eingeführt haben, eine Testnachricht an ihre Partner versenden möchten.

Ambulanter Handel

Betriebsform des Einzelhandels, der sowohl in „nicht stationärer" als auch in „halb stationärer" Form erfolgt.
Beim ambulanten Handel reisen die Verkäufer direkt zu oder in die unmittelbare Nähe des Kunden, um ihre Waren abzusetzen.
Der Markt-, Messe- und Straßenverkauf (halb stationäre Handelsform) sowie der Vertreterverkauf, Hausierhandel (nicht stationäre Handelsform) sind Beispiele hierfür.
Gebiete, in denen nur wenige Einzelgeschäfte existieren, werden oft durch den ambulanten Handel versorgt.

Anchor Store

(Synonym: Magnetmieter)
Sehr große und bekannte Handelsunternehmen in Einkaufszentren, die die gesamte Agglomeration maßgeblich beeinflussen und deren Existenz auf die anderen Mieter bzw. Einzelhändler ausstrahlt. In jüngster Zeit wird versucht, auch Nicht-Handelsunternehmen als Anchor einzumieten, z. B. besonders große und attraktive Fitnessstudios.

Anfrage

1. *(engl.: Request)*
Der Kunde fordert den Lieferanten auf, ein Angebot für bestimmte Waren oder Dienstleistungen abzugeben.
Es kann sich um ein allererstes Kontaktangebot, ein Richtangebot, aber auch um ein Festangebot handeln. Der Lieferant sollte die Art der Verbindlichkeit der Anfrage und den von ihm zu betreibenden Aufwand für das Angebot möglichst im Vorfeld abklären. In der Logistik werden die Anfragen „Request for Quotation", „Request for Proposal" und „Invitation for Bid" für ähnliche Anfragen verwendet, wobei sich „Request for Quotation" insbesondere auf die Anfrage eines unverbindlichen Preises für die benötigten Waren und/oder Dienstleistungen bezieht, wohingegen die „Request for Proposal"-Nachricht eine ausführlichere Darstellung der zu liefernden Waren anfordert.

2. *(engl.: Request for Quote Message)*
EANCOM-Nachrichtentyp: REQOTE
Bezeichnet eine Angebotsanfrage, bei der ein Unternehmen bzw. ein Abnehmer einem Lieferanten aufgrund eines konkreten und zumeist aktuellen Bedarfs eine Anfrage zur Abgabe eines Angebots zusendet.
In der Anfrage können dabei Daten eingesetzt werden, die vorher in der Part-

nerstammdaten- oder in der Preislisten-Nachricht ausgetauscht wurden.

Angebot
EANCOM-Nachrichtentyp: QUOTES
Das Angebot des Lieferanten bezieht sich auf die zuvor vom Kunden gestellte Anfrage. Das Angebot enthält Details zu allen Punkten, die vom Kunden angefragt wurden.
Angebote sind rechtlich verbindlich! Je nach Produkt/Branche ist eine zeitliche Begrenzung des Angebots ratsam.
Die im Angebot enthaltenen Angaben können vom Kunden direkt in eine Bestellung/ORDER umgewandelt werden.

Angebotskonzept
Im Angebotskonzept wird der gesamte Marketing-Mix und insbesondere das Sortiment nach den Vorstellungen des Handelsbetriebs zusammengestellt. Für die Sortimentszusammenstellung ist dabei oftmals die günstigste Einkaufsmöglichkeit ausschlaggebend.
Im Gegensatz dazu steht das → Zielgruppen-Konzept!

Ankunftsmeldung
(engl.: Arrival Notice Message)
EANCOM-Nachrichtentyp: IFTMAN
Bei der Arrival Notice Message handelt es sich um eine Ankunftsmeldung, die Auskunft über den Ankunftszeitpunkt und weitere Einzelheiten einer Lieferung gibt. Arrival Notice Messages werden von den Lieferanten zum Kunden gesandt, damit dieser die Ankunft einer Lieferung bestätigt und somit ein Beweis für eine erfolgte Lieferung vorliegt.

Anweisung zur Warenrückgabe
(engl.: Instructions for Returns)
EANCOM-Nachrichtentyp: RETINS
Ein Geschäftspartner informiert den anderen, ob und wie Waren zurückgegeben werden sollen. Die Bestimmungen, unter welchen Umständen, z.B. Qualitätsmängel, verspätete Lieferung o. Ä., Ware zurückgenommen wird, sind genau festgelegt.

Arrival Notice Message (IFTMAN)
→ Ankunftsmeldung.

Artikel
Kleinste, nicht mehr teilbare Einheit im → Sortiment eines Handelsunternehmens. Artikel repräsentieren bestimmte Produkte oder deren Bestandteile im Sortiment und sind über Artikelnummern bzw. → Barcodes eindeutig identifizierbar.
Anhand formaler Merkmale, wie Farbe, Form, Größe, Gewicht usw., können sie voneinander differenziert und zu bestimmten → Artikelgruppen bzw. → Warengruppen zusammgefasst werden. Die Anzahl der geführten Artikel in einer Warengruppe gibt Aufschluss über die Sortimentstiefe des Handelsbetriebs.

Artikelgruppe
(engl.: Category)
Mehrere Artikel im Sortiment, die aufgrund sich ähnelnder oder überschneidender Eigenschaften zu einer Gruppe zusammengefasst werden.
Die so entstehenden Artikelgruppen werden wiederum in Warengruppen zusammengefasst, die auch als Kategorien bezeichnet werden. Ziel dieser Gruppierung ist die Strukturierung des Sortiments, um somit eine erleichterte sowie verbesserte Sortimentssteuerung im Rahmen des → Category Managements zu erhalten.

Artikelhierarchie
Bezeichnet die systematische, nach bestimmten Kriterien festgelegte Gliederung der Waren eines Handelsunternehmens.
An der untersten Stufe einer Artikelhierarchie steht der einzelne → Artikel, der

Artikelcodierungssysteme

in unterschiedlichen Sorten und diese wieder in unterschiedlichen Aufmachungen, d.h. verschiedenen Größen, Farben, Formen etc., vorhanden sind. Je nach Art des Artikels, der Verwendungsmöglichkeit oder sonstigen kompatiblen Eigenschaften werden diese in homogene Artikelgruppen zusammengefasst. Mehrere Artikelgruppen werden zu Warengruppen vereinigt. An der höchsten Stufe steht die Warenart, die wiederum mehrere Warengruppen umfasst. Eine Artikelhierarchie lässt sich grafisch wie folgt darstellen:

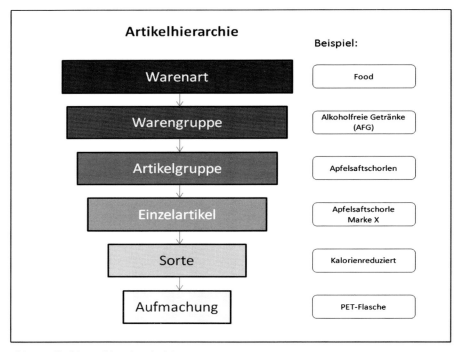

Abb.: Artikelhierarchie mit Beispiel

Artikelcodierungssysteme

Numerische Ordnungssysteme, die im Handel und in der Logistik dazu dienen, Artikel anhand eines Codes (→ Barcodes) zu erfassen und somit zu identifizieren und zu klassifizieren.

Die Codierung der Artikel erfolgt dabei über EAN-Codes, die von GS1 vergeben werden. Die Codierungen der Artikel können über Scanner bzw. auch mit → Scanner-Kassen ausgelesen werden und enthalten produktspezifische Informationen wie z.B. Preis oder Anzahl der Produkte. Durch Artikelcodierungssysteme wird die Umsetzung von Warenwirtschaftssystemen möglich. Darüber hinaus wird der Warenfluss durch die Artikelcodierung standardisiert und rationalisiert.

Artikel-Listung

Ist eine vertragliche Vereinbarung zwischen Handel und Industrie über
- die Distribution von definierten Produkten in definierten Geschäften (Filialen)

- die jeweiligen Abnahmemengen
- die Einstandspreise, Rabatte und sonstige Konditionen
- die Lieferbereitschaft dieser Artikel

Details der Vereinbarung sind:
- Zeitpunkt der ersten Auslieferung
- Lieferung an Zentrallager (ZL) oder Direktlieferung (DL/Strecke)
- Serviceleistungen im Markt/der Filiale, wie z. B. Merchandiser oder Rack-Jobbing
- Aktions- und Werbepläne
- Absatz- und Umsatzziele
- Normalpreis und Aktionspreis

Im Ergebnis ist der gelistete Artikel aufgenommen:
- informationstechnisch mit seinen Stammdaten im Informationssystem oder Warenwirtschaftssystem des Handelsunternehmens
- physisch an einem Lagerplatz und insbesondere an einem Regalplatz

Zwischen der informationstechnischen und der physischen Distribution kann ein mehr oder weniger großes Timelag bestehen. Es obliegt, je nach Konzern, sehr oft der Industrie, dafür Sorge zu tragen, dass das Produkt vor Ort bestellt und in das Regal eingeräumt wird.

Artikelmix
Die unterschiedliche Zusammenstellung von Artikeln in einem Sortiment, die in mindestens einer Produkteigenschaft (Gewicht, Verpackung, Größe, Form usw.) voneinander abweichen.

Artikelwertigkeit
Bewertung von Artikeln hinsichtlich Geldwert, Profitabilität, Anteil am Umsatz sowie an anderen bedeutsamen Erfolgsgrößen.
Die Bestimmung und Kenntnis der Artikelwertigkeit spielt eine große Rolle in Bezug auf die Sortimentsplanung.

Assortment
→ Sortiment.

Assortment Penetration Rate
→ Käuferreichweite.

Ausgaben pro Käufer
Die Ausgaben pro Käufer geben an, wie hoch die Ausgaben der betrachteten Kunden/Haushalte für das Produkt/die Warengruppe in einer Vertriebsschiene eines Handelsunternehmens sind. Diese Ausgaben werden ins Verhältnis gesetzt zu den Ausgaben aller Käufer dieser Warengruppe über alle Einkaufsstätten. Es gilt folgende Formel:

$$\frac{\text{durchschnittliche Ausgaben der bei Vertriebsschiene X kaufenden Haushalte für die Warengruppe Y}}{\text{durchschnittliche Ausgaben aller Haushalte für die Warengruppe Y}}$$

Die Ausgaben pro Käufer zeigen, ob die Kunden einer bestimmten Vertriebsschiene X hohe Geldbeträge für die gelisteten Produkte ausgeben (z. B. Indiz für Großfamilien) oder ob die Ausgaben geringer ausfallen (z. B. Indiz für Singles).

Auslaufsortiment
Bezeichnet einen Sortimentsteil, der aus bestimmten Gründen aufgegeben wird. Der Abverkauf kann durch Sonderangebote unterstützt und beschleunigt werden.

Available to Promise (ATP)
Der Bestand, der zu einem mit dem Kunden abgestimmten Zeitpunkt tatsächlich lieferbar ist.
Ware wird als „Available to Promise" bezeichnet, wenn sie bereits auf Lager liegt und in ausreichender Zahl vorhanden ist, um den vereinbarten Liefertermin und die Liefermenge einzuhalten.

Awareness

ATP ist jedoch nicht nur eine Beschreibung der Warenverfügbarkeit. Der Terminus wird auch genutzt für den Prozess einer Abfragefunktion im Supply Chain Management, die innerbetrieblich durchgeführt wird.

Mit der ATP-Funktion wird untersucht, wo und wie viele Güter schon im Lager vorhanden sind oder bis zum Liefertermin gefertigt werden, um den Abruf bestätigen zu können.

Awareness

Dieser Begriff steht im Marketing bzw. in der Werbung für das Bewusstsein, das Wissen um Produkte und Marken. Der Grad der Awareness wird per Befragung im Rahmen einer Marktforschungsuntersuchung ermittelt.

Es gibt zwei Formen: die Unaided Awareness und die Aided Awareness. Bei der Unaided Awareness werden Zielpersonen gefragt, welche Produkte/Marken sie aus einer bestimmten Branche kennen. Bei der Aided Awareness erhalten die Zielpersonen eine Liste mit Markennamen, zu der sie angeben sollen, welche dieser Marken sie kennen. Der Wert der Aided Awareness ist daher immer höher als der der Unaided Awareness.

Das Ausmaß der Awareness bzw. die Veränderung der Awareness zeigt die Wirkung von Marketing-Maßnahmen.

B

B2B (Business-to-Business)
Bezeichnet die zwischen zwei Unternehmen stattfindenden Geschäftsbeziehungen (Industrie – Industrie/Industrie – Handel/Handel – Handel).

Rahmenbedingungen für das B2B-Marketing sind mehrere Entscheider, Notwendigkeit unterschiedlicher Entscheiderinformationen (Buying-Center!), mehrstufiger, formalisierter Entscheidungsprozess, oftmals komplexe Produkte.

Dies unterscheidet das B2B-Marketing z.T. erheblich vom → B2C-Marketing, selbst wenn in beiden Fällen Menschen mit Menschen in Verbindung treten. Das B2B-Marketing der Industrie gegenüber dem Handel wird als „ → Trade-Marketing" bezeichnet.

B2C (Business-to-Customer)
Bezeichnet die zwischen einem Unternehmen und einem Privatkunden stattfindenden Geschäftsbeziehungen.

Typische B2C-Unternehmen, die in direktem Kundenkontakt stehen, sind Einzelhandelsunternehmen und Handelsfilialbetriebe (Edeka, REWE, Tengelmann usw.). Das Marketing der Einzelhandelsunternehmen gegenüber dem Privatkunden wird als „ → Handelsmarketing" bezeichnet. Typische B2C-Unternehmen sind auch Banken und Versicherungen. B2C-Unternehmen sind ferner solche Konsumgüterhersteller, die die Distribution ihrer Waren selbst durchführen. Bekannte Beispiele sind AVON und Vorwerk.

Die Hersteller der Konsumgüter, die über den Handel angeboten werden, stehen nur in indirektem Kontakt zu den Endkunden ihrer Produkte. Das „Consumer Marketing" und die Werbung beim Endverbraucher sind ein besonders wichtiger Bestandteil der Unternehmensstrategie, um einen direkten Kontakt und Einfluss auf den Kunden zu haben.

Backhauling
System zur Optimierung der Lieferkette. Unter Backhauling wird das effiziente Koordinieren von Lieferflotten verstanden.

„Leere Fahrten", d.h. ohne eine Beladung des Transportfahrzeugs, sollen weitestgehend vermieden werden. Die Verwirklichung dieses Prinzips erfolgt, indem auf eine durchgeführte Lieferung eine sofortige Rücklieferung von beispielsweise Recyclingmaterial erfolgt.

Somit werden die Lieferwege optimal ausgenutzt und die Transportkosten reduziert.

Back Order
Lieferrückstand, der sich aus der Nicht-Verfügbarkeit von Waren aus dem Lager des Lieferanten ergibt.

Bandwagon-Effekt
(Synonym: Mitläufer-Effekt)

Der Bandwagon-Effekt beschreibt die Situation, dass Personen in (gesellschaftlich) herausgehobener Position zu Meinungsführern werden bzw. als Vorbild dienen. Ihr Verhalten wird nachgeahmt von den sogenannten Mitläufern. Das Nachfrageverhalten von Personen wird also erklärt über das Nachfrageverhalten Dritter. Ziel ist es, eine Statusgleichheit mit dem Vorbild zu erreichen. Produkte werden auch bei steigendem Preis gekauft, weil andere, insbesondere die Meinungsführer, diese Produkte auch kaufen. Gegenüber solchen Verbrauchergruppen hat eine aktive Preispolitik wenig Erfolg.

Bankkontenauszug
(engl.: Financial Statement)
EANCOM-Nachrichtentyp: FINSTA

Bank-Status-Message

Nachricht, die sowohl ausschließlich zwischen Finanzinstituten als auch zwischen Finanzinstituten und deren Kunden versandt wird. Der Bankkontenauszug wird an das jeweilige Institut oder an den Kunden versandt, der diese Nachricht angefordert hat. Diese Nachricht informiert über alle Zu- und Abgänge sowie alle sonstigen Bewegungen auf dem betrachteten Konto.

Bank Status Message (BANSTA)
→ Bank Status Nachricht.

Bank-Status-Nachricht
(engl.: Bank Status Message)
EANCOM-Nachrichtentyp: BANSTA
Nachricht, die zur Übermittlung finanzwirtschaftlicher Statusinformationen zwischen Banken und Kunden oder zwischen Finanzinstituten dient. Die BANSTA kann für jede Art der Anfrage, Beantwortung oder sonstige Form der Informationsübermittlung im Finanzbereich verwendet werden.

Barcode
(Synonym: Strichcode, Balkencode)
Der Barcode wird von GS1 Germany, Köln, vergeben.
Auf der gs1-Homepage befindet sich nachfolgende Anleitung zum Erhalt und Einsatz des Barcodes:
www.gs1-germany.de/ Stand März 2009

Zehn Schritte zum Barcode
- Schritt 1: Beantragen der → GLN, Typ 2 und Erhalt der GS1-Basisnummer
- Schritt 2: Vergabe der Nummern
- Schritt 3: Auswahl der richtigen Druckmethode
- Schritt 4: Bestimmen der Scanning-Umgebung
- Schritt 5: Auswahl des Barcodes
- Schritt 6: Festlegen der Barcode-Größe
- Schritt 7: Format der Klarschriftzeile unter dem Barcode
- Schritt 8: Farbgestaltung
- Schritt 9: Barcodeplatzierung
- Schritt 10: Barcodequalität

Weitere Ausführungen unter → Strichcode.

Baseanteil
Der Anteil am Gesamtverkauf, der ohne Promotionunterstützung verkauft wurde. Dies bezieht sich sowohl auf den Anteil in den Wochen, in denen keine Unterstützung stattfand, als auch auf den Teil des Verkaufs in einer Promotion, der auch ohne Unterstützung verkauft worden wäre. Ein hoher Baseanteil steht für ein Produkt, das unabhängig von werblicher Unterstützung gekauft wird, also eine loyale Käuferschaft hat.

Basement
Bezeichnung für das Untergeschoss in den Verkaufsstätten des Handels.
In Kaufhäusern sind hier häufig die Lebensmittelabteilungen und darüber hinaus Randsortimente wie Zeitschriften, Geschenkartikel oder Dienstleistungen, beispielsweise Schusterwerkstatt und Schlüsseldienst, untergebracht.

Baseverkauf
Verkauf in Menge, Stück oder Wert, der auch bei Abwesenheit einer Promotion erzielt worden wäre. Er wird errechnet, ausgehend vom Verkauf der letzten 52 Wochen, in denen keine Promotion stattfand, und ergibt in Summe mit dem → Inkrementalverkauf den Gesamtverkauf des betrachteteten Zeitraums.

Basissortiment
(Synonym: Pflichtsortiment, Stammsortiment, Kernsortiment)
→ Pflichtsortiment.

Batch

Auf Deutsch: Stapel. Ein Begriff aus der Datenverarbeitung, mit dem die geordnete Zusammenfassung mehrerer Aufträge oder Daten in Gruppen und deren darauf folgende, kontinuierliche Bearbeitung ausgedrückt wird.

Ein Beispiel für die Verarbeitung eines Batches ist die Kommissionierung.

Nach sukzessiver Aufbereitung der eingegangenen Warenbestellungen erfolgt die Kommissionierung der Güter, wobei nach der Reihenfolge der eingegangenen Bestellungen vorgegangen wird (first come, first serve).

Eine Besonderheit bei dieser Methode ist, dass es sich bei der Batch-Bearbeitung um ein „nicht interaktives" Verfahren handelt, d. h., alle relevanten Daten müssen zu Beginn der Arbeit vorliegen, da eine spätere Veränderung nicht mehr möglich ist.

bbn

Die achtstellige → bundeseinheitliche Betriebsnummer wurde durch die dreizehnstellige Globale Lokationsnummer (→ GLN) abgelöst. Die bbn galt in Deutschland von 1964 bis 1994.

Bedarfsdeckungsrate

Gibt in einer allgemeinen Definition die Antwort auf die Frage: „Wie viel Prozent seines (wert- bzw. mengenmäßigen) Bedarfs deckt ein Haushalt in einer bestimmten Art und Weise?"

Produkt- und vertriebsschienenbezogene Ausprägungen lassen sich unterscheiden:

- Wie viel Prozent ihrer Einkäufe einer bestimmten Warengruppe decken Haushalte mit einem bestimmten Produkt oder einer bestimmten Marke aus dieser Warengruppe?
- Wie viel Prozent ihrer Einkäufe eines bestimmten Produkts einer bestimmten Warengruppe decken Haushalte in einem bestimmten Geschäft?

Die Bedarfsdeckungsrate ist damit ein Indikator für die → Loyalität eines Kunden zu einem bestimmten Produkt, einer bestimmten Marke, einer bestimmten Packungsgröße, einer bestimmten Vertriebsschiene usw.

Je nach Bedarfsdeckungsqoute können die Käufer in Bedarfsdeckungsklassen eingeteilt werden:

Loyale Käufer:	> 60 % der Bedarfsdeckung
Wechselkäufer:	25 % – 60 % der Bedarfsdeckung
Gelegenheitskäufer:	< 25 % der Bedarfsdeckung

Bedarfsdeckungsrate, produktbezogen

(Synonym: Bedarfsdeckungsquote)
(engl.: Share of Category Requirements, Coverage of Demand)

Gibt an, in welchem Umfang die Käufer eines bestimmten Sortimentsteils/einer bestimmten Marke ihren Gesamtbedarf innerhalb der jeweiligen Warengruppe über dieses Sortimentsteil bzw. über die betrachtete Marke decken.

Es gilt folgende Formel:

$$\text{wertmäßige Bedarfsdeckungsrate} = \frac{\text{Ausgaben für das bestimmte Produkt pro Käufer}}{\text{Gesamtausgaben für die Warengruppe pro Käufer}}$$

Beispiel:

Die wertmäßige Bedarfsdeckungsrate für die Marke S in der Warengruppe Y beträgt 10 %. Das heißt, der Käufer der Marke S hat 10 % seiner gesamten Ausgaben für Produkte aus der Warengruppe Y mit der Marke S getätigt. Die restlichen 90 % seiner Ausgaben entfallen auf andere Produkte.

Bedarfsdeckungsrate, vertriebsschienenbezogen

Es gilt folgende Formel:

mengenmäßige Bedarfsdeckungsrate =

$$\frac{\text{Menge des bestimmten Produkts pro Käufer}}{\text{Gesamtmenge von der Warengruppe pro Käufer}}$$

Die „Menge" kann sich auf Stück beziehen, aber z.B. auch auf Volumenmaße wie Liter oder Kilogramm.

Beispiel:
Die mengenmäßige Bedarfsdeckungsrate der Marke S in der Warengruppe Y beträgt 5 %.

Das heißt, der Käufer der Marke S hat 5 % seines gesamten Mengenbedarfs an Produkten aus der Warengruppe Y mit der Marke S gedeckt. Die benötigten restlichen 95 % an Menge entfielen auf andere Produkte der Warengruppe.

Die beiden Beispiele zeigen, dass es bei Produkten, deren Preis stark vom Durchschnittspreis abweicht, wie offensichtlich im Fall der Marke S, wichtig ist, die Bedarfsdeckungsrate nach Menge in eine Beurteilung einzubeziehen.

Die produktbezogene Bedarfsdeckungsrate gibt Antwort auf die Frage, wie gut eine Marke ihre Käufer an sich binden kann (Maßzahl für Markentreue!), ob sich im Periodenvergleich die Markentreue verändert hat und inwieweit die eingesetzten marketingpolitischen Maßnahmen geeignet waren, die Markentreue zu steigern. (Im Fall der Marke S handelt es sich eher um einen Gelegenheitskäufer mit recht geringer Markentreue!)

Achtung: Die Grundgesamtheit für diese Kennziffern bilden die Käufer des jeweils betrachteten Produkts, nicht aber z.B. alle Käufer einer Vertriebsschiene. Deshalb ist auch eine hohe Bedarfsdeckungsrate nicht gleichbedeutend mit einem hohen Marktanteil.

Bedarfsdeckungsrate, vertriebsschienenbezogen

Gibt an, wie viel Prozent des gesamten Bedarfs an einer Warengruppe der Kunde dieser Einkaufsstätte für diese Warengruppe auch in dieser bestimmten Einkaufsstätte einkauft.

Berechnung mit folgender Formel:

wertmäßige Bedarfsdeckungsrate =

$$\frac{\text{Ausgaben eines Kunden in einer Warengruppe bei einem bestimmten Händler}}{\text{Gesamtausgaben des Kunden für die Warengruppe bei allen Händlern}}$$

Beispiel:
Die Bedarfsdeckungsrate des Händlers E in der Warengruppe Y beträgt beim Kunden Z 40 %.

Das heißt, 40 % der Ausgaben des Kunden Z für die Warengruppe Y werden beim Händler E getätigt. Die restlichen 60 % seiner Ausgaben erfolgen bei anderen Händlern.

Die vertriebsschienenbezogene Bedarfsdeckungsrate kann auch als Händlertreue bezeichnet werden.

Bedarfserweiterungseffekt

Durch → Komplementärartikel steigern bisherige Shopper den Konsum, indem sie mehrere Artikel gleichzeitig konsumieren.

Bedarfsgruppenorientierung

(Synonym: Zielgruppen-Konzept)
→ Zielgruppen-Konzept.

Bedienungsgroßhandel

Traditionelle Form des Großhandels – im Gegensatz zum Selbstbedienungsgroßhandel –, bei der die Übergabe der Ware durch Verkaufspersonal erfolgt. Großmärkte (Obst, Gemüse, Fleisch, Fisch) sind meist nach diesem Prinzip organisiert.

Beschaffungskonditionen

Belegloses Kommissionieren
Kommissionierung ohne Verwendung von Dokumenten in Papierform.
Das Verfahren des beleglosen Kommissionierens funktioniert ausschließlich über papierlose Datenübertragungsmethoden im Unternehmen, wie z. B. EDV-Systeme, Funk, Displays etc.

Below-the-Line
Das sind alle nicht klassischen Werbemaßnahmen wie Verkaufsförderung, Sponsoring, Eventmarketing usw. → Above-the-Line.

Benchmark
Bezugs- bzw. Vergleichsgröße für Analysen, anhand derer die eigene Position überprüft werden kann.

Benchmarking
Beim Benchmarking werden zuvor festgelegte Referenzwerte, sogenannte → Benchmarks, definiert, um das eigene Unternehmen in den direkten Vergleich zu den besten Konkurrenten zu stellen und so Optimierungsmöglichkeiten bei den eigenen Verfahren, Produkten und Strategien zu erkennen.
Die besten Konkurrenten können in anderen Organisationseinheiten des eigenen Unternehmens, bei (marktführenden) Wettbewerbern und auch bei strukturähnlichen, aber branchenfremden Organisationen gefunden werden.
Zentrales Ziel des Benchmarkings ist es, neben der Kostensenkung die „Leistungslücke" zum Marktführer zu schließen, indem profitable Benchmarks analysiert und anhand dessen Verbesserungsmaßnahmen umgesetzt werden.

Bereinigte Handelsspanne
(Synonym: Nettospanne)
Bei der bereinigten Handelsspanne wird der → Rohertrag einer Ware ins Verhältnis gesetzt zum um die Mehrwertsteuer bereinigten Verkaufspreis (→ bereinigter Verkaufspreis).
Berechnung mit folgenden Formeln:

$$\frac{\text{bereinigter Verkaufspreis ./. Netto/Netto-Einkaufspreis}}{\text{bereinigter Verkaufspreis}} \times 100$$

oder:

$$\frac{\text{Rohertrag}}{\text{bereinigter Verkaufspreis}} \times 100$$

Bereinigter Verkaufspreis
Unter dem bereinigten Verkaufspreis ist der Verkaufspreis abzüglich der MwSt. zu verstehen:

Verkaufspreis	7,90 Euro	119 %
./. 19 % MwSt.	1,26 Euro	19 %
bereinigter Verkaufspreis	6,64 Euro	100 %

Beschaffung
Bezeichnet die Versorgung eines Unternehmens mit allen für die Leistungserstellung notwendigen Produktionsfaktoren wie Material, Anlagegüter, Arbeitskräfte und finanziellen Mitteln.
Der Begriff der Beschaffung kann nicht mit dem des Einkaufs gleichgesetzt werden, da die Beschaffung wesentlich weiter gefasst ist. Sie berücksichtigt neben der Versorgung des Unternehmens auch strategische Aspekte und umschließt die → Beschaffungslogistik.
Zur Senkung der Kosten und Optimierung von Prozessen haben sich in der Praxis verschiedene Beschaffungsarten etabliert. Die Wahl der richtigen Beschaffungsart entscheidet oftmals über Erfolg oder Misserfolg des Betriebs und wird somit häufig als Schlüsselgröße bezeichnet.

Beschaffungskonditionen
Allgemeine Bedingungen, die den Bezug der Produktionsfaktoren gestalten und

Beschaffungslogistik

somit die Rahmenbedingungen der Beschaffung sind.
Unter die Beschaffungskonditionen für Materialien fallen die gesamten Liefer- und Zahlungsbedingungen sowie die Definition des Orts des Gefahrenübergangs. Bei der Lieferantenwahl spielen die Beschaffungskonditionen eine wichtige Rolle, → Incoterms.

Beschaffungslogistik
Bezeichnung für die strategische Steuerung, Planung und Kontrolle des unternehmenswichtigen Materialflusses, um die Versorgungssicherheit zu garantieren. Die Beschaffungslogistik erstreckt sich in ihrer Planung vom Warenausgang des Lieferanten über die Weiterverarbeitung bis hin zum Wareneingang beim Konsumenten.
Aufgabe der Beschaffungslogisitk ist die optimale Versorgung des Unternehmens nach der „6R-Regel", d. h. Beschaffung in der richtigen Qualität und Quantität, zur richtigen Zeit am richtigen Ort, über den richtigen Lieferanten und dies zum richtigen bzw. kostengünstigsten Preis.

Bestand
Beschreibt als Kennziffer einer Datenbank die Menge eines Artikels, die ein Handelsunternehmen auf Lager hat. Die Menge wird in Stück bzw. in Konsumenteneinheiten angegeben. Ziel ist es, die optimale Bestandsmenge vorrätig zu haben, um Warenunterbrüchen und damit Lieferunfähigkeit entgegenzuwirken, → Reichweite.

Bestand pro Monat und Menge pro Geschäft
Durchschnittlicher Bestand eines bestimmten Produkts X in Mengeneinheiten pro Geschäft in einem bestimmten Monat im Kalenderjahr. Der durchschnittliche Bestand ergibt sich hierbei als Quotient aus dem absoluten Bestand des Produkts in Mengeneinheiten und der Anzahl der das Produkt X verkaufenden Geschäfte im jeweiligen Monat.

Bestand pro Monat und Stück pro Geschäft
Durchschnittlicher Bestand eines bestimmten Produkts X in Endverbrauchereinheiten bzw. Stück pro Geschäft in einem bestimmten Monat im Kalenderjahr. Der durchschnittliche Bestand ergibt sich hierbei als Quotient aus dem absoluten Bestand des Produkts in Stück und der Anzahl der das Produkt X verkaufenden Geschäfte im jeweiligen Monat.

Bestandsdistribution
Gibt an, wie hoch der Anteil der Geschäfte ist, die am Erhebungstag mit einer bestimmten Ware bevorratet waren.

Bestandsmanagement
Das Bestandsmanagement umfasst die Planung, Verwaltung und Kontrolle der Materialbestände vom Bedarf bis zur Beschaffung.
Die Herausforderungen, die an das Bestandsmanagement gestellt werden, sind es, einerseits einen hohen Lieferservicegrad zu erreichen und andererseits die Lagerbestände möglichst niedrig zu halten.
Diese konträr wirkenden Zielvorstellungen sollen verwirklicht werden durch den Einsatz verschiedener Strategien (z. B. → ABC-Analyse/ → XYZ-Artikel).

Bestandsquote/Umsatzquote
Kennzahl zur Steuerung von Warenbeständen in Unternehmen/Filialen. Berechnung mit folgender Formel:

$$\text{Bestandsquote/Umsatzquote} = \frac{\text{Lagerbestand (Stück/Wert)}}{\text{Umsatz (bzw. Absatz)}}$$

Bestellung

Über diese Kennzahl lässt sich ermitteln, wie erfolgreich das betriebliche → Bestandsmanagement des jeweiligen Unternehmens ist.

Bestandsreichweite
→ Reichweite.

Bestelländerung
(engl.: Order Change)
EANCOM-Nachrichtentyp: ORDCHG
Die Bestelländerung wird vom Kunden versandt, um dem Lieferanten nachträgliche Änderungen der Inhalte oder die Stornierung einer vorab übermittelten → Bestellung mitzuteilen.

Bestellantwort
(engl.: Order Response)
EANCOM-Nachrichtentyp: ORDERSP
Nachricht, die vom Lieferanten an den Kunden als Antwort auf eine eingegangene Bestellung oder auch Bestelländerung versandt wird. Die Order Response dient hierbei sowohl als Empfangsbestätigung einer → Order als auch als Dokument, das die Akzeptanz der vorliegenden → Bestellung bestätigt. Bestehen seitens des Lieferanten Änderungsvorschläge bezüglich den Einzelheiten der Lieferung, werden diese dem Kunden ebenfalls anhand einer Order-Response-Nachricht übermittelt.

Bestellsortiment
Sortimentsart, die aufgrund des Kriteriums der physischen Präsenz der Waren von anderen Sortimentsformen abgegrenzt wird. Im Bestellsortiment sind die zum Verkauf angebotenen Waren eines Unternehmens nicht dauerhaft präsent, sondern müssen auf Anfrage des Kunden erst vom Unternehmen selbst bestellt werden, um diese ausliefern zu können.

Bestellstatusanfrage
(engl.: Order Status Enquiry)
EANCOM-Nachrichtentyp: OSTENQ
Die Bestellstatusanfrage dient dem Abruf der aktuellsten Informationen für eine noch ausstehende Lieferung und wird vom Käufer an den Lieferanten gesandt. Mit der Bestellstatusanfrage soll die Bestandsplanung im Unternehmen verbessert werden.

Bestellstatusbericht
(engl.: Order Status Report)
EANCOM-Nachrichtentyp: OSTRPT
Der Bestellstatusbericht (OSTRPT) dient als Antwort auf eine Order Status Enquiry Message bzw. auf eine → Bestellstatusanfrage und beinhaltet Informationen zum aktuellen Status einer Bestellung. Der Order Status Report wird vom Lieferanten versandt und kann dabei sowohl eine einmalige Antwort auf eine Bestellstatusanfrage darstellen als auch in regelmäßigen Abständen an den Kunden übermittelt werden.

Bestellung
(engl.: Order)
Bezeichnet den von einem Kunden an ein Unternehmen vergebenen Auftrag, eine Ware oder Dienstleistung in einer bestimmten Menge und Qualität zu einem festgelegten Zeitpunkt verfügbar zu machen. Eine Bestellung kann schriftlich, mündlich oder auf dem elektronischen Weg erfolgen und außerdem noch genaue Details bezüglich sämtlicher Einzelheiten der Bestellung enthalten, wie Lieferbedingungen, Höhe der Transportkosten, Lieferort, Lieferzeit, Zahlungsart usw.
Die Bestellung gehört zum Tagesgeschäft der Handelsbetriebe und muss auf alle Fälle so gehalten sein, dass keinerlei Unklarheiten möglich sind.

Bestellung

Bestellung
EANCOM-Nachrichtentyp: ORDERS
Die Bestellung wird von einem Kunden an seinen Lieferanten geschickt. In der Bestellung werden Partner- und Produktdaten verwendet, die vorher ausgetauscht wurden (Partnerstammdaten bzw. Preisliste/Katalog-Nachrichten).

Best Practice
„Bester" Prozess oder „Bestes" Verfahren, der/das auch als Benchmark verwendet werden kann.
Ein Unternehmen, das nach Best Practice arbeitet, verwendet die kostengünstigsten Verfahren, optimale Prozesse und Technologien und wird somit zu dem „Ideal-Betrieb".
Durch den Einsatz von → Benchmarking versuchen Unternehmen oftmals, ebenfalls nach Best Practice zu arbeiten, um so die Lücke zum Marktführer verringern zu können.

Betriebsform
(Synonym: Betriebstyp, Vertriebsschiene)
Der Begriff der Betriebsform dient zur Kategorisierung von Einzelhandelsbetrieben im institutionellen Sinn. Die Kategorisierung der Betriebe ist hierbei sehr vielfältig und kann anhand unterschiedlicher Kriterien erfolgen. So können Einzelhandelsbetriebe klassifiziert werden hinsichtlich Preisstrategie, Kundenkreis, Sortimentspolitik, Bedienungsform, Verkaufsfläche und Standort. Für den Einzelhandel ist die Wahl der Betriebsform von großer Bedeutung, da hierbei Entscheidungen bezüglich Markteintritt, Branche und Strategien getroffen werden. Zu den Betriebsformen des Einzelhandels gehören z.B. das Fachgeschäft, die Boutique, das Warenhaus, der Supermarkt, der Discounter usw.

Betriebstyp
(Synonym: Vertriebsschiene)
→ Betriebsform.

Bevorratungsdauer
→ Reichweite.

Blickzone
(Synonym: Sichtzone)
Regalbereich in der Einkaufsstätte, der in unmittelbarer Sichthöhe des Konsumenten liegt, also im Bereich zwischen 1,40 m und 1,80 m Höhe.
Der → Blickzone und der → Greifzone kommen die höchste Aufmerksamkeit des Endverbrauchers zu.
Bei der Listung von Produkten im Handel sind die Anordnung der Waren in diesen Bereichen zum Teil besonders kostspielig für den Produzenten.

Blisterverpackung
(Synonym: Sichtverpackung)
Verpackungen mit einer festen Unterlage, meist aus Pappe und einem transparenten Kunststoff als Überzug, der die Ware einhüllt und gleichzeitig sehr gut sichtbar macht. Der zum Teil sehr große Umfang von Blisterverpackungen dient insbesondere bei kleinen Produkten der Erhöhung der Aufmerksamkeit und Sichtbarkeit für den Konsumenten und ist gleichzeitig auch ein Diebstahlschutz.

Blockplatzierung
Warenanordnungssystem am POS mit dem Ziel der Absatzerhöhung. Bei der Blockplatzierung werden die Waren einer Kategorie eng nebeneinander platziert, um die Aufmerksamkeit der Kunden zu gewinnen.
Dabei kann die Blockplatzierung in drei Formen eingeteilt werden: Markenblock (manchmal auch als Herstellerblock bezeichnet), Segmentblock (manchmal auch

Blockplatzierung

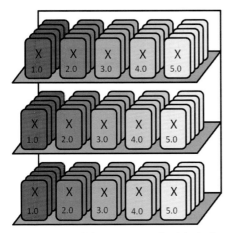

Abb. 1: Beispiel für einen Markenblock der Marke X mit den Sorten 1.0 bis 5.0

Herstellerblöcke sind z. B. bei Dr. Oetker, Kraft, Maggi, Kaffee, Nudeln oder auch bei Babynahrung zu finden. Vorteil von Markenblöcken sind die Übersichtlichkeit durch ein abgestimmtes Verpackungs- und Traydesign und die damit signalisierte Markenkompetenz. Nachteilig ist der erschwerte Preis- und Leistungsvergleich. Der Segmentblock hingegen ist spezieller, d. h., hier werden ebenfalls die Waren eines Herstellers nebeneinander platziert angeboten, jedoch nur eine bestimmte Sorte, z. B. alle Schokoladenriegel eines bestimmten Herstellers (siehe Abb. 2). Der Produktblock ist das Ergebnis einer hohen Verbraucherorientierung. Gelegentlich ist es jedoch schwierig, die Logik des Produktblocks zu erkennen, d. h. welche Artikeleigenschaft eigentlich den Block bestimmt. Erfolgt die Ordnung von z. B. Cremespeisen nach Geschmack, nach Preis oder nach Herstellungsart (Instantpudding/Kochpudding)?

als Produktblock bezeichnet) und Kreuzblock.

Beim Markenblock werden die Produkte so angeordnet, dass stets die Waren eines Herstellers in unmittelbarer Nähe zueinander platziert sind, z. B. alle Textilien einer bestimmten Marke (siehe Abb. 1).

Kreuzblöcke werden in horizontal – nach Produktgruppe – und in vertikal – nach Marke, bzw. Hersteller – differenzierte

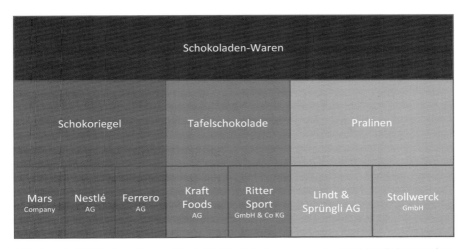

Abb. 2: Beispiel für einen Segmentblock für Schokoladenwaren, mit unterschiedlichen Marken für die jeweiligen Segmente (in Anlehnung an GS1)

Bodenaufsteller

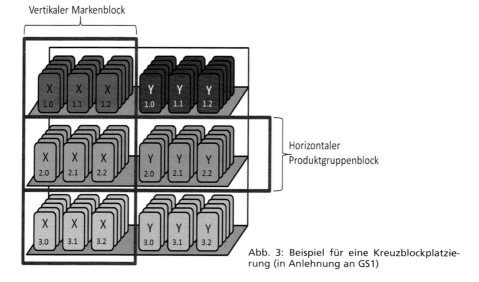

Abb. 3: Beispiel für eine Kreuzblockplatzierung (in Anlehnung an GS1)

Blöcke eingeteilt (siehe Abb. 3). Ziel des Kreuzblocks ist es, Waren, die in der Konsumentenlogik zusammengehören, auch zusammen zu platzieren und trotzdem dem Hersteller erkennbar zuzuordnen.
Im Kreuzblock werden die Gesetze des Sehens berücksichtigt: horizontal dem Orientierungsblick (die Suche nach der richtigen Produktgruppe) und vertikal dem Suchblick (die Suche nach dem richtigen Hersteller, der richtigen Marke).

Bodenaufsteller (BA)

→ Display, das ohne → Palette im Handel platziert wird und dem Abverkauf von Produkten dient. Der Bodenaufsteller kann wahlweise befüllt ausgeliefert oder erst am → POS mit → Ware bestückt werden. Bei einer bestückten Lieferung ist darauf zu achten, dass das maximale Gewicht aus arbeitsschutztechnischen Gründen 15 kg nicht überschreitet.

Abb.: Bodenaufsteller
Quelle: STI-Unternehmensgruppe

Bon-Analyse
Analyse des Kassenbons zur Informationsgewinnung über Kunden und Produkte.
Der Kassenbon gibt darüber Aufschluss
- welche Produkte im Verbund gekauft werden
- in welchem Preissegment sich die meistgekauften Produkte befinden
- welche Produkte anderen vorgezogen werden

In Bezug auf den Kunden lassen sich anhand der Bon-Analyse soziodemografische Tatbestände herleiten, wie z.B. die Kaufkraft in der vorliegenden Region.
Neben der Marktforschungsfunktion kann die Bon-Analyse jedoch auch als Kontrolle der Kassierer im eigenen Betrieb angewendet werden, da etwa 17 % der Inventurdifferenzen an der Kasse entstehen.
Häufige Stornobuchungen sowie der Abbruch angefangener Bons sind teilweise ein Indiz dafür, dass Ware an Freunde und Verwandte günstiger oder gar umsonst ausgehändigt wird.

Bon-Daten
Daten, die mit der Erstellung des „Bons" für den Kunden nach einem Kauf von Waren erfasst werden. Es handelt sich um Art, Anzahl und Preis der gekauften Produkte. Diese Daten werden im Rahmen einer → Bon-Analyse systematisch ausgewertet, um Aussagen über das Käuferverhalten zu gewinnen.

Bonsumme
Gibt an, welchen Geldbetrag ein Kunde insgesamt für eine bestimmte Anzahl an Waren in einer Einkaufsstätte zum Zeitpunkt seines Einkaufs aufgewendet hat.
Die Bonsumme liefert Informationen für die Marktforschung und lässt sich anhand der → Bon-Analyse genauer untersuchen.

Bonsummenanalyse
Aufbereitung und Verarbeitung der Gesamtsumme eines Bons, um Informationen über Kaufkraft, Aktionswirkung, soziodemografische Daten, Produktwirkungen etc. zu erhalten. So sind beispielsweise überdurchschnittlich hohe Bonsummen innerhalb einer Region ein Indiz für eine starke Kaufkraft in der Region oder auch ein Hinweis auf Großfamilien, wohingegen vorwiegend geringe Bonsummen auf eine geringe Kaufkraft sowie das Vorhandensein von Singles schließen lässt, → Bon-Analyse.

Bonus
Vergleichbar mit einer Prämie. Bonus bezeichnet eine nachträglich gewährte Leistung in Form einer finanziellen Vergütung (z.B. Auszahlung) oder eines materiellen Vorteils, z.B. Luxusgüter oder zusätzliche Warenlieferung.
Je nach Anspruchsgruppen kann man den Bonus in unterschiedliche Bonusarten unterteilen.
Gewährt ein Unternehmen seinen Mitarbeitern einen Bonus, stellt dies eine leistungsabhängige Prämie dar, die mit konkreten Unternehmenszielen verknüpft ist und zusätzlich zum Entgelt ausgezahlt wird.
Bei Lieferantenbeziehungen spielt die Leistungskomponente eine übergeordnete Rolle, während Boni für Kunden vor allem aufgrund von Markenloyalität (Treue-Bonus) oder hohen Umsätzen ausgegeben werden.
In der Finanzwirtschaft stellt der Bonus einen Zuschuss zur ausgeschütteten Dividende dar, meist als Folge eines erfolgreichen Geschäftsjahrs, z.B. einer AG.

Booking Confirmation Message (IFTMBC)
→ Buchung/Reservierungsbestätigung.

Branche

Branche
(Synonym: Wirtschaftszweig)
Unternehmen, die ähnliche Waren und Dienstleistungen herstellen und sich zumeist auf denselben Märkten betätigen.
Weiter gefasst können auch solche Unternehmen eine Branche bilden, die lediglich die gleichen Ausgangsmaterialien in ihrer Produktion verwenden.
Heutzutage sind die Branchengrenzen fließend.
So bieten etwa Einzelhändler wie ALDI neben ihrem Lebensmittelsortiment auch Reisen, Mobilfunk, Technische Produkte sowie Textilien an.
Durch diese Strategie versuchen ähnlich vorgehende Unternehmen Synergieeffekte zu nutzen und höhere Marktanteile abzuschöpfen.
Vollständige Branchenwechsel sind bei sinkenden Umsätzen und schrumpfenden Marktanteilen nicht unüblich.
Der finnische Handykonzern Nokia produzierte beispielsweise ursprünglich Papiererzeugnisse, wechselte jedoch aufgrund sinkender Absätze zur Herstellung von Gebrauchsgegenständen und Reifen, bevor sich das Unternehmen Anfang der 1980-Jahre auf den Mobilfunkmarkt spezialisierte.

Brand Equity
(Synonym: Markenwert)
Die Brand Equity wird auch gern als Zugkraft einer → Marke bezeichnet. Dieser Wert wurde erstmals in den 1990er-Jahren von Aaker intensiv untersucht und baut grundsätzlich auf folgenden zentralen Parametern auf:
- Bekanntheitsgrad des Namens
- Markentreue
- angenommene bzw. wahrgenommene Qualität
- Assoziationen mit der Marke
- weitere markenbezogene Aspekte wie Absatzwege, Kunden, Patente, Warenzeichen usw.

Am bekanntesten ist die jährlich wiederkehrende Markenwertuntersuchung von Interbrand (www.interbrand.com), zusammen mit der Zeitschrift BusinessWeek. Im Jahr 2008 wurden wieder 100 Marken untersucht. Die Top-Ten-Marken zeigt die Tabelle.
Das Textilhandelsunternehmen H & M rangiert auf Platz 22. IKEA auf Platz 35. Der Marktplatz ebay auf Platz 46 und Amazon.com auf Platz 58.

Brand Switching
Analysiert das Käuferverhalten dahingehend, welche Marke/Sorte/Packungsgrö-

Platz 1	Coca-Cola	Brand Value 66,667 Mrd. US-$
Platz 2	IBM	Brand Value 59,031 Mrd. US-$
Platz 3	Microsoft	Brand Value 59,007 Mrd. US-$
Platz 4	General Electrics	Brand Value 53,086 Mrd. US-$
Platz 5	Nokia	Brand Value 35,942 Mrd. US-$
Platz 6	Toyota	Brand Value 34,050 Mrd. US-$
Platz 7	Intel	Brand Value 31,261 Mrd. US-$
Platz 8	McDonalds	Brand Value 31,049 Mrd. US-$
Platz 9	Disney	Brand Value 32,251 Mrd. US-$
Platz 10	Google	Brand Value 25,590 Mrd. US-$

Tab.: Die Top-Ten-Marken

Bückzone

ße etc. Konsumenten vor dem Kauf und nach dem Kauf eines bestimmten Produkts innerhalb eines bestimmten Zeitraums gekauft haben. Die Kenntnis über Brand Switching ist besonders bei Produkt-Neueinführungen wichtig, um zu sehen,
- woher die Käufer kommen, d. h. welche Marke verliert
- wie sich die Käufer nach dem Erstkauf verhalten
- welche Wanderungsbewegungen zu neuen Konkurrenzmarken stattfinden
- wie erfolgreich die Einführung des Neuprodukts war
- inwieweit eine Marke durch Aktivitäten der Wettbewerber möglicherweise dazugewonnen hat
- inwieweit die Einführung eines neuen Produkts insgesamt das Konsumentenverhalten verändert hat

Brand-Switching-Analysen werden von der GfK, Nürnberg, durchgeführt.
Die Analyse von Brand Switching führt zur → Gain-and-Loss-Analyse.

Briefing
Es gibt kein deutsches Wort, das diesen englischen Begriff genau wiedergibt. Briefing heißt übersetzt „Anweisung" oder „Lagebesprechung". Es ist das wesentliche Instrument in der Zusammenarbeit zweier Parteien, insbesondere auch zwischen Agentur und Industrie. Der Auftraggeber gibt an den Dienstleister, der für ihn ein Projekt erstellen soll, eine genaue qualitative (und möglichst auch quantitative) Zielformulierung und informiert über sämtliche wichtigen (Rahmen-)Daten, die zur Erstellung der Leistung erforderlich sind.
Um zu sehen, ob das Briefing richtig verstanden wurde, gibt es oftmals ein Re-Brief, in dem der Kunde dem Auftraggeber sein Verständnis des Projekts widerspiegelt und klärende Fragen stellen kann.

Brutto-Regalmeternutzung
Vergleich der Differenz zwischen Einkaufs- und Verkaufspreis unterschiedlicher Produkte, bezogen auf einen Regalmeter, um die optimale Regalbestückung festlegen zu können, → Stücknutzen.

Bruttospanne
→ Handelsspanne.

Bruttoumsatz
Bezeichnet den auf eine Periode bezogenen → Umsatz eines Unternehmens, ohne Abzug von gewährten Nachlässen, aber einschließlich der Umsatzsteuer.

Bruttoverkaufsfläche
Die gesamte Verkaufsfläche, die einem Handelsbetrieb zur Verfügung steht. Zur Bruttoverkaufsfläche zählen somit auch Gänge, Kassen, → Loops, Fahrstühle usw.

Buchung/Reservierungsbestätigung
(engl.: Booking Confirmation Message)
EANCOM-Nachrichtentyp: IFTMBC
Findet in der internationalen Transportkette Anwendung und dient als Empfangsbestätigung der Buchung einer Dienstleistung.
Die Booking Confirmation Message wird vom Lieferanten an den Kunden gesandt und gibt neben der Bestätigung noch genaue Daten über die Rahmenbedingungen der Spedition bekannt. So erleichtert die Nachricht dem Spediteur die Planung seiner Lieferung und bestätigt dem Kunden die Lieferbedingungen.
Des Weiteren muss die Nachricht noch Informationen darüber enthalten, ob der Versand akzeptiert wird, bevorsteht oder eventuell vom Lieferanten abgelehnt wurde.

Bückzone
Unterer Regalbereich in der Einkaufsstätte, bis etwa 60 cm Höhe.

Bundeseinheitliche Betriebsnummer

Für die Produkte der Bückzone ist das Interesse der Konsumenten aufgrund der strategisch ungünstigeren Position relativ gering. Für Kinder ist es allerdings sehr groß!
Weitere Begriffe zur vertikalen Regalwertigkeit: → Greifzone, → Blickzone, → Reckzone.

Bundeseinheitliche Betriebsnummer
→ bbn.

Bundling
Produkte und Dienstleistungen werden gebündelt, d.h. zu einem Paket „zusammengeschnürt". Der Paketpreis ist günstiger als die Summe der Einzelpreise – typisch z.B. bei Reiseangeboten.

Business-to-Employee
(Synonym: B2E)
Der Begriff „Business-to-Employee" stammt aus dem E-Business und bezeichnet den internen, meist elektronisch gesteuerten Kommunikations- und Informationsfluss eines Unternehmens zu seinen Mitarbeitern.

Der Austausch von Informationen erfolgt im B2E insbesondere über Intranets, die von den Unternehmen bereitgestellt werden und die als Plattform für die Informationsdistribution und die unternehmensinterne Kommunikation dienen.
Ziel des B2E ist es, durch einen schnelleren und effektiveren Informationsfluss die Geschäftsprozesse zu optimieren sowie eine Steigerung der Mitarbeiterzufriedenheit zu erreichen.

Buyer Managed Inventory (BMI)
Nachfragegesteuertes Bestandsmanagement-System, bei dem sich die Warenbestellung am tatsächlichen Bedarf der Konsumenten orientiert.
Anders als beim → Co-Managed Inventory oder → Vendor Managed Inventory ist hier ausschließlich der „Buyer", also der Handelsbetrieb, für die Warenorder verantwortlich.
Die Ermittlung der Bestellmengen erfolgt über ein leistungsfähiges Warenwirtschaftssystem.

CAO (Computer-aided Ordering)
→ Computer-aided Ordering.

Carry-over-Effekt
Darunter sind die Wirkungsverzögerungen von Werbemaßnahmen oder auch Verkaufsförderungsaktionen zu verstehen. Die Werbewirkung kommt erst in einer Folgeperiode zur Geltung. Der Grund ist, dass die frühere Kampagne immer noch nachwirkt und damit das Wirkungsergebnis der aktuellen Werbekampagne beeinflusst.
Einen ähnlichen Effekt kann man z.B. auch bei Mitarbeitern beobachten. Mitarbeiter fallen nach einem Veränderungsprozess in alte Verhaltensweisen zurück, weil Relikte oder unverändert gebliebene Strukturen nicht zu den Handlungsweisen des neu gelernten Verhaltens passen.
Der Carry-over-Effekt kann relevant werden bei der Prognose von Wiederholungskäufen oder z.B. bei der Analyse von Imitations- und Sättigungseffekten,
→ Spill-over-Effekt.

Cash and Carry
(engl.: Cash & Carry)
Betriebsform des Großhandels, auch als Selbstbedienungsgroßhandel bezeichnet. Die Bezeichnung Cash and Carry drückt die wesentlichen Aspekte dieser Handelsform aus.
Cash-and-Carry-Betriebe stellen den Kunden eine Auswahl an Waren am Point of Sale zur Verfügung und überlassen den Konsumenten die Komissionierung sowie den Transport („Carry").
„Cash" bedeutet in diesem Zusammenhang, dass den Kunden kein Zahlungsziel bei ihrem Einkauf eingeräumt wird, d.h., Waren müssen in der Kassenzone unverzüglich und bar bezahlt werden.
Die Metro-Vertriebslinie Metro Cash & Carry GmbH ist Weltmarktführer im Bereich Cash-and-Carry-Großhandel.

Category
→ Warengruppe.

Category Assessment
Schritt 3 im Acht-Stufen-Prozess.
→ Warengruppen-Bewertung.

Category Business Plan
(Synonym: Category Development Plan)
Englische Bezeichnung für einen Warengruppen- oder Warengruppenentwicklungsplan. Der Category Business Plan dient den Handels- und Herstellerunternehmen, ähnlich wie ein gewöhnlicher Business-Plan dazu, die Ziele, Strategien, Renditen sowie alle sonstigen, für die Warengruppe relevanten Entscheidungen im Kalenderjahr zu definieren und als Orientierungshilfe zu verwenden.
Die Erstellung eines Category Business Plans wird zumeist durch das verantwortliche Category Management des jeweiligen Unternehmens erstellt, dabei kann der Category Business Plan sowohl für eine vollständige Warengruppe als auch für ein einzelnes Produkt oder eine Marke erstellt werden.

Category Captain
Handelsunternehmen wählen besonders kompetente Lieferanten als Berater und Partner für eine bestimmte Warenkategorie aus. Die Berater auf Lieferantenseite werden als „Category Captain" bezeichnet.
Für den Handel ergibt sich die Notwendigkeit des Einsatzes von Category Captains aufgrund der Tatsache, dass diese über wesentlich tiefer gehende Produkt- und Marktkenntnisse verfügen. Es ist nicht

Category Definition

zwingend, dass der Category Captain immer das marktführende Unternehmen ist. Auch sind es nicht immer dieselben Lieferanten, die den verschiedenen Handelsorganisationen in einem bestimmten Sortiment beratend zur Seite stehen.

Das Team des Category Managers auf der Handelsseite und das des Category Captains auf der Herstellerseite sind zusammen verantwortlich für die Durchführung der vertriebsschienen- bzw. vertriebslinienspezifischen Optimierungsarbeiten an Sortiment und Regal.

Category Definition
Schritt 1 im Acht-Stufen-Prozess. → Warengruppen-Definition.

Category Management (CM)
(Synonym: Warengruppenmanagement) Ist Bestandteil des → Demand Managements im Rahmen von → Efficient Consumer Response (ECR) eines Handelsunternehmens.

Category Management bezeichnet die konsequent an den Bedürfnissen der Verbraucher ausgerichtete Optimierung des Sortiments eines Handelsunternehmens. Warengruppen bzw. Warenkategorien werden als strategische Geschäftsfelder geführt, mit dem Ziel, durch eine Erhöhung des Kundennutzens Ergebnisverbesserungen und Wettbewerbsvorteile zu erreichen.

Category Management kombiniert das Wissen des Herstellers um den Verbraucher (Consumer) mit dem Wissen des Handels um den Käufer (Shopper). Die Optimierung des Sortiments erfolgt als gemeinsamer Prozess (→ Acht-Stufen-Prozess) von Händler und Hersteller. Hierzu sind sowohl eine Vielzahl von unternehmensinternen Daten als auch Daten von Marktforschungsinstituten notwendig. Die Datenanalyse bildet die notwendige Grundlage, um Kundengruppen zu definieren, → Warengruppenrolle und → Warengruppenstrategie zu bestimmen, Sortimente zu optimieren und auch Abverkaufsstrategien festzulegen.

Neben der Betrachtung von Warengruppen als strategischen Geschäftsfeldern und der engen Zusammenarbeit von Handel und Industrie zur Verbesserung der Attraktivität dieser Warengruppen für den Verbraucher ist die verstärkte Integration und Abstimmung von Einkauf und Vertrieb im Handel ein dritter elementarer Bestandteil des Category Managements. In vielen Handelsunternehmen gibt es daher eine separate Abteilung „Category Management", die als strategische Abteilung zwischen den mehr operativen Funktionen von Einkauf und Vertrieb angesiedelt ist.

Category-Manager
Funktion im Handel, die den klassischen → Einkäufer ablösen soll. Der Category-Manager ist verantwortlich für eine Warengruppe (bzw. für mehrere Warengruppen), die als → Profitcenter gesehen wird und in der er nicht nur für den Einkauf der Waren und deren Verkauf, sondern idealtypisch für alle weiteren Handelsfunktionen wie Marketing, Merchandising, Logistik und IT-Einsatz verantwortlich ist.

Die besondere Herausforderung dieser Position liegt darin, Waren zu günstigsten Konditionen einzukaufen und gleichzeitig in einem Sortiment zusammenzustellen, das eine hohe Akzeptanz bei den Shoppern in dem Handelsunternehmen hat.

Category Performance Measures
Schritt 4 im Acht-Stufen-Prozess.
→ Warengruppen-Leistungsanalyse.

Category Plan Implementation
Schritt 7 im Acht-Stufen-Prozess.
→ Warengruppen-Planumsetzung.

Category Review
Schritt 8 im Acht-Stufen-Prozess.
→ Warengruppen-Überprüfung.

Category Role
Schritt 2 im Acht-Stufen-Prozess.
→ Warengruppen-Rolle.

Category Strategy
Schritt 5 im Acht-Stufen-Prozess → Warengruppen-Strategien.

Category Tactics
Schritt 6 im Rahmen des Acht-Stufen-Prozesses.
→ Warengruppen-Taktiken.

Centrale für Coorganisation (CCG)
Bis Februar 2005 Firmenname für → GS1 Germany.

Channel
→ Absatzkanal.

Channel-, Customer-, Sales-Area-Plan
Der Channel-, Customer-, Sales-Area-Plan wird dazu verwendet, alle Ziele, Strategien und Taktiken nach Kategorien für Vertriebsweg, Kunden und dem jeweiligen Vertriebsbereich zu definieren und die Umsetzungsmöglichkeiten festzulegen.

Channel-Marketing
Das Marketing für eine Vertriebsschiene bzw. einen Absatzkanal, wie z. B. Tankstellen, Kioske, SB-Warenhäuser, Außer-Haus usw. Die Marketing-Konzepte und die Ausgestaltung der Marketing-Mix-Instrumente werden an den Bedürfnissen der Vertriebsschienen und deren Shopper orientiert. Channel-Marketing liegt zumeist in den Händen von Vertriebsmitarbeitern, insbesondere Key-Account-Managern. Es erfordert großes Know-how in den Anforderungen und Besonderheiten der betreffenden Channels.

Chep-Palette
Mehrwegpalette aus Kunststoff bzw. Holz, die über die Chep-Organisation in 44 Ländern vermietet wird. Die → Paletten sind im Format 800 mm × 1200 mm (1/1-Palette), 600 mm × 800 mm (1/2-Palette) und 400 mm × 600 mm erhältlich. Die Viertel- und Halb → palette kommen dabei häufig als Displaypalette (siehe → Display) zum Einsatz.

CIES – The Food Business Forum
CIES ist die Abkürzung für Comité International des Entreprises à Succursales (Internationales Komitee der Filialunternehmen). CIES wurde 1953 in Belgien gegründet. Im Juni 2009 erfolgte der Zusammenschluss mit dem „Global CEO Forum" und mit der „Global Commerce Initiative" (GCI) zu „The Consumer Goods Forum". Es handelt sich um ein internationales Netzwerk der Lebensmittelbranche mit etwa 650 Mitgliedsfirmen und Vertretungen in 70 Ländern. Die Mitgliedschaft soll eine verbesserte Zusammenarbeit sowie einen optimierten Know-how-Austausch ermöglichen.
Das Forum erarbeitet Konzepte und Maßnahmen von IT über → Supply Chain Management bis Marketing, die den Mitgliedern als → Best-Practice-Ansätze zur Verfügung gestellt werden.
In diesem Zusammenhang spielt auch das gegenseitige → Benchmarking eine übergeordnete Rolle. Tagungen finden beispielsweise beim „Food-Business-Weltgipfel" oder dem „Future Leaders Program" statt. Die Mitgliedsfirmen erwirtschaften mit insgesamt 6,4 Mio. Mitarbeitern jährliche Umsätze von insgesamt etwa 2.100 Mrd. Euro pro Jahr.
www.ciesnet.com.

CM
(Synonym: Category Management)
→ Category Management.

CO_2-Emissionen

Auch wenn der Handel auf absehbare Zeit, d.h. mindestens bis zum Auslaufen der dritten Handelsphase im Jahr 2020, sich nicht dem Europäischen Emissionshandelssystem (EU ETS), also einem vorgegebenen Maximalausstoß an CO_2, unterwerfen muss, so ist er doch als großer Stromabnehmer indirekt betroffen.

Da die europäische Energiewirtschaft am Handel teilnehmen muss und speziell die deutsche Energiewirtschaft eine quasi monopolistische Stellung einnimmt, kann sie entstehende Mehrkosten an ihre Kunden weitergeben. Es ist also davon auszugehen, dass die Preise pro abgenommener kWh auf hohem Niveau verharren. Vor diesem Hintergrund ist es für die Handelsorganisationen empfehlenswert, den eigenen Carbon Footprint, also die Gesamtheit der direkten und indirekten Treibhausgasemissionen, festzustellen und diese, wo möglich, durch Energieeinsparpotenziale zurückzufahren. Dies gilt gleichermaßen für die vorgeschaltete Supply Chain. Hier werden bis zu 60 % der CO_2-Emissionen des Handels erzeugt.

Der britische Handel und speziell Tesco befindet sich in Sachen CO_2-Monitoring in einer Vorreiterrolle. So konnte man durch die Feststellung des eigenen Carbon Footprints die Tiefkühltruhen und Kühltheken und nicht, wie ursprünglich angenommen, die Fahrzeugflotte als größten CO_2-Verursacher identifizieren. Dies führte dazu, dass bessere Entscheidungen zur Mittelallokation getroffen und insbesondere energieeffiziente Investitionen getätigt wurden. Doch geht man hier bereits einen Schritt weiter. So werden auch erste Tesco-Handelsmarken und einzelne Produkte mit einem Carbon-Footprint-Label ausgestattet. So positioniert sich Tesco nicht nur als Vorreiter, sondern auch als Vorbild in einem Umfeld, das unsere nahe Zukunft weiter extrem beeinflussen wird: der Klimawandel.

Co-Branding

Das ist der gemeinesame Auftritt von mindestens zwei Markenprodukten. Ziel ist ein gegenseitiger Imagetransfer, wobei jede einzelne Marke erkennbar bleibt (z.B. Nikolaus von Milka, gefüllt mit Smarties). Die Parteien teilen sich die Kosten.

Co-Managed Inventory (CMI)

Bestellsystem, bei dem Lieferant und Handelsunternehmen gemeinsam für den kontinuierlichen Warennachschub an den POS des Handels verantwortlich sind.

Co-Managed Inventory (CMI) ist ein Teilbereich des Continuous Replenishments und stellt eine Weiterentwicklung des → Buyer-Managed-Inventory(BMI)-Konzepts dar. Allerdings ist die Verantwortung des Lieferanten hierbei noch nicht so ausgeprägt, wie dies beim → Vendor-Managed-Inventory(VMI)-Konzept der Fall ist, weshalb CMI oftmals als Vorstufe von VMI bezeichnet wird.

Im Rahmen von CMI übernimmt der Lieferant die Bestellaufgaben unter Kontrolle des Handelsunternehmens, d.h., der Lieferant muss dem Handelsunternehmen zunächst Vorschläge zur Warenbestellung unterbreiten, die von diesem geprüft und daraufhin akzeptiert oder abgelehnt werden. CMI wird oft als Test durchgeführt, um die Eignung des jeweiligen Lieferanten für das weiterführende VMI zu überprüfen. Aus diesem Grund sind während des CMI auch oftmals für verspätete Lieferungen keine Konventionalstrafen an das Handelsunternehmen zu entrichten.

Commercial Account Summary Message (COACSU)

→ Geschäftskontoauszug.

Computer-aided Ordering

Commercial Dispute Message
EANCOM-Nachrichtentyp: COMDIS
Gibt Auskunft über Mängel der aktuellen Lieferung, wie z.B. beschädigte Waren oder verspätetes Eintreffen.
Zu diesem Zweck wird die Commercial Dispute Message vom Käufer an den Lieferanten gesandt.

Composite Symbology
GS1-Empfehlung für die globale Anwendung im Gesundheitswesen. Eine Kombination aus einem linearen → EAN-Symbol und einem zweidimensionalen Code. Die lineare Komponente verschlüsselt immer die Primäridentifikation (z.B. die Artikelnummer) und ist entweder ein EAN-13-Strichcode, ein EAN-128-Strichcode oder ein → GS1-DataBar-Symbol. Die darüberliegende 2D-Komponente verschlüsselt die Sekundärinformationen (z.B. das Verfallsdatum) und wird auch als EAN-Composite bezeichnet. Insgesamt können in der Composite Symbology über 2.300 numerische Zeichen codiert werden. Eingeschränkt lesbar ist der Code mit linearen Laserscannern, eindeutig identifizierbar mit 2D-Bildscannern oder Kamerascannern.

Anwendung findet die Composite Symbology z.B. im Gesundheitswesen auf Ampullen oder Spritzen, da der Code sehr klein darstellbar ist.
Beispiel eines Composite-Symbols, bestehend aus einem EAN-13-Strichcode und dem EAN-Composite-Teil (Abb.).

Computer-aided Ordering (CAO)
Computergestütztes, automatisiertes Bestellverfahren des Handels auf Basis folgender Daten:
- Profil der Filiale (welche Produkte, wie viel Regalfläche)
- Abverkaufsdaten, Absatzprognosen
- spezielle Faktoren, die die Nachfrage beeinflussen könnten (Saison, Feiertag, Wetter, Urlaub)
- erwünschter Servicegrad, Sicherheitsbestand
- logistisch effizientes Bestellvolumen
- Wiederbeschaffungszeiten
- Bestandsdaten

- Kombination aus linearem GS1-Symbol und 2D-Komponente
- 2D-Komponente kann nicht alleine stehen, da die lineare Komponente das Suchmuster darstellt
- Für GS1-Anwendungen mit GS1-128-Datenstruktur geschützt
- Über 2.000 Zeichen verschlüsselbar

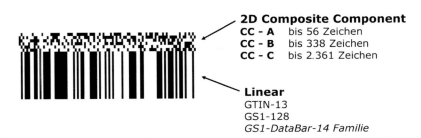

2D Composite Component
CC - A   bis 56 Zeichen
CC - B   bis 338 Zeichen
CC - C   bis 2.361 Zeichen

Linear
GTIN-13
GS1-128
GS1-DataBar-14 Familie

Quelle: GS1 Germany GmbH

Concession Shop

Kooperatives Flächenkonzept im Handel. Ein Concession-Nehmer mietet Verkaufsfläche in einem Handelsunternehmen an und bewirtschaftet diese selbstständig. Die Concession-Fläche ist durch eigenständiges Design eindeutig vom übrigen Geschäft getrennt – ähnlich wie ein → Shop-in-Shop. Der Betreiber verkauft im eigenen Namen und auf eigene Rechnung und trägt damit das Risiko. Er ist normalerweise für alle Vermarktungsaspekte verantwortlich, einschließlich seiner Shop-Mitarbeiter.

Das Handelsunternehmen als Concession-Geber erhält eine Betriebskostenpauschale und eine umsatzabhängige Vergütung (Concession fee). Insofern trägt der Vermieter einen Teil des Umsatzrisikos.

Concession-Shops sind eine Form der Vertikalisierung, sofern Hersteller als Concession-Nehmer Einzelhandelsaktivitäten übernehmen.

Beispiele für diese Betriebsformen sind Lotto-Toto-Betriebe, Schlüsseldienste oder Schusterbetriebe usw. innerhalb großer Verkaufshäuser wie z.B. Karstadt. Eine Reihe von Textilherstellern hat entsprechende Kooperationsvereinbarungen mit Warenhäusern.

Consumer

→ Konsument.

Consumer Tracking

Kontinuierliche Beobachtung des Verbraucherverhaltens in einem Gesamtmarkt, in wichtigen Marktsegmenten und mit einzelnen Marken. Die Berichterstattung erfolgt auf Basis von → Panels, d.h. von → Stichproben, die das Kaufverhalten der jeweils betrachteten Konsumentenschicht repräsentativ widerspiegeln.

Die Berichterstattung erfolgt periodenweise. Enthalten sind Kennzahlen wie z.B. Penetration, → Marktanteil auf Mengen- und Wertbasis, Durchschnittspreis, Menge je Haushalt, Menge je Einkauf und Anzahl der Einkaufsakte, → Vertriebsschienen, in denen die Einkäufe stattfanden usw.

Continuous Replenishment (CRP)

(Synonym: Efficient Replenishment (ER)
Der kontinuierliche Warennachschub bzw. die kontinuierliche Warenversorgung ist ein Verfahren, mit dem eine optimale Warenversorgung der Handelsbetriebe gewährleistet werden soll.

Der Impuls für die Nachschubversorgung geht – entsprechend dem Grundgedanken von → ECR – nicht mehr vom Handel aus, sondern von der tatsächlichen → Nachfrage bzw. dem prognostizierten → Bedarf in den Geschäften/Lagern. Die Ermittlung der tatsächlichen Kundennachfrage in einzelnen Filialen sollte zentraler Leitgedanke für CRP sein!

Ziele auf Handelsseite sind insbesondere
- Vermeidung von → Out-of-Stock-Situationen
- verringerte → Bestände
- höherer → Lagerumschlag und dadurch geringere Kapitalbindung
- verringerte Personalkosten/Verwaltungskosten

Ziele auf Herstellerseite sind insbesondere
- höhere Abverkäufe und Marktanteile
- Verbesserung der Auftragsbearbeitung
- geringerer administrativer Aufwand
- kürzere Durchlaufzeiten

Auch für den Kunden ergeben sich Vorteile
- in Form von frischeren Produkten
- einer besseren Verfügbarkeit
- möglicherweise sogar geringeren Preisen

Es bestehen drei Ansatzpunkte für Continuous Replenishment, je nachdem, in

Corporate Design

wessen Verantwortung die Bestellauslösung liegt:
- vom Hersteller gesteuerte Warenversorgung, → Vendor Managed Inventory (VMI)
- vom Handel gesteuerte Warenversorgung, → Buyer Managed Inventory (BMI)
- von Hersteller und Handel gemeinsam gesteuerte Warenversorgung, → Co-Managed Inventory (CMI).

Convenience Store

Einzelhandelgeschäfte mit geringer Verkaufsfläche, die sich durch den Vertrieb von Gütern des täglichen Bedarfs, insbesondere schnell zu konsumierende Güter, auszeichnen.

Convenience Stores verfügen über ein flaches Sortiment mit schnelldrehenden Artikeln, die bei gleicher Qualität generell hochpreisiger sind als in anderen Einzelhandelsbetrieben.

Der Einkaufsbetrag pro Kunde ist somit meist gering, der Deckungsbeitrag pro Produkt hingegen überdurchschnittlich hoch.

Gründe für die höheren Preise sind zumeist die direkte Anbindung an externe Frequenzzubringer, wie Bahnhöfe oder Autobahnen, sowie die flexiblen Öffnungszeiten, die es ermöglichen, zu bestimmten Tageszeiten als Monopol zu agieren, z.B. Nachtöffnungszeiten bei Tankstellen.

Beispiele für Convenience Stores sind Tankstellenshops, Kioske, Trinkhallen sowie Nachbarschaftsgeschäfte.

Convenience-Goods

(Synonym: Convenience Products)

Güter des „mühelosen" Kaufs, also Produkte, die häufig gekauft werden und für deren Beschaffung kein bzw. nur wenig Zeit-, Vergleichs- und Planungsaufwand betrieben wird. Es handelt sich meist um Güter mit niedrigem Preis, die eine große Distributionsdichte haben. Das sind regelmäßig gekaufte Produkte, wie z.B. Kaffee oder Zahnpasta, oder solche, die oft spontan gekauft werden, wie Süßigkeiten.

Convenience Shopper

Käuferverhalten, bei der im Zentrum der Kaufentscheidung insbesondere die Bequemlichkeit des Einkaufens steht. Dabei spielt für Convenience Shopper der Preis eines Produkts als Kaufargument eine eher untergeordnete Rolle, solange der Einkaufsprozess bequem und zudem auch noch relativ schnell bzw. spontan vollzogen werden kann.

Typische Einkaufsorte von Convenience Shoppern sind Tankstellen, sowie zunehmend auch das Internet wobei hierbei die Preissensiblität dieser Käufergruppe ebenfalls relativ gering ist. Aus diesem Grund unterscheiden sich Convenience Shopper stark von den sogenannten „Schnäppchenjägern". Nach einer Studie von Lekkerland ist der typische Convenience Shopper männlich, unter 35 Jahren und Single oder Twin.

Co-Packaging

Lohnverpacker, die im Kundenauftrag Ware, Displays usw. konfektionieren, kommissionieren und verpacken. Auch als Contract Packer oder → Fulfillment bezeichnet.

Corporate Design (CD)

Als Teilbereich der Unternehmensidentität bezieht sich das Corporate Design auf das grafische Erscheinungsbild eines Unternehmens, das sich durch sämtliche Kommunikationsmittel (Slogan, Firmenzeichen, Logo, Geschäftspapiere, Verpackungen usw.) des Unternehmens zieht.

Corporate Identity

Corporate Identity (CI)
Corporate Identity ist der abgestimmte Einsatz von Verhalten, Kommunikation und Erscheinungsbild eines Unternehmens nach innen und nach außen. Basis dafür ist das Unternehmensleitbild, das durch Corporate Identity mit Leben gefüllt wird. Ziel der Corporate Identity ist eine nachhaltige Unternehmensentwicklung. Die CI ist quasi die Persönlichkeit einer Organisation, die als einheitlicher Akteur handelt und wahrgenommen werden soll.

Corporate Social Responsibility (CSR)
Konzept der nachhaltigen und verantwortlichen Unternehmensführung unter Berücksichtigung aller Stakeholder des Unternehmens sowie der Umwelt.

Der CSR-Gedanke besteht in der Integration sozialer sowie ökologischer Aktivitäten in die normale Geschäftstätigkeit eines Unternehmens, bei gleichzeitiger Wahrung der Wirtschaftlichkeit.

Nur jenen Unternehmen, die wirtschaftlich profitabel arbeiten, ist es ausreichend möglich, sich effektiv und nachhaltig in der Gesellschaft zu engagieren, so die Hauptaussage des CSR-Gedankens.

Die Aspekte Wirtschaft, Soziales und Ökologie werden daher als die drei Säulen von CSR bezeichnet.

Weitere, wichtige Merkmale des CSR-Konzepts sind die Freiwilligkeit sowie die Eigenverantwortung der durchgeführten Aktivitäten. Projekte, die im Rahmen von CSR verwirklicht werden und der Gesellschaft oder der Ökologie Nutzen stiften, müssen über die „normalen" gesetzlichen Regelungen hinausgehen.

Aufgrund der Freiwilligkeit von CSR ist es umstritten, inwieweit eine internationale Standardisierung von CSR-Projekten stattfinden darf. Zwar existieren bereits Orientierungshilfen für CSR-Projekte wie z.B. der „Global Compact" der Vereinten Nationen (UN), die „Leitsätze multinationaler Unternehmen" der OECD oder die Erklärungen der ILO. Konkrete Standardisierungsmaßnahmen gibt es aber bislang noch nicht und gelten darüber hinaus auch beispielsweise beim BDI (Bund Deutscher Industrie) bisher als unerwünscht. Seit 1999 werden börsennotierte Unternehmen, deren CSR-Engagement herausragend ist, im „Dow Jones Sustainability Index" gehandelt.

Cost and Freight (CFR)
Incoterm, d.h. Lieferbedingung im internationalen Warenverkehr, legt die Aufteilung der Transportkosten zwischen Verkäufer und Käufer sowie den Zeitpunkt des Gefahrenübergangs innerhalb einer Lieferung fest.

Für Waren, die mit der Bedingung CFR geliefert werden, übernimmt der Verkäufer die Kosten des Transports zum vertraglich vereinbarten Hafen und trägt die anfallenden Frachtgebühren.

Die Gefahr und die Kosten der Versicherung gehen auf den Käufer bei der Verladung an der Ladekante des Schiffs über. Der Käufer muss zudem für die Kosten des Weitertransports vom Bestimmungshafen bis zu seinem Werk aufkommen.

Cost-to-Serve
Prozessorientierte finanzmathematische Analysemethode. Beantwortet die Frage, was die verschiedenen Prozesse kosten, um Kunden zu gewinnen, Kunden zu bedienen (wie z.B. die Kosten für Kundenbetreuung, Produktentwicklung, Auftragsbearbeitung) oder Kundenbeziehungen auszubauen usw.

Cost-to-Serve bildet die Grundlage für das Activity Based Costing.

Coupon
Coupons sind Rabatte in Form von Gutscheinen. Coupons können von Herstel-

lern oder Händlern an Verbraucher gegeben werden.
Händler können mithilfe von Coupons z.B. versuchen, die Umsätze ihrer Handelsmarken zu erhöhen und sich gegenüber ihren Wettbewerbern zu profilieren. Hersteller können ebenso die Umsätze ihrer Markenartikel erhöhen. Hersteller in der indirekten Distribution sind in jedem Fall auf die Unterstützung durch den Handel angewiesen!
Im Einzelnen können mit Couponing folgende Ziele verfolgt werden:
- Erhöhung der Kundenbindung an die Einkaufsstätte und an Produkte
  - bereits loyale Kunden binden
  - Wechselkäufer zu loyalen Kunden werden lassen
- Erstkäufer für die Einkaufsstätte bzw. für Produkte gewinnen
- Kategorie-Zusatzkäufe bewirken

Coupons sind ein Verkaufsförderungsinstrument, das, international gesehen, aus dem täglichen Einkaufsleben nicht mehr wegzudenken ist. Die USA sind das Ursprungsland der Coupons, hier sollen sie seit Ende des 19. Jahrhunderts eingesetzt worden sein.

Coverage

In den seltensten Fällen ist es möglich, im Rahmen eines Panels eine vollständige Marktabdeckung zu erzielen. Dies liegt darin, dass Marktteilnehmer die Teilnahme an einem Panel verweigern, z.B. Verbraucher in einem Verbraucherpanel oder Handelsunternehmen in einem Handelspanel. Dafür gibt es je nach Panel unterschiedliche Gründe. Bei einem Handelspanel kann es z.B. daran liegen, dass nicht alle Absatzkanäle, wie z.B. Kioske oder auch Sonderformen, wie Kinos, erfasst werden können. Damit ist auch der vom Panel ausgewiesene Umsatz/Absatz entsprechend niedriger.
Die Coverage macht daher eine Aussage darüber, wie repräsentativ ein Panel ist, d.h. wie viel Prozent des betrachteten Markts erfasst werden. Eine Coverage von 75 % besagt, dass das Panel nur etwa 75 % des Gesamtmarkts widerspiegelt.

CPFR

(Synonym: Collaborative Planning Forecasting and Replenishment)
CPFR bezeichnet die von Handels- und Herstellerunternehmen in Kooperation durchgeführte Prognostizierung und Planung der Verkaufs- und Bestellmengen – auf Basis der POS-Daten – des Handels. Hierbei stellt CPFR eine Evolution bzw. Weiterentwicklung des → Efficient-Consumer-Response-Ansatzes dar.
Ziel des CPFR ist es, eine Verbesserung der Geschäftsprozesse zu erreichen und so auch insbesondere → Out-of-Stock-Situationen zu vermeiden. CPFR ist hierbei ein aus neun Stufen bestehender Prozess, der die Aufgaben von Hersteller und Handel im Verlauf des Prozesses genau beschreibt.
Der erste Schritt (Schritt 1) beinhaltet die gemeinsame Willenserklärung von Hersteller und Händler, im Rahmen von CPFR zusammenzuarbeiten. Hierbei werden zusätzlich die notwendigen Rahmenbedingungen festgelegt, wie multifunktionale Teams, Vertraulichkeitsvereinbarungen, Verantwortlichkeiten und die Formen des Informationsaustauschs. Im nächsten Schritt erfolgt die Vereinbarung über die Planung der Geschäftsentwicklung (Schritt 2) und die daraus resultierende Verkaufsprognose (Schritt 3) zwischen Hersteller und Händler.
Entwickeln sich die zwischen beiden Parteien festgelegten Kriterien, insbesondere die Abverkäufe am POS, wie in der Verkaufsprognose vorgesehen, erfolgen die Bestellprognose (Schritt 6) und die Bestellung (Schritt 9). Darüber hinaus werden jedoch zwischen Hersteller und Handel

CRM

sogenannte „Ausnahme-Auslöser" definiert, d. h. bestimmte Kriterien oder auch Einschränkungen, die zu Nachverhandlungen führen. Weichen diese Kriterien von der Verkaufsprognose ab (Schritt 4) dann warnt das System, und beide Parteien müssen gemeinsam neue Verkaufsprognosen erstellen (Schritt 5). Aber auch bei der Bestellprognose können sogenannte „Ausnahme-Auslöser" oder auch Einschränkungen durch die Material- und Produktionsplanung des Herstellers auftreten (Schritt 7), die zu einer Überarbeitung der zu bestellenden bzw. zu liefernden Mengen führen (Schritt 8). Erst nach diesem vollständigen Prozess erfolgt dann die Bestellgenerierung (Schritt 9).

CPFR bietet hierbei jedoch nicht nur Vorteile für die Bestellung von „Normalware", sondern insbesondere auch für Promotionware und Produktneueinführungen. In beiden Fällen ist die Entwicklung der Abverkäufe nur ungenau vorhersehbar, und es wurden entweder zu hohe oder zu geringe Mengen produziert bzw. vom Handel eingekauft. Durch die gemeinsam erstellten Prognosen soll dies jedoch verhindert werden.

Zur Umsetzung von CPFR sind → Enabling Technologies notwendig.

CRM
→ Customer Relationship Management.

Cross-Docking

Hierbei handelt es sich um einen zentralen Warenumschlagspunkt zur Senkung der Prozesskosten und zur Reduktion der Lagerbestände im Handel. Anfang der 1990er-Jahre entstand dieser Ansatz durch den „Engpass Rampe" im Handel, da die Anlieferung von Waren für die Hersteller in den meist engen Straßen der zentral gelegenen Einkaufsstätten schwierig war. Um diesen Engpass zu vermeiden, entschied man sich für eine filialgerechte Kommissionierung, d. h., die Waren wurden nicht mehr direkt an die jeweiligen Filialen des Handels distribuiert, sondern in einem zentralen Zwischenlager (Docking-Station oder Transshipment Point) kurzfristig aufbewahrt und anschließend verbrauchsorientiert verteilt. Hier unterscheidet man drei Arten des Cross-Dockings:

- **Artikelreines Cross-Docking:** Palettenreine Distribution der Waren, bei der die Docking-Station als Zwischenlagerstätte dient.
- **Einstufiges Cross-Docking:** Vorkommissionierung der Waren durch den Hersteller, d. h., die Docking-Station dient auch hier als Zwischenlagerstätte; es handelt sich jedoch um Mischpaletten.
- **Zweistufiges Cross-Docking:** Artikelreine Paletten erreichen die Docking-Station und werden dort aufgebrochen und filialgerecht kommissioniert. Diese Art wird auch als „Cross-Docking im engeren Sinne" bezeichnet.

Es besteht weiterführend die Möglichkeit der Nutzung von Multiple User Warehouses. Hierbei handelt es sich um ein Zentrallager, das von mehreren, rechtlich selbstständigen Partnern gemeinsam genutzt wird. Die Kosten können dann auf alle Partner umverteilt werden (Cost Sharing). In der Regel wird die Docking-Station jedoch von einer großen Organisation betrieben. Diese sollte über die benötigte Lagerkapazität und die Kommunikationssysteme sowie einen geeigneten Fuhrpark verfügen, damit die Kosteneinsparungspotenziale von Cross-Docking auch tatsächlich realisiert werden können. Neben einer optimierten Lagerhaltung ermöglicht Cross-Docking einen kontinuierlichen Warennachschub und somit auch die Vermeidung von → Out-of-Stock-Situationen. Die Kosten

Customer Relationship Management

für die Docking-Station trägt in der Regel der Handel, der diese in Form von höheren Preisen teilweise an den Endverbraucher weitergibt.

Cross-Promotion
Verkaufsförderungsaktionen, bei der Produkte unterschiedlicher Warengruppen gemeinsam angeboten werden. Das eine Produkt fungiert als Werbeträger für das andere Produkt!

Cross-Selling
Querverkauf, bezeichnet den Absatz zusätzlicher Produkte über bereits bestehende Kundenkontakte.
Beim Cross-Selling wird versucht, zumeist artgleiche, aber auch artfremde Produkte an Konsumenten zu veräußern, die schon Kunden des Unternehmens sind, bisher allerdings nur einen Teil ihrer benötigten Güter und Leistungen von dem Unternehmen beziehen.
Ziel ist die Umsatzsteigerung. Das Cross-Selling sollte idealerweise auch zu einer Steigerung der Kundenbindung und der Kundenzufriedenheit führen durch die im Querverkauf gezeigte Kundenorientierung.
Ein Beispiel für Cross-Selling ist das zusätzlich angebotene Shampoo bei einem Friseurbesuch. Cross-Selling wird von vielen Unternehmen systematisch im Telefonverkauf eingesetzt.

Crowner, Headercard
Bezeichnung für ein Displayplakat.

CRP
→ Continuous Replenishment (CRP).

Customer Development Plan (CDP)
Instrument zur zielgerichteten Kundenarbeit. Insbesondere für Großkunden ist es von Bedeutung, einen Plan zu erarbeiten, mit dem eine Steigerung der Kundenzufriedenheit sowie eine langfristige Kundenbindung erreicht wird. Dazu werden u. a. Produkte und Aktivitäten angeboten, die individuell auf den Kunden zugeschnitten sind. Der Kundenentwicklungsplan soll zu einem gezielten und effizienten Ressourceneinsatz führen.
Vor Durchführung eines CDP ist eine Segmentierung der Kunden vorzunehmen, um zu ermitteln, welche Kunden sich für dieses Instrument besonders eignen. Weiterhin ist eine intensive Beschäftigung mit dem Kunden, dessen Kunden und dessen Situation und Bedürfnissen zwingend notwendig.
Die o. g. Kundenzufriedenheit und Kundenbindung entsteht, wenn es gelingt, dem Kunden einen Konkurrenzvorteil gegenüber seinen Wettbewerbern zu ermöglichen (den sogenannten KKV = komparativer Konkurrenzvorteil).

Customer Relationship Management (CRM)
Gemäß der Definition des CRM-Forums des Deutschen Dialogmarketing Verbands DDV, Wiesbaden, ist CRM „ein ganzheitlicher Ansatz zur Unternehmensführung. Er integriert und optimiert abteilungsübergreifend alle kundenbezogenen Prozesse in Marketing, Vertrieb, Kundendienst sowie Forschung und Entwicklung. Dies geschieht auf der Grundlage einer Datenbank mit einer entsprechenden Software zur Marktbearbeitung und anhand eines vorher definierten Verkaufsprozesses. Zielsetzung von CRM ist dabei die Schaffung von Mehrwerten auf Kunden- und Lieferantenseite im Rahmen von Geschäftsbeziehungen." (Abb. 1)
Die Stellung von Customer Relationship Management im Rahmen der verschiedenen IT-gestützten Managementsysteme in einem Unternehmen zeigt Abb. 2:

Customer Relationship Management

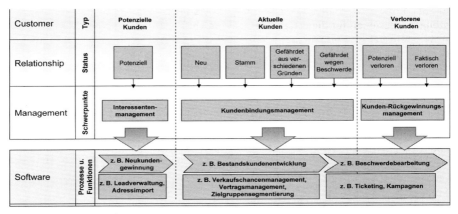

Abb. 1: CRM-Einsatzgebiet
Quelle: Grässel, R. ISMAS, Wiesbaden 2009, vgl. ähnlich: Stauss, B.; Seidel, W. (2002): Beschwerdemanagement, 3. Auflage

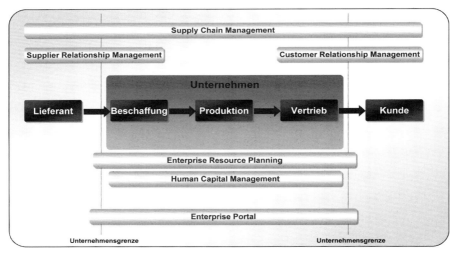

Abb. 2: Die Stellung von CRM im Unternehmen
Quelle: Grässel, R. ISMAS, Wiesbaden 2009

Zu differenzieren sind das analytische, das operative und das kollaborative CRM. Das analytische CRM untersucht und bewertet die im operativen CRM gesammelten Daten und liefert letztendlich die Erkenntnisse zur Optimierung einzelner CRM-Maßnahmen, wie z. B. Zielgruppenselektionen, Auswertung von Kampagnen, Auswertung und Analyse der Sales Force, Auswertung der Serviceeffizienz und Analysen über Fehlerhäufigkeiten usw.

Das operative CRM dient der Unterstützung der Mitarbeiter bei der Interaktion mit den Kunden. Operative Anwendungsszenarien bestehen für die verschiedenen Anwenderbereiche und für die verschiedenen Kommunikationskanäle, wie z. B. das Telefon in Form von Telemarketing, Telefonverkauf, Callcenter oder Hotlines, telefonische Produktberatung, Beschwerdemanagement. Oder für die Kommunikation über Internet in Form von z. B. E-Mail-Marketing, E-Commerce, Web-Shops, Onlineservice, Communities, Foren usw.

Beim kollaborativen CRM (auch kommunikatives CRM genannt) geht es um die Integration der verschiedenen Kommunikationskanäle, also Internet, Telefon, E-Mail, Fax, aber auch um das persönliche Gespräch.

Cycle Stock

Beschaffungsstrategie, beschreibt die zyklische Warenbestellung eines Unternehmens, um den Güterbedarf innerhalb einer Periode zu befriedigen.

Grundlage der Bestellung ist die Prognose, wann der aktuelle Warenbestand voraussichtlich vollständig verzehrt sein wird.

Die Beschaffung nach dem Cycle-Stock-Verfahren ist ein Ansatz, um die → Just-in-time-Produktion zu verwirklichen.

D

Dachmarke
(Synonym: Programm-Marke, Company-Marke)
Unter einer Dachmarke wird die Führung aller Leistungen, d.h. des gesamten Produktprogramms bzw. des gesamten Sortiments eines Unternehmens, unter einer einheitlichen Marke verstanden (Umbrella Branding).
Meist handelt es sich um Company-Marken, d.h., im Vordergrund steht das Unternehmen mit seinem Firmennamen und mit der damit verbundenen Kompetenz. Dachmarken lassen sich in vielen Branchen finden, wie z.B. Dr. Oetker, eine klassische Dachmarke eines Konsumguts, oder im Automobilbereich, z.B. VW, Mercedes, BMW, in der Elektronikbranche, z.B. Sony, im Onlinehandel „Amazon" oder im Lebensmittelhandel „REWE".
Die Dachmarke empfiehlt sich bei einem Produktprogramm, in dem sich eine Einzelmarkenstrategie (→ Einzelmarke) nicht rentiert, aber auch dann, wenn sich Zielgruppen, Positionierung oder Nutzen von Programmteilen des Unternehmens nicht grundsätzlich unterscheiden (→ Familienmarke).

Dauerniedrigpreis-Sortiment
Sortimente, in denen Artikel im Rahmen einer → Dauerniedrigpreis-Strategie dauerhaft günstiger angeboten werden als in vergleichbaren Handelsunternehmen. Es handelt sich meist um preissensible, schnelldrehende Artikel.

Dauerniedrigpreis-Strategie (DNP)
(engl.: Every Day Low Price Strategy – EDLP-Strategy)
Strategie, bei der die Produkte im Sortiment eines Handelsunternehmens zu dauerhaft günstigeren Preisen als in den Konkurrenzbetrieben angeboten werden. Prämisse sowie Vorteil der DNP-Strategie sind Kontinuität und Dauerhaftigkeit, mit der diese Preisgestaltung für bestimmte Sortimentsteile betrieben wird.
Im Gegensatz dazu steht die HILO-Strategie (High-Low Promotion Strategy), mit der Einzelhandelsunternehmen Markenprodukte über bestimmte Perioden zu Sonderpreisen günstiger als zuvor verkaufen. Diese Strategie kann zu einem Verlust der Preis-Glaubwürdigkeit der Handelsbetriebe bei ihren Konsumenten führen. Eine Wiederherstellung dieser Glaubwürdigkeit ist häufig ein Grund, der Unternehmen zu einer DNP-Strategie veranlasst.
Zudem ist die HILO-Strategie für den Konsumenten sehr aufwändig. Er wird durch diese Strategie angehalten, sich auf die Suche nach dem günstigsten Sonderangebot zu begeben, und er erkennt schnell den Vorteil von Dauerniedrigpreisen des Wettbewerbers.
Betriebe, die Produkte dauerhaft zu niedrigen Preisen anbieten, beschränken sich nicht mehr nur auf den Lebensmittelbereich, sondern sind mittlerweile in den unterschiedlichsten Branchen zu finden.

Degustationsaktion
→ Verkostung.

Delivered at Frontier (DAF)
Incoterm, d.h. Lieferbedingung im internationalen Warenverkehr.
Für Güter und Dienstleistungen, die mit der Bedingung DAF befördert werden, übernimmt der Verkäufer die Kosten des Transports bis zur vereinbarten Grenze und haftet für eventuelle Beschädigungen der Waren während der Beförderung.

Delivered Duty Paid

Dem Käufer der Ware obliegen die Begleichung der Zollgebühren sowie der anfallenden Transportkosten von dem vertraglich vereinbarten Lieferort bis hin zu seinem Werk.

Delivered Duty Paid (DDP)
Incoterm, d.h. Lieferbedingung im internationalen Warenverkehr.

Mit dem Abschluss eines Lieferantenvertrags unter der Bedingung DDP verpflichtet sich der Lieferant zur vollständigen Übernahme der Transport- sowie der Zollkosten und trägt darüber hinaus das Risiko der Speditionsdienstleistung bis hin zum vereinbarten Lieferort im jeweiligen Einfuhrland.

Nach der Auslieferung der Güter am Bestimmungsort wird die Gefahr auf den Käufer übertragen, der für den Weitertransport verantwortlich ist und für die ab diesem Zeitpunkt anfallenden Kosten aufkommen muss.

Delivered Duty Unpaid (DDU)
Incoterm, d.h. Lieferbedingung im internationalen Warenverkehr.

Die durch den Incoterm „DDP" bestimmte Kostenaufteilung innerhalb einer Transportdienstleistung sieht vor, dass der Verkäufer der Ware das Risiko sowie die Kosten für die Lieferung bis zum vertraglich festgelegten Bestimmungsort trägt.

Für das Entladen der Ware, die Zahlung sämtlicher Zollgebühren sowie die Kosten und das Risiko des Weitertransports zeichnet der Käufer bei DDU verantwortlich.

Delivered ex Quay (DEQ)
Incoterm, d.h. Lieferbedingung im internationalen Warenverkehr, die ausschließlich in der Schifffahrt Anwendung findet.

Der vertraglich festgelegte Bestimmungsort für die Warenauslieferung ist nach DEQ der Kai des jeweiligen Hafens, an dem auch der Gefahrenübergang erfolgt. Während der Verkäufer zur Übernahme der Transportkosten und des Risikos bis zum Lieferort verpflichtet ist, obliegt ihm zudem die Entladung und Bereitstellung der Ware am Hafenkai.

Die Einfuhrabfertigung inklusive der Zahlung aller Steuern und Gebühren fällt nach DEQ in den Aufgabenbereich des Käufers.

Delivered ex Ship (DES)
Incoterm, d.h. Lieferbedingung im internationalen Warenverkehr, die ausschließlich in der Schifffahrt angewendet wird.

Wird eine Lieferung mit der Bedingung DES durchgeführt, erfolgt der Gefahrenübergang erst ab dem Zeitpunkt, zu dem das Schiff in den Hafen eingelaufen ist und die Ware zum Entladen bereitsteht.

Die Versicherungsgebühren sowie die Frachtkosten bis zum vertraglich festgelegten Hafen übernimmt der Verkäufer, während der Käufer für das Entladen der Ware, die Zahlung sämtlicher Steuern, Zölle und Gebühren sowie den Weitertransport verantwortlich ist.

Delivery Forecast (DELFOR)
→ Lieferabruf.

Delivery Just in Time (DELJIT)
→ Feinabruf.

Demand Management
Beschäftigt sich mit der → Demand Side von ECR und umfasst alle Aktivitäten, die zu einer effektiven Gestaltung der Marktbearbeitung am POS führen.

Synonym zu dem Begriff „Demand Management" wird auch von „Category Management" gesprochen. Gleichzeitig wird aber auch der ECR-Kooperationsbereich „Efficient Assortment" als „Category Management" bezeichnet!

Demand Management umfasst die gemeinsamen Aktivitäten hinsichtlich Planung, Durchführung, Steuerung und Evaluation von Hersteller und Handel für eine an der Nachfrage der Shopper orientierten, ertragsbringenden Gestaltung des POS mit Sortimenten (→ Category Management), Promotions (→ Efficient Promotion) und Neuprodukten (→ Efficient Product Introduction).

Demand Side
→ ECR unterscheidet zwischen → Supply Side als versorgungsorientierte Prozesskooperation und Demand Side als nachfrageorientierte Marketingkooperation von Handel und Industrie.
Die Demand Side umfasst die drei Marketingbereiche: → Efficient Assortment (auch als Category Management bezeichnet), → Efficient Promotion und → Efficient Product Introduction

Despatch Advice (DESADV)
→ Lieferavis.

Detailsortiment
Während ein Handelsunternehmen innerhalb des → Rahmensortiments festlegt, welche generellen Bedürfnisse der → Konsumenten mit dem → Sortiment befriedigt werden sollen, wird im Detailsortiment bestimmt, welche konkreten Produkte und → Marken in das Sortiment bzw. in die einzelnen → Warengruppen aufgenommen werden sollen. Die Gestaltung des Detailsortiments ist eher operativer Art, wohingegen die Festlegung des → Rahmensortiments der strategischen sortimentspolitischen Entscheidung zuzuordnen ist.

Dienstleistungsmarke
Beim Deutschen Patentamt eingetragenes und geschütztes Zeichen eines Dienstleistungsunternehmens. Entgegen den sich auf materielle Güter beziehenden Marken steht eine Dienstleistungsmarke für eine immaterielle Leistung und dient der Abgrenzung von anderen Dienstleistungen sowie der Erhöhung des Wiedererkennungswerts. Bekannte Dienstleistungsmarken aus dem Bereich der Unternehmensberatung sind z. B. Boston Consulting Group, Roland Berger, McKinsey oder Accenture.

Differenzierung
(Synonym: Produktdifferenzierung)
Das ist die Ergänzung eines bereits bestehenden Produkts um eine weitere Variante, z. B. wurde Coca-Cola Classic ergänzt um Coca-Cola light, Coca-Cola Zero, Coca-Cola Koffeeinfrei, Coca-Cola Sherry usw. Ziel der Produktdifferenzierung ist es, die vielfältigen Konsumentenbedürfnisse möglichst genau zu befriedigen, die Zielgruppen in der Marktbearbeitung auszuweiten und so die Marktpotenziale möglichst weit auszuschöpfen. Die Produktdifferenzierung führt somit zu einer Ausweitung der Angebotstiefe.
Die bekannteste theoretische Grundlage zur Differenzierungsstrategie wurde von Michael E. Porter entwickelt.

Dimensionen des Sortiments
Grundbegriffe, um die Dimension eines Sortiments zu beschreiben, sind → Sortimentsbreite, → Sortimentstiefe, weiterhin die Begriffe → Pflichtsortiment, → Kernsortiment, → Randsortiment, → Sortiment.

Direkte Filialbelieferung
(Synonym: Streckengeschäft)
(engl.: Direct Store Delivery (DSD))
Direkte Belieferung einzelner Filialen des Handels durch den Hersteller der angeforderten Ware. Beim Direct Store Delivery erfolgt die Distribution ohne Nutzung von Zwischenlagern. Ziel der DSD ist es,

Direkte Produkt-Profitabilität

die Kapitalbindung sowie die Lagerkosten so weit wie möglich zu reduzieren.

Direkte Produkt-Profitabilität (DPP)
(Synonym: Direkte Produkt-Rentabilität)
(engl.: Direct Product Profitability)
Methode zur Errechnung des Deckungsbeitrags pro Artikel im Sortiment, mit dem Ziel, den direkten Anteil des jeweiligen Produkts am Profit des Unternehmens zu ermitteln.

Neben den direkt zurechenbaren Kosten wird in der DPP-Rechnung auch versucht, die anfallenden Gemeinkosten auf die einzelnen Artikel aufzuteilen – was im Rahmen einer Deckungsbeitragsrechnung problematisch ist!
Die DPP-Rechnung ist:

Nettoverkaufspreis
./. Netto/Netto-Einstandspreis

= Rohertrag
./. direkte Produktkosten (DPK)

= direkter Produkt-Profit

Vom Europäischen Handelsinstitut (EHI) werden die Tätigkeitsbereiche (Prozesse) auf Zentrallager und Einzelhandelsstufe aufgezeigt, die in der Kostenermittlung zu berücksichtigen sind.
Im Rahmen der bestehenden Warenwirtschaftssysteme (WWS) sind die für die genaue Berechnung benötigten Daten eher ungenügend vorhanden. Es werden in der Praxis im Schwerpunkt die Personalkosten, die Raumkosten/Lagerkosten (aus der beanspruchten Fläche) und auch die Warenzinsen als Ergebnis aus der Lagerumschlagsgeschwindigkeit erfasst.
Die Auswertungsmöglichkeiten sind vielfältig. Es können Betriebsvergleiche erstellt werden; die DPP-Rechnung dient zur Sortiments- bzw. Warengruppen-Steuerung, zur Verkaufsflächenoptimierung (→ Space-Management), zur Preisgestaltung und auch zur Lieferantenverhandlung.

Die DPP-Rechnung wurde vom Deutschen Handelsinstitut (DHI – heute EHI) entwickelt, um eine genauere Artikelkalkulation – im Vergleich zu der im Handel üblichen Zuschlagskalkulation – zu ermöglichen.

Direktvertrieb
Distributionsform, bei der der Hersteller seine Waren und Dienstleistungen ohne Zwischenschaltung von Absatzmittlern direkt an den Kunden distribuiert. Formen des Direktvertriebs sind beispielsweise Telefonverkauf, persönlicher Verkauf über Außendienstmitarbeiter, → Partyverkauf oder der Verkauf über E-Commerce.
Sowohl im → B2B- als auch im → B2C-Bereich wird diese Distributionsform verwendet, wobei der persönliche Verkauf insbesondere im Industriegütermarketing Anwendung findet. Ursache hierfür ist die oftmals hohe Erklärungsbedürftigkeit der Industriegüter.
(Aus rechtlichen Gesichtspunkten stellt der Direktvertrieb eine zulässige Handelsform dar, wobei sogenannte „Schneeballsysteme" als sittenwidrige Vertriebsform gelten.)
Typische Unternehmen für den Direktvertrieb an Endverbraucher sind z.B. Vorwerk, Avon und Tupperware.

Discounter
(Synonym: von engl. Discount – Rabatt, deutsch Diskonter)
Einzelhandelsbetriebe, die sich durch ein enges, flaches Sortiment, eine geringe Verkaufsfläche, einfache Ladenausstattung und ein besonders niedriges und aggressives Preisniveau auszeichnen.
Discounter führen zumeist schnelldrehende und unkomplizierte Artikel, schränken ihre Sortimentsgestaltung und personalintensive Kundendienstleistungen weitgehend ein und versuchen ihre Prozesse

möglichst straff, kostengünstig und effizient zu gestalten.
Durch diese Art des Managements gelingt es den Discountern, Produkte zu dauerhaft niedrigen Preisen anzubieten und so Wettbewerbsvorteile gegenüber dem traditionellen Einzelhandel zu erzielen.
Die Discounter im Lebensmittelbereich in Deutschland sind ALDI, Lidl (Schwarz-Gruppe), Norma, Penny (REWE), Plus (Tengelmann), Netto, Diska, NP, Treff (Letztere alle zur Edeka-Organisation gehörend).
Die Discounter werden nochmals unterschieden in Hard-Discounter (ALDI, Lidl, Norma) und Soft-Discounter. Während das Sortiment der Hard-Discounter aus einem Grundsortiment von 500 bis 1.000 Artikeln besteht, haben Soft-Discounter 2.000 bis 2.500 Artikel, und oft sind auch noch Bäckereien oder Metzgereien integriert. Soft-Discounter haben Eigenmarken, führen aber im Schwerpunkt Hersteller-Markenartikel.
Im Jahr 2007 betrug der Umsatz der Discounter in Deutschland 62 Mrd. Euro in insgesamt 15.450 Geschäften (Stichtag 01.01.2008).

Diskontierende Massendistribution
Strategie, bei der Massenkonsumgüter in zumeist schmalen Sortimenten zu sehr günstigen Preisen abgesetzt werden. Die Strategie der diskontierenden Massendistribution ist eine Maßnahme, die vorwiegend von → Discountern verwendet wird.

Display
Ein Display bzw. stummer Verkäufer dient dazu, → Waren außerhalb der Stammplatzierung im Handel zu positionieren. Ein Display ist eine marketingorientierte Großverpackung zur → Verkaufsförderung, die bevorzugt aus Karton und Wellpappe, jedoch auch aus Kunststoff oder Metall besteht und sowohl im Verkaufsraum als auch im Schaufenster zum Einsatz kommen kann. Je nach Größe und Verwendungszweck unterscheidet man zwischen → Thekendisplays, → Bodenaufstellern, → Regaldisplays, Palettenüberbauten oder Schaufensterdekorationen.

Distanzhandel
Handelsform, bei der Käufer und Verkäufer räumlich getrennt sind und sich der Verkaufsprozess ausschließlich über zwischengeschaltete Medien vollzieht.
Beim Distanzhandel bestellt der Kunde seine Ware aufgrund von Informationen, Ansichten, Mustern etc., die durch Kommunikationsmittel, wie Katalog, Fernsehen, Telefon, Telefax oder das Internet (E-Commerce), übermittelt werden.
Die Zustellung der Ware erfolgt zumeist über einen Transport-Dienstleister direkt an den Empfänger. Bei digitalen Daten besteht die Möglichkeit der Zustellung auch per Download auf den jeweiligen PC des Kunden. Die üblichen Zahlungsarten im Distanzhandel sind Nachnahme, Vorkasse, Zahlung per Kreditkarte, Bankeinzug oder Überweisung.
Typische Formen des Distanzhandels sind der Versandhandel, der Verkauf über das Fernsehen (Teleshop), Telefon sowie die Warenbestellung bei Onlineshops im Rahmen von E-Commerce.
Der Umsatz des Distanzhandels lag 2007 bei 27,6 Mrd. Euro in Deutschland. Der Anteil des E-Commerce hieran betrug 10,9 Mrd. Euro.
Bereits im Jahr 2006 sollen 77,2 % der deutschen Privathaushalte mindestens einmal einen Non-Food-Artikel im Distanzhandel gekauft haben. Die Akzeptanz des sogenannten Universalhandels, d. h. des klassischen Versandhandelsunternehmens, nimmt kontinuierlich ab zugunsten der sogenannten Spezialversender, zu denen alle anderen Formen gehö-

Distribution

ren, also auch Unternehmen wie eBay oder Amazon.

Distribution

Sämtliche Maßnahmen, die darauf ausgerichtet sind, ein bestimmtes Gut unter Überbrückung von Zeit und Raum an einen Bestimmungsort zu befördern.

Zur Erläuterung des Begriffs ist es zweckmäßig, diesen zu differenzieren in Distribution im engeren Sinn und in Distribution im weiteren Sinn. Während sich die Distribution im weiteren Sinn in die akqusitorische und physische Distribution aufteilen lässt, ist die Distribution im engeren Sinn mit dem → Absatz von Waren gleichzusetzen.

Der Distributionsprozess, der die Auslieferung des Produkts an den Kunden über bestimmte Absatzkanäle umfasst, wird dabei maßgeblich durch die Markt- und Kundenanforderungen beeinflusst. Im Rahmen der Kundenanforderungen an die Distribution ist der → Servicegrad eine besonders wichtige Größe zur Beeinflussung der Kundenzufriedenheit. Konzepte wie ECR, JIT sowie → Continuous-Replenishment-Strategien haben im Zeitverlauf immer stärkeren Einzug in die Distributionspolitik gehalten, um den veränderten Kundenbedürfnissen bei gleichzeitiger Kostenreduktion gerecht zu werden.

Distribution Costs

(Synonym: Vertriebskosten)
Sämtliche Kosten, die in Zusammenhang mit der Distribution eines Produkts von herstellenden Unternehmen bis hin zum Endabnehmer anfallen.

Das kann im Einzelfall unterschiedlich weit gefasst werden. Ist für die Distribution ein Handelsunternehmen eingeschaltet, so können auch die Kosten, die hierdurch entstehen, oder aber die Kosten für eingeschaltete Handelsvermittler, zu den Distribution Costs gerechnet werden.

Beispiele für Vertriebskosten sind: Personalkosten, Transportkosten, (vertriebsbezogene) Werbungskosten, Verpackungsmaterialien, Messekosten etc.

Aufgrund ihrer komplexen Zurechenbarkeit auf einzelne Produkte stellen Distribution Costs meist Gemeinkosten dar und werden in der KLR anhand von Zuschlagssätzen den Vertriebsgemeinkosten zugerechnet.

Distribution, gewichtet

Wird durch ein → Handelspanel erfasst. Die gewichtete → Distribution zeigt den Umsatz in der Warengruppe, der von den Geschäften gemacht wird, die den betrachteten Artikel in der betrachteten Periode führen (bzw. verkauft haben).

So betragen z. B. die Distributionswerte für ein Schmerzmittel, das nur in Apotheken verkauft wird, 50/80, d. h., die numerische Distribution beträgt 50 %, die gewichtete Distribution 80 %. Dies bedeutet, dass 50 % aller Apotheken dieses Analgetikum führen. Das wären rund 10.800 Apotheken (Stand 2008: 21.579 Apotheken). Der Gesamtumsatz, den diese 10.800 Apotheken mit der Warengruppe Analgetika machen, beträgt 80 % des gesamten Analgetika-Umsatzes in allen Apotheken. Mit anderen Worten: Das Analgetikum ist in den Apotheken distribuiert, deren Kunden überproportional viel Analgetika benötigen/kaufen.

Bei der Neueinführung eines Produkts im Lebensmittelhandel ist es nicht unüblich, zu Beginn der Markteinführung bei einem geringen numerischen Distributionswert bereits einen relativ hohen gewichteten Distributionswert zu erzielen. Das bedeutet, dass das Produkt zwar anzahlmäßig in relativ wenigen Geschäften distribuiert ist, dafür aber umso mehr in sehr großen Geschäften (SB-Warenhäusern), die erheblichen Umsatz in der Warengruppe auf sich vereinigen.

Distributionspotenzial-Analyse

Distribution, numerisch
Wird durch ein → Handelspanel erfasst und gibt die prozentualen Anteile der Geschäfte wieder, die von allen Geschäften in der → Grundgesamtheit den betrachteten Artikel in der betrachteten Periode führen (bzw. verkauft haben).

Distributionsgrad
Kennzahl, die angibt, wie hoch die Verfügbarkeit eines bestimmten Produkts und/oder einer bestimmten Marke zu einem betrachteten Zeitpunkt in einem festgelegten Absatzgebiet ist. Der Distributionsgrad ergibt sich, wenn die Anzahl der Geschäfte, welche die betrachtete Marke in ihrem Sortiment führen, oder der Geschäfte, die einem bestimmten Betriebstyp oder einer bestimmten Branche zuzurechnen sind, ins Verhältnis zur jeweils gesamten Anzahl der führenden Geschäfte, der gesamten Betriebstypen oder den derselben Branche zugehörigen Betrieben gesetzt werden.

Der Distributionsgrad kann sowohl rein produkt- und markenspezifisch als auch numerisch und gewichtet ermittelt werden. Numerischer und gewichteter Distributionsgrad ergeben sich wie folgt:

numerischer Distributionsgrad =

$$\frac{\text{Anteil der Händler, welche das/die jeweils betrachtete Produkt/Marke führen}}{\text{Gesamtzahl der Händler}}$$

gewichteter Distributionsgrad =

$$\frac{\text{Umsatz der Händler, die ein bestimmtes Produkt im Sortiment führen}}{\text{Höhe des Gesamtumsatzes der Warengruppe, zu der das Produkt gehört, bei allen Händlern}}$$

Eine absolute Höhe des Distributionsgrads allein ist jedoch nicht aussagefähig. So hängt die Aussagekraft insbesondere von der Markentreue und der Vertriebswegepolitik eines Unternehmens ab. Während substitutive Produkte oder Produkte, bei denen generell geringe Markenloyalität besteht, ubiquitär vertrieben werden sollten, um den Umsatz zu steigern, ist es möglich, dass Produkte mit hoher Markenloyalität exklusiv über wenige, ausgewählte Kanäle und Geschäftsstätten vertrieben werden. So wäre bei Letzterem der Distributionsgrad zwar gering, die Auswirkungen auf Absatz und Umsatz jedoch sehr wahrscheinlich nicht nachteilig für das Unternehmen.

Der Unterschied zwischen dem Distributionsgrad und der Distributionsdichte besteht in den unterschiedlichen Bezugsgrößen der Kennzahlen. Während der Distributionsgrad die Distribution ins Verhältnis zu den gesamten Händlern oder deren Umsatz innerhalb eines Absatzbereichs setzt, bezieht sich die Distributionsdichte auf die Distributionsweite im Verhältnis zur Bevölkerungszahl oder Gesamtfläche des Absatzgebiets.

Distributionslücke
Anzahl der Verkaufsstätten, die ein bestimmtes Produkt nicht in ihrem Sortiment führen, im Verhältnis zu den gesamten, einschlägigen Handelsbetrieben (= numerische Distributionslücke).
In der gewichteten Distributionslücke wird die Bedeutung der nicht führenden Geschäfte am Gesamtumsatz in der Warengruppe berücksichtigt.

Distributionspotenzial-Analyse
Grundlage der Distributionspotenzial-Analyse sind die numerische sowie die gewichtete Distribution (→ Distribution numerisch, → Distribution gewichtet), die durch ein → Handelspanel erfasst werden.
Die Gegenüberstellung des durchschnittlichen Verkaufs in der Warengruppe und für eine bestimmte Marke in den Ge-

Distributionsqualität

schäften, die diese Marke führen, sowie in den Geschäften, die diese Marke nicht führen, zeigt die mögliche Rentabilität einer Distributionsausweitung.

Distributionsqualität
Die Distributionsqualität kann gemäß nachfolgender Formel bewertet werden:

$$\frac{\text{gewichtete Distribution}}{\text{numerische Distribution}}$$

Beispiel:

$$\frac{\text{gewichtete Distribution}}{\text{numerische Distribution}} = \frac{80}{50} = 1{,}38$$

Das heißt, die Distributionsqualität ist ein Maß sowohl für den Umsatz als auch für die Frequenz, die Attraktivität und die Akzeptanz durch Kunden/Shopper der Warengruppe in den Geschäften, in denen das Produkt geführt wird. Es gilt:
- Distributrionsqualität > 1
  = gute Distributionsqualität
- Distributionsqualität < 1
  = schlechte Distributionsqualität

Distributionswanderungsanalyse
Sie gibt Aufschluss über die Kontinuität, mit der ein bestimmter → Artikel im Sortiment eines Handelsbetriebs angeboten wird.
Die Distributionswanderungsanalyse besteht aus mehreren, sich in zeitlichen Abständen wiederholenden Untersuchungszeiträumen.
Dabei wird zunächst ermittelt, ob ein bestimmtes → Gut im → Sortiment eines Handelsbetriebs geführt wird, um darauf aufbauend zu späteren Zeitpunkten überprüfen zu können, ob sich dieses Produkt nach wie vor im Sortiment des Unternehmens befindet.

Diversifikation
Eine Diversifikation liegt vor, wenn ein Unternehmen mit neuen Produkten in neue Märkte geht. Es erfolgt also eine Erweiterung in der Produktprogrammbreite bzw. der Sortimentsbreite.
Es können die horizontale, die vertikale und die laterale Diversifikation unterschieden werden.
Bei der horizontalen Diversifikation wird ein Produkt auf derselben Wirtschaftsstufe in das Sortiment aufgenommen als wenn z.B. ein Handelsunternehmen zusätzlich zu den Textilien auch noch Consumer-Electronic-Produkte anbieten würde. In diesem Fall würde es sich allerdings um eine laterale Diversifikation handeln, da diese beiden Produktangebote keinerlei Beziehung miteinander haben und ggf. auch unterschiedliche Zielgruppen ansprechen.
Wenn ein Textilhandelsunternehmen anfängt, selbst zu produzieren bzw. Produktionsbetriebe kauft, dann handelt es sich um eine rückwärtsorientierte vertikale Diversifikation, da eine vorhergehende Wirtschaftsstufe hinzugefügt wird. Im umgekehrten Fall würde es sich um eine Vorwärtsintegration handeln.

Division
(Synonym: Divisionalisierung)
Kann auch als Sparte oder Geschäftsbereich bezeichnet werden, die/der durch die Dezentralisierung bzw. Divisionalisierung eines Unternehmens entsteht.
Eine Division ist eine relativ autonome Einheit eines Unternehmens und kann durch bestimmte Aufgaben- oder Leistungsbereiche (z.B. Produktgruppen, Kundengruppen oder Absatzmärkte) von anderen Bereichen abgegrenzt werden.
Die Einteilung eines Unternehmens in verschiedene Divisionen ermöglicht eine verbesserte Anpassung an Marktveränderungen sowie eine erleichterte Ergebniskontrolle, da einzelne Divisionen häufig als → Profitcenter geführt werden. Durch die isolierte Betrachtung sowie die Auto-

nomie der Divisionen werden sie auch zunehmend mit Strategischen Geschäftseinheiten gleichgesetzt.

Drei-Phasen-Aktionsindexanalyse
Gleicht der → Aktionsindexanalyse bis auf den Unterschied der Phasenanalyse.
Bei dieser Form der Aktionsbewertung wird der zu untersuchende Prozess in drei Phasen eingeteilt: Vorphase, Aktionsphase und Nachphase.
In den einzelnen Phasen wird ermittelt, wie hoch die abgesetzte Menge oder der erzielte Gewinn für das jeweilige Produkt ist.
Durch einen Vergleich der Phasen erhält man somit Aufschluss über den tatsächlichen Erfolg der Aktion, z. B. zeigt sich bei einer Analyse der Nachphase, ob Konsum nur zeitlich vorgezogen wurde oder ob die Aktion realen und dauerhaften Erfolg hatte.

Duales System
Privatrechtliches sowie bundesweites Entsorgungssystem für gebrauchte Verpackungen der Duales System Deutschland (DSD) GmbH.
Die DSD GmbH wurde 1990 als Zusammenschluss von Industrie, Handel und Versorgungswirtschaft gegründet, um zukünftig den gesamten Erfassungs-, Sortierungs- und Rückführungsprozess der gebrauchten Verpackungen für die beteiligten Unternehmen zu übernehmen.
Grundlage des Dualen Systems ist die am 12.06.1991 in Kraft getretene Verpackungsverordnung, nach der die Rücknahme sowie Verwertung gebrauchter Verpackungen in die Verantwortung der Produzenten überging.
Das Kennzeichen des dualen Systems ist der „Grüne Punkt" (→ Grüner Punkt), der auch als Marketing- und Finanzierungsinstrument dient. Für die Beteiligung an diesem System müssen die Unternehmen eine Lizenzgebühr entrichten, die sie dazu berechtigt, den „Grünen Punkt" auf ihre Verpackungen aufzudrucken. Anhand dieses Kennzeichens sortiert der Endverbraucher seine Abfälle und entsorgt die gekennzeichneten Verpackungen in speziell dafür vorgesehenen Behältern (gelber Sack oder gelbe Tonne).
Die Abholung und Verwertung der Reststoffe übernimmt daraufhin die DSD GmbH oder ein von ihr beauftragter Dienstleister.

Durchlaufzeit
Zeitspanne, die ein Auftrag benötigt, um einen bestimmten Prozess vom Anfang bis zum Ende zu durchlaufen.
Die Durchlaufzeit umfasst den gesamten Prozess von der Auftragsannahme über die Bearbeitung und Fertigstellung bis zur Abgabe der hergestellten Waren oder Dienstleistungen beim Kunden. Da die Länge der Durchlaufzeit Auswirkungen auf Kapitalbindung sowie Kundenwartezeiten und somit auf die Kundenzufriedenheit hat, liegt in ihrer Senkung ein zentrales Ziel der Marketing-Logistik.
Die Durchlaufzeit wird normalerweise in Tagen ausgedrückt.

Düsseldorfer Palette
Standardisierte Palette, die mit den Maßen 800 mm × 600 mm (Gesamthöhe 163 mm) halb so groß ist wie die → Euro-Palette und insbesondere für den Transport kleinerer und hochwertiger Waren verwendet wird.
Die Düsseldorfer Palette wird darüber hinaus auch besonders als Displayeinheit im Bereich des Konsumgüterhandels eingesetzt. Durch ihre geringe Größe ist sie für einen Einsatz als Displayeinheit für Sonderplatzierungen im Geschäft sehr geeignet, da sie zu keiner Überbelastung der Platzverhältnisse in den Handelsbetrieben führt. Zudem ist sie von allen vier Sei-

Dynamic Allocation Systems

ten befahrbar und von daher ideal für das Handling auf engem Raum.

Dynamic Allocation Systems (DAS)
(Synonym: Dynamische Zuteilungssysteme)
System, bei dem im Handel offene Bezugsmengen mit Prognosen, Wiederbeschaffungszeiten und Mindestbestellmengen kombiniert werden, um durch einen dynamischen Allokationsprozess die effizienteste Bezugsquelle für den jeweiligen Artikel festzustellen. Zur erfolgreichen Umsetzung des DAS wird zunächst geprüft, ob das Produkt vom Lagerbestand des Handelsunternehmens oder von anderen Beständen, wie z. B. anderen Filialen des Handelsunternehmens (mit Überhang), bezogen werden kann. Ist dies nicht der Fall, wird das Produkt vom Hersteller geordert. Dabei legt man zunächst Bezugsquellen und Versandart so fest, dass eine logistisch effiziente Ladung zusammengestellt wird, bevor man den sich anschließenden Bestellprozess auslöst.

EAN
(Synonym: GTIN)
European Article Number, d. h. internationale Artikelnummer. Wurde 1974 in Europa eingeführt, 1973 in den USA als UPC (Universal Product Code). Am 01.01.2005 Integration von UPC in EAN mit der neuen Bezeichnung EAN-UCC (Uniform Council Code). Seit 01.01.2009 international einheitliche Benennung als → GTIN (Global Trade Item Number).

EANCOM
EANCOM ist ein Kunstwort aus → EAN und COMmunication und ist der weltweite Standard für den elektronischen Datenaustausch (→ EDI) von Geschäftsnachrichten in der Konsumgüterindustrie. Die Einführung von EANCOM als ein branchenspezifisches Subset von → EDIFACT erfolgte 1990 durch GS1 Global mit dem Ziel, der Komplexität der verschiedenen Geschäftsprozesse gerecht zu werden und somit die Benutzerfreundlichkeit zu erhöhen. Zuvor war → SEDAS der erste nationale Standard für EDI in der Konsumgüterwirtschaft (1977 eingeführt von → GS1 Germany) und wurde durch EANCOM ersetzt. In EANCOM werden die Produkte über eine eindeutige Artikelnummer (→ GTIN) und die Geschäftspartner über eindeutige Lokationsnummern (→ GLN) identifiziert. EANCOM 2002 ist ein Set elektronischer Geschäftsnachrichten und dient als Basis für jede Art von Optimierung des Standards. Die aktuelle Version zeichnet sich durch höhere Leistungsfähigkeit und einer besseren Dokumentation aus. Kostenlose Anwendungsempfehlungen können auf der GS1 Germany-Website abgerufen werden. 2008 zählte EANCOM über 100.000 Nutzer weltweit, wobei für eine Unterstützung in der jeweiligen Landessprache der Nutzer gesorgt wird. Die GS1-Organisationen sind in über 100 Ländern vertreten und betreuen ihre Anwender somit direkt vor Ort.

Im Datenaustausch zwischen Hersteller und Handel stehen z. B. folgende EANCOM-Datenstandards zur Verfügung:
- Standardnachrichten im Geschäftsverkehr
  – Stammdaten, d. h. Daten über die Geschäftspartner und Produkte: Partnerstammdaten (PARTIN), Preisliste (PRICAT), Produktanfrage (PROINQ), Produktstammdaten (PRODAT).
  – Bewegungsdaten, d. h. alle Geschäftsprozesse von der Anfrage bis zum Zahlungsavis: Anfrage (REQOTE), Angebot (QUOTES), Bestellung (ORDERS), Lieferabruf (DELFOR), Empfangsbestätigung (RECADV), Rechnung (INVOIC), Zahlungsavis (REMADV).
  – Berichts- und Planungsdaten, die Auskunft über Artikelbewegungen und zukünftige Mengen geben: Inventurbericht (INVRPT), Verkaufsdatenbericht (SLSRPT), Verkaufsprognose (SLSFCT).
- Transportnachrichten
Die EANCOM-Transportnachrichten ermöglichen einen Informationsaustausch über Transportart, Transportziel und Transportzeit sowie über Details zur Ankunft des Fahrzeugs oder der Belieferung. Um einige Beispiele zu nennen: Transportauftrag/Speditionsauftrag (IFTMIN), Ankunftsmeldung (IFTMAN), Wareneingangsmeldung (RECADV).
- Finanznachrichten
Beinhalten Informationen zu Zahlungsabläufen, z. B. Zahlungsauftrag (PAYORD), Gutschriftsanzeige (CREDADV).

EAN-Data-Matrix

Insgesamt stehen etwa 200 verschiedene EDIFACT-Nachrichten für die einzelnen Anwendungszwecke im Geschäftsverkehr zur Verfügung.

Neben dem Vorteil der weltweiten Eindeutigkeit und der Vereinfachung der EDI-Nachricht ermöglicht die Nutzung von EANCOM eine Reduzierung der Kosten durch geringere Datenvolumina, kürzere Bearbeitungszeiten sowie durch verminderte Eingabefehler und Fehlinterpretationen. Die Geschäftspartner können sich gezielt über einzelne Produkte, Preise und Verkaufsfördermaßnahmen informieren und weiterführende Prozesse wie Bestellung, Lagerung, Lieferung oder Rechnungsstellung optimieren. Ein Hindernis stellt der hohe Investitionsaufwand dar, da neben der notwendigen Technologie (Hard- und Software) auch ein hohes Know-how benötigt wird. Des Weiteren können Probleme hinsichtlich der Kompatibiltät der Daten auftreten.

EAN-Data-Matrix
→ GS1-Data-Matrix.

E-Business
Bezeichnet die elektronische Abwicklung von digitalisierbaren Geschäftsprozessen entlang der → Wertschöpfungskette eines Unternehmens.
Die Bearbeitung der Geschäftsprozesse erfolgt im Rahmen des E-Business vorwiegend über das Internet sowie unter Anwendung moderner Informations- und Kommunikationstechnologien. Des Weiteren werden auch Transaktionen zwischen Wirtschaftssubjekten sowie die Steuerung der Geschäftsbeziehungen im B2B-, B2C- und B2E-Bereich elektronisch durchgeführt. Ziel des E-Business ist eine optimale Prozessentwicklung und eine damit verbundene schnelle Reaktionsfähigkeit der Unternehmen auf sich verändernde Marktanforderungen.

Eckartikel
→ Schlüsselartikel.

Economic Value Added (EVA)
Zentrale Messgröße für den wirtschaftlichen Erfolg eines Unternehmens. Der Economic Value Added lässt sich auf zwei Arten berechnen:
- EVA = Geschäftsergebnis − Kapitalkosten
- EVA = Geschäftsergebnis − (Geschäftsvermögen × gewichteter Kapitalkostensatz)

Ein positiver EVA wird erreicht, wenn das Geschäftsergebnis über den für die Finanzierung des Geschäftsvermögens notwendigen Kapitalkosten liegt.

ECR
→ Efficient Consumer Response.

EDI
→ Electronic Data Interchange.

EDIFACT
→ EDI for Administration, Commerce and Transport.

EDI for Administration, Commerce and Transport (EDIFACT)
(Synonym: UN/EDIFACT)
Internationaler, branchenübergreifender Standard für den elektronischen Datenaustausch, der Ende der 1980-Jahre von den Vereinten Nationen entwickelt wurde. Mit der Einführung von EDIFACT und → EANCOM werden frühere nationale Standards wie SEDAS in Deutschland, GENCOD in Frankreich oder TRADACOM in England abgelöst. Der EDI-Standard umfasst mittlerweile über 200 verschiedene Nachrichtentypen und wird weltweit von mehr als 300.000 Unternehmen genutzt. Anfang der 1990-Jahre führten das große Interesse und die breiten Anwendungsmöglichkeiten von EDIFACT zur so-

genannten EDIFACT-Subsetbildung. Diese branchenspezifischen Subsets (= Untermengen) vereinen die notwendigen Grundbestandteile von EDIFACT und optionale Bestandteile, die individuell für die jeweiligen Geschäftsprozesse ausgewählt werden. Im Folgenden sind einige bekannte Subsets nach ihrer Branchenspezifikation aufgelistet:
- → EANCOM für die Konsumgüterindustrie
- EDIBDB für die Baustoffbranche
- EDIFICE für die Hightechindustrie
- EDILIBE für den Buchhandel
- EDITRANS für die Transportwirtschaft
- ODETTE für die Automobilindustrie
- RINET für die Versicherungswirtschaft

→ EANCOM (ein Kunstwort aus EAN und COMmunication) ist hierbei das bedeutendste und weltweit meistgenutzte Subset.

Efficient Assortment
(Synonym: Efficient Store Assortment) Teilstrategie von Efficient Consumer Response. Bezeichnet die Optimierung des Sortiments und der Lagerbestände im Regal mit dem Ziel der Steigerung der Effizienz der Verkaufsfläche (→ Space Management) durch die Zusammenarbeit von Hersteller und Handel.
Zu den Zielen des Efficient Assortments gehört die Erstellung eines Sortiments, das die Kundenbedürfnisse bestmöglich befriedigt sowie den Ansprüchen der definierten Warengruppenrolle und der festgelegten Warengruppenstrategie gerecht wird.
Für die Erarbeitung des optimalen Sortiments werden in der Regel sogenannte „→ Category Captains" eingesetzt. Diese Category Captains sind Herstellerunternehmen, die vom Handelsunternehmen für eine bestimmte Warenkategorie als Berater und Partner ausgewählt worden sind, da sie hierfür über hohe Kompetenzen verfügen. Sie arbeiten zusammen mit dem → Category-Manager (in vielen Fällen auch dem → Einkäufer!) auf der Handelsseite.
Die Optimierung des Sortiments erfolgt, indem die angebotenen Artikel analysiert und eine Auswahl sowie eine Elimination vorgenommen wird. Geeignete Analysemethoden sind in diesem Fall die → Warenkorbanalyse und die Analyse der → Käuferreichweite
Efficient-Assortment-Projekte rentieren sich zumeist nur für Großunternehmen, da sie mit einem hohen finanziellen und personellen Aufwand verknüpft sind, der für kleine und mittlere Unternehmen eine zu lange Amortisationszeit bedeuten würde.

Efficient Consumer Response (ECR)
Gemeinschaftliche Initiative zwischen Groß- und Einzelhandelsunternehmen und Herstellern sowie weiteren Partnern in der Versorgungs- und Wertschöpfungskette, der die Idee einer effizienten Reaktion auf die Kundennachfrage zugrunde liegt. Diese partnerschaftliche Zusammenarbeit ist erforderlich, um das gemeinsame Ziel einer kostenoptimalen, bedarfsgerechten und kontinuierlichen Warenversorgung und einer an der Nachfrage orientierten Angebotssituation zu erreichen. „Working together to fulfill consumer wishes better, faster and at less cost." (ECR Europe Board, in LZ-Journal Nr. 17 vom 25.04.1997, S. 52). Die ECR-Initiative wurde 1994 zwischen Walmart und Procter & Gamble initiiert.
Die ECR-Initiative wird durch folgende Strategien ermöglicht:

Efficient Product Introduction

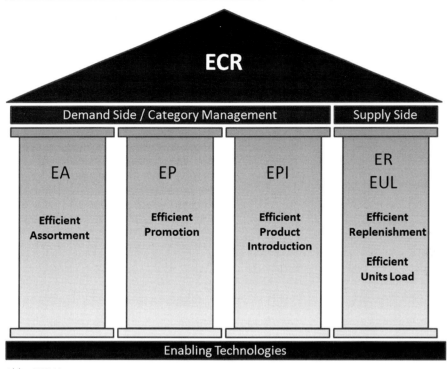

Abb.: ECR-Haus

Die Supply Side, das → Supply Chain Management beschäftigt sich mit der effizienten Gestaltung des Waren- und Informationsflusses und soll in erster Linie eine Kostensenkung erzielen. Die Demand Side, das → Demand Management, befasst sich mit der effizienten Gestaltung der Marktbearbeitung am POS des Handels. Die Basis für ECR stellen einheitliche Identifikations- und Kommunikationsstandards dar, die sogenannten → Enabling Technologies.

Das Demand Management beinhaltet die drei Bausteine → Efficient Assortment, → Efficient Promotion und → Efficient Product Introduction. Im Zentrum von „Efficient Assortment" steht die Optimierung der Sortimente in einer Warengruppe. Dieser Baustein wird daher üblicherweise als Category Management bezeichnet. Alle Instrumente miteinander vernetzt, ermöglichen die Nutzung großer Wertschöpfungspotenziale – gleichermaßen auf Hersteller- wie auf Handelsseite.

Efficient Product Introduction (EPI)
Ist eine der Basisstrategien im → Demand Management und stellt ein Konzept zur effizienten Produkteinführung dar. Efficient Product Introduction (EPI) zielt darauf ab, durch eine Kooperation von Hersteller und Handel neue Produkte – unter Reduzierung der → Floprate – schneller und effizienter im Markt einführen zu können.

Die Zusammenarbeit von Hersteller und Handel erstreckt sich dabei von der Produktidee über die Produktentwicklung bis hin zur Produkteinführung.

Der Vorteil von EPI ist, dass Hersteller- und Handelsunternehmen durch die Verknüpfung ihrer Kompetenzen mögliche Synergieeffekte schaffen sowie die Anforderungen des Markts und besonders auch der Shopper des betreffenden Handelsunternehmens effizienter befriedigen können. Der Nachteil für den Hersteller ist die Sorge vor Imitation durch den Handel, die durch die zunehmende Zahl und wirtschaftliche Bedeutung der → Handelsmarken begründet ist.

Efficient Promotion (EP)

Soll dazu beitragen, die Zusammenarbeit von Handel und Industrie im Bereich der Vermarktung und der Verkaufsförderung der Waren effizienter zu gestalten. Efficient Promotion zielt auf sämtliche Aktivitäten ab, die zu einer Aktivierung und Belebung am POS beitragen.

Es kann sich dabei um Maßnahmen wie Sonderrabatte und Werbekostenzuschüsse handeln, die sich z.B. in Preisaktionen des Handels oder in der Handzettelwerbung des Handels niederschlagen. Es können aber auch direkt endverbraucherbezogene Verkaufsförderungsmaßnahmen wie Displays oder On-Packs initiiert werden.

Im Ergebnis wird durch Efficient Promotion als Wettbewerbsinstrument die Kundenfrequenz erhöht, als Wertschöpfungsinstrument kann zusätzliches Einkaufsvolumen in ertragsstarken Produktgruppen erzeugt werden und als Kundenbindungsinstrument führt EP zu einer Erhöhung der Kundentreue für Handel und Industrie.

Efficient Replenishment

→ Continuous Replenishment.

Efficient Unit Loads (EUL)

Effiziente Lade- und Transporteinheiten. Sie spielen entlang der Logistikkette eine wichtige Rolle, um Handling, Lagerung und Transport zu erleichtern und Kosten einzusparen. Ziel sind Standardisierungen von Paletten und Umverpackungen, Mehrweg-Transportverpackungen und eine bessere Lkw-Nutzung.

Industrie und Handel arbeiten zusammen, um durch die Gestaltung harmonisierter und integrierter Lösungen sowie der Schaffung eines Regelwerks für die Entwicklung und das Management von Mehrwegtransportverpackungen die Effizienz und die Effektivität entlang der Versorgungskette zu optimieren.

Eigenmarke

→ Handelsmarke.

Einkäufer

Neben dem „Verkäufer" hat der Einkäufer die entscheidende Funktion im Handelsunternehmen inne. Der Einkäufer ist verantwortlich für die Beschaffung der Waren zu günstigsten Konditionen. In vielen Handelsunternehmen wird diese Position heute vom sogenannten Category Manager verantwortet.

Einkaufsdauer

Zeitraum, den ein Kunde für seinen Kaufprozess in einer Einkaufsstätte benötigt. Die Messung der Einkaufsdauer beginnt mit dem Betreten der Verkaufsstätte durch den Konsumenten und endet mit dessen Verlassen der Verkaufsstätte. Die Ermittlung der Einkaufsdauer durch den Handel dient dazu, den Erfolg von kundenbezogenen Maßnahmen, wie z.B. von Aktionen, oder der Sortiments- und der gesamten Geschäftsgestaltung zu ermitteln.

Da zwischen der Einkaufsdauer und der eingekauften Menge häufig eine positive

Einkaufsgenossenschaft

Korrelation vermutet wird, ist es das Ziel des Handels, die Einkaufsdauer der Konsumenten zu erhöhen.

Einkaufsgenossenschaft

Horizontaler Zusammenschluss mehrerer rechtlich und wirtschaftlich selbstständiger Handelsunternehmen in Form einer eingetragenen Genossenschaft, die für den Einkaufsbereich der Unternehmen geschlossen wird.

Die teilnehmenden Unternehmen bündeln im Rahmen der Einkaufsgenossenschaft ihre Einkaufsvolumina und können hierdurch Skalenerträge erzielen. Auf diese Weise ergibt sich durch den Zusammenschluss der Unternehmen ein erhebliches Kostensenkungspotenzial.

Einkaufsgenossenschaften sind meist die Basis, von der aus die Kooperation der verbundenen Unternehmen auf weitere Aktionsfelder ausgedehnt wird. Weitere Bereiche der Vernetzung sind z. B. Absatz-, Investitions-, Finanzierungs- und Verwaltungskooperationen. Solche Gemeinschaften werden allgemein als Verbundgruppen bezeichnet.

Die Edeka-Gruppe und die REWE-Gruppe sind populäre Vertreter solcher Einkaufsgenossenschaften.

Einkaufshäufigkeit

Sie gibt an, wie oft innerhalb einer Periode bestimmte Güter gekauft oder wie häufig bestimmte Einkaufsstätten frequentiert werden. Die Einkaufshäufigkeit kann dabei für alle Artikel, Artikelgruppen, Produkt- oder Warengruppen sowie bezüglich der Einkaufsstätten für den stationären und nicht stationären Handel ermittelt werden.

Einkaufshäufigkeit und Einkaufsbetrag wirken oftmals gegensätzlich. Ursache dafür ist, dass der Einkaufsbetrag, der den von einem Kunden aufgewendeten Betrag pro getätigtem Einkauf angibt, oftmals sinkt, sobald die Einkaufshäufigkeit steigt.

Die Analyse der Einkaufshäufigkeit erfolgt zumeist über → Handelspanels und ist wichtig z. B. für Werbeplanung, für die Gestaltung der Verkaufsförderungsmaßnahmen sowie für die Einführung neuer Produkte.

Einkaufspassage

Meist überdachter Durchgang durch einen Gebäudekomplex, in dem Handels- und Dienstleistungsbetriebe unterschiedlicher Branchen Verkaufsstätten betreiben.

Einkaufspassagen befinden sich meist im Zentrum von Mittel- und Großstädten, wobei die Ein- und Ausgänge der Passagen sich an passanten- und verkehrsträchtigen Straßen befinden.

Die Passagen bieten ein breites Produktangebot und meist auch gastronomische Einrichtungen. Sie sollen das Einkaufsgefühl der Konsumenten verbessern sowie die Verweildauer (→ Einkaufsdauer) der Kunden erhöhen.

Die dort ansässigen Einzelhandelsbetriebe sprechen mit ihrem Sortiment insbesondere eine kaufkräftige Zielgruppe an, da sich in Einkaufspassagen oftmals zahlreiche Spezial- und Fachgeschäfte befinden.

Der Aufbau von Einkaufspassagen dient meist der Wiederbelebung des Einkaufs in der Innenstadt. Somit stehen die Einkaufspassagen auch in direkter Konkurrenz zu den meist „auf der grünen Wiese" errichteten Einkaufszentren (→ Einkaufszentrum).

Einkaufspreis

Preis für eine Ware, der vom Lieferanten abzüglich Rabatte, Skonto (und Umsatzsteuer) in Rechnung gestellt wird, d. h., der fakturierte Preis bzw. der Preis, der gemäß Rechnung zu zahlen ist, → Einstandspreis.

Einzelhandel

Einkaufsstättenbindung
Die Einkaufsstättenbindung bezeichnet die Absicht eines Käufers, zukünftig Transaktionen in einer bestimmten Einkaufsstätte durchzuführen.
Eine hohe Einkaufsstättenbindung haben Stammkäufer. Die Einkaufsstättenbindung kann gemessen werden als prozentualer Anteil aller einkaufenden Haushalte, die den überwiegenden Teil ihrer Ausgaben in einer Vertriebsschiene tätigen.

Einkaufsstättentreue
Auch Geschäftstreue, bezeichnet die Treue eines Kunden zu einem bestimmten Geschäft (→ Einkaufsstättenbindung!). Einkaufsstättentreue zeichnet sich durch das häufige Aufsuchen sowie das wiederholte Kaufen der Produkte dieser Einkaufsstätte aus. Ursachen für Einkaufsstättentreue liegen einerseits in rationalen Gründen, wie z. B. besserer Erreichbarkeit, oder in Preisvorteilen gegenüber der Konkurrenz, andererseits spielen hierfür jedoch auch irrationale Gesichtspunkte eine Rolle, z. B. die subjektiv empfundene positive Einstellung gegenüber dem jeweiligen Geschäft.
Der Handel versucht im Rahmen des Handelsmarketings die Einkaufsstättentreue durch bestimmte Maßnahmen wie Kundenkarten, Treuerabatte etc. zu erhöhen.

Einkaufszentrum
Räumliche Konzentration mehrerer Handels- und Dienstleistungsbetriebe unterschiedlicher Branchen, die innerhalb eines Gebäudekomplexes Verkaufsstätten betreiben. Diese Unternehmens- → Agglomeration kann entweder durch ein gewachsenes oder ein geplantes Einkaufszentrum entstehen. Entgegen einem gewachsenen Einkaufszentrum, die meist in Innenstädten mittlerer bis größerer Städte zu finden sind, liegen die Standorte der geplanten Einkaufszentren meist außerorts bzw. „auf der grünen Wiese".
Für gewöhnlich zeichnen sich diese Standorte sowohl durch gute Verkehrsanbindungen als auch durch ein großes Parkplatzangebot aus.
Ähnlich der → Einkaufspassage wird durch das unterschiedliche Leistungsangebot eines Einkaufszentrums versucht, die Verweildauer der Konsumenten zu erhöhen sowie eine angenehme Shopping-Atmosphäre zu schaffen.
Einkaufszentren werden meist von einem zentralen Center-Management geleitet, das beispielsweise die äußere Erscheinungsform des Centers mitgestaltet oder für die Auswahl der teilnehmenden Betriebe verantwortlich ist.

Einstandspreis
Vom Lieferanten in Rechnung gestellter Netto-Einkaufspreis eines bestimmten Produkts zuzüglich der Beschaffungskosten (Transport, Verpackung, Versicherung, Zoll etc.) und abzüglich sämtlicher Preisnachlässe (Rabatte, Skonti, Boni).
Die Ermittlung des artikelbezogenen Einstandspreises gestaltet sich sehr schwierig, da die allgemein anfallenden Beschaffungskosten nur teilweise verursachungs- und produktgerecht zugewiesen werden können. Auch ist nicht immer eindeutig definierbar, was zu den Preisnachlässen gerechnet werden muss. Die heftige Diskussion um den „Verkauf unter Einstandspreis" spricht für die Problematik, → Einstandspreis.

Einzelhandel
Zur Definition des Einzelhandelsbegriffs ist es zweckmäßig, zu unterscheiden zwischen Einzelhandel im funktionalen und Einzelhandel im institutionellen Sinn. Im funktionalen Sinn werden unter dem Begriff Einzelhandel die Absatzmittler sub-

Einzelmarke

Betriebsform-Grundtypen	Betriebstyp-Ausprägungen
stationärer Einzelhandel	Fachgeschäft, Fachmarkt, Fachdiscounter, Spezialgeschäft, Boutique, Gemischtwarenladen, Warenhaus, Kaufhaus, Verbrauchermarkt, Supermarkt, Kiosk, Tankstelle, Nachbarschaftsgeschäft etc.
ambulanter Einzelhandel	Hausierer, Markthandel, Vertreter, Straßenhändler, Verkaufswagen
virtueller Einzelhandel	E-Commerce
Versandhandel	Spezialversandhandel, Sortimentsversandhandel, Kombination von beidem
Handwerkshandel	Handel mit Fertigwaren in Bäckereien, Frisörgeschäften, Fleischereien etc.

sumiert, die Handelswaren gewerbsmäßig beschaffen und zumeist ohne weitere Be- oder Verarbeitung an Endverbraucher veräußern. Der Einzelhandel bildet somit die Schnittstelle zwischen den Herstellerunternehmen und den Endabnehmern und stellt darüber hinaus zum Teil auch die letzte Distributionsstufe zwischen den beiden Parteien dar. Einzelhandel im institutionellen Sinn bezeichnet alle auf Einzelhandel spezialisierten Betriebe, d.h. Betriebe, deren Wertschöpfung durch die Einzelhandelstätigkeit im Vergleich zu den anderen betrieblichen Tätigkeiten am höchsten ist.

Im engeren Sinne des institutionellen Einzelhandelsbegriffs werden Apotheken sowie der Kfz-, der Kraft- und der Brennstoffhandel nicht zum Einzelhandel (klassischer Einzelhandel) hinzugezählt. Im weiter gefassten Sinn des Begriffs sind jedoch diese Betriebsformen ebenfalls enthalten.

Da der Einzelhandel sowohl als Verkaufsstelle für die produzierenden Unternehmen als auch als Versorgungsort für die Endabnehmer fungiert, spricht man in diesem Zusammenhang oftmals von der *dualen Rolle* des Einzelhandels.

Im Einzelhandel existieren vielfältige Betriebstypen. Es ist daher sinnvoll, dies nach Betriebsform-Grundtypen und den verschiedenen Betriebstyp-Ausprägungen zu unterscheiden.

Das statistische Bundesamt veröffentlicht monatlich den Einzelhandelsumsatzindikator, der die Einzelhandelsumsätze in nominalen und realen (preisbereinigten) Umsatzveränderungen misst.

Einzelmarke
(Synonym: Monomarke, Solitärmarke)
Bezeichnet und repräsentiert ein Produkt und ein Produktversprechen, das sich eindeutig von anderen Marken unterscheidet (Individual Brand Name). Beispiele für → Einzelmarken sind Red Bull, Clausthaler, Mon Chérie.

Unternehmen, die im Rahmen ihrer Markenpolitik eine Einzelmarkenstrategie einsetzen, erarbeiten für jedes ihrer Produkte eine eigene, eingetragene Marke, die unabhängig von den anderen Marken des Unternehmens geführt wird. Der Name der Herstellerfirma bleibt dabei für den Konsumenten oftmals unbekannt. Heutzutage gilt die Marke als → Qualitätsgarant und nicht wie früher der Hersteller. Ziel der Erarbeitung und Führung von Einzelmarken ist die Schaffung einer klaren Produktprofilierung bei Konzentration auf eine definierte → Zielgruppe. Eine

Electronic Data Interchange

Einzelmarke kann einen Innovationsvorsprung absichern und ermöglicht größere marketingstrategische Bewegungsfreiheit. Sie verhindert auch einen möglichen negativen Imagetransfer zwischen Marke und dem Unternehmen und ist daher von Vorteil, wenn eine Neuprodukteinführung Risiken birgt.

Nachteilig bei der Einzelmarkenstrategie ist, dass ein Produkt den ganzen Marketingaufwand alleine tragen muss. So kommt es – je nach Budget – zu einem langsameren Aufbau der Bekanntheit und Verwendung des Produkts. Auch der Aufbau der Distribution gestaltet sich zumeist langsamer und ist kostenintensiver. Zudem entstehen zunehmend Probleme, einen kreativen und schutzfähigen Markennamen (→ Marke) zu finden.

Electronic Data Interchange (EDI)

Standardisierte Form der Kommunikation zwischen zwei Geschäftspartnern. Die Daten werden auf elektronischem Weg ausgetauscht, wofür eine spezielle EDI-Software benötigt wird. Die Übertragung erfolgt mittels öffentlicher Telefonleitung oder systemeigener Standleitung, wodurch eine hohe Datensicherheit gewährleistet ist. Übliche Inhalte solcher Transfers sind z. B. Bestellungen (ORDERS), Liefermeldungen (DESADV) oder Rechnungen (INVOIC).

Die Nachrichtenform → EDIFACT hat sich weltweit als branchenübergreifender Standard durchgesetzt. Die Komplexität von EDIFACT führt zu branchenspezifischen Subsets wie z. B. ODETTE (Organization for Data Exchange by Teletransmission in Europe) für die Automobilindustrie.

Durch den Einsatz von EDI ist eine höhere Datengenauigkeit gegeben, da diese nur einmalig in das System eingepflegt und nicht fortlaufend reproduziert werden müssen. Die Übermittlung der Daten erfolgt schneller und ist somit kostengünstiger als übliche Informationswege. Die Implementierung von EDI ist jedoch sehr kostenintensiv und lohnt sich erst für große und international agierende Unter-

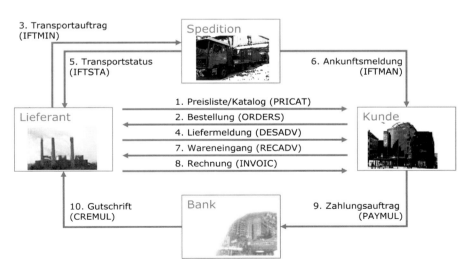

Abb.: Kreislauf der elektronischen Geschäftsprozesse
Quelle: GS1 Germany GmbH

Electronic Funds Transfer

nehmen, deren Geschäftsbeziehungen langfristig angelegt sind. Den Problemen des klassischen EDI-Systems wird die neuere Form des → webEDI gerecht, da hierbei der Datenaustausch via Internet oder Extranet möglich ist.

Electronic Funds Transfer (EFT)

Über elektronische Impulse gesteuerter elektronischer Zahlungsverkehr, der den beleglosen Transfer von Zahlungsmitteln zwischen zwei Konten ermöglicht.

Der EFT wird sowohl im internen Bankenverkehr als auch im externen Verkehr mit Kunden eingesetzt. Innerhalb des reinen Bankenverkehrs wird EFT über das SWIFT-Netz (Society for Worldwide Interbank Financial Communication) gesteuert. Für Kunden besteht seit Einführung des elektronischen Zahlungsverkehrs die Möglichkeit zur beleglosen Abwicklung ihrer Finanzgeschäfte. Dabei stehen dem Konsumenten elektronische Terminals zur Verfügung, anhand derer EFT genutzt werden kann. Beispiele für den EFT sind das beleglose Abheben von Zahlungsmitteln an Geldausgabeautomaten, die Vornahme von Überweisungen an dafür vorgesehenen Terminals in Banken oder die Zahlung per Kreditkarte über POS-Terminals im Handel.

Electronic Productcode (EPC)

Code zur weltweit eindeutigen Identifizierung logistischer Einheiten (Paletten, Kartons oder Konsumenteneinheiten). Der EPC ist wesentlicher Bestandteil der auf einem → RFID-Transponder gespeicherten Daten, in dem u. a. EAN-Nummerierungs-Standards zur Kennzeichnung von Objekten und Waren integriert sind. Die folgende Abbildung zeigt den Aufbau eines EPC.

Der Header gibt an, welche EPC-Version genutzt und welche Informationsart verschlüsselt ist, z. B. ob sich dahinter ein → GTIN oder ein → GRAI verbirgt. Zum schnelleren Filtern von z. B. Paletten oder Produkten wird der dreistellige Filter eingesetzt. Die Partition verbindet die folgenden Komponenten (EPC-Manager und Object Class) und gibt an, wann der

Quelle: GS1 Germany GmbH

Enabling Technologies

EPC-Manager aufhört und die Object Class, die Objektnummer (z. B. Artikelnummer), anfängt. Die sechs- bis zwölfstellige Nummer des EPC-Managers verschlüsselt die Mitgliedsnummer des Nummerngebers, z. B. des Herstellers. Abschließend folgt die zwölfstellige Serial Number, die der Identifikation des einzelnen Objekts dient.

Der elektronische Produktcode, der auf Mikrochips sogenannter Smart Chips oder Tags gespeichert wird, kann anhand von Lesegeräten auch ohne direkten Sichtkontakt mittels → RFID ausgelesen werden. Bei der Bestrahlung der Tags mit Radiofrequenzwellen werden die Smart Chips aktiviert und senden ihren elektronischen Produktcode, sodass die Objekte weltweit eindeutig identifiziert werden können.

Durch den Einsatz des EPC in Verbindung mit der → RFID-Technologie wird eine automatische und transparente Datenübertragung in Echtzeit ermöglicht. Gleichzeitig kann durch die eindeutige Identifikation vor gefälschter Ware geschützt und die Produktqualität erhöht werden. Schwund und Diebstahl können erheblich reduziert werden, da der Code auch ohne Sichtkontakt lesbar ist. Für den Endverbraucher ergibt sich durch Selbstzahlerkassen, zusätzlichen Infos und Services direkt am → POS ein höherer Einkaufskomfort. Die Implementierung ist allerdings mit 0,10 Euro bis 0,40 Euro pro RFID-Chip und hohen Installationskosten sehr kostenintensiv. Bisher fehlen weltweite Standards, und es treten technische Probleme auf. Das System des elektronischen Produktcodes auf Basis der → RFID-Technologie wird vom → EPCglobal-Netzwerk ständig weiterentwickelt und soll weltweit standardisiert werden. Für den Aufbau und die Pflege des Netzes in Deutschland ist GS1 Germany verantwortlich.

Elimination
(Synonym: Produktelimination)
Wenn ein Hersteller Produkte aus dem Produktprogramm nimmt, d. h. vom Markt, wird von Elimination gesprochen. Gründe dafür sind z. b. zu geringer Umsatz/Marktanteil, technische Überalterung, rechtliche Gründe usw. Eine Elimination kann zu einer Verringerung der Angebotstiefe und auch der Angebotsbreite führen.

Enabling Technologies
Grundlage aller → ECR-Prozesse sind die sogenannten Enabling Technologies. Es handelt sich hierbei um einheitliche Identifikations- und Kommunikationsstandards, die interne sowie unternehmensübergreifende Abläufe vereinfachen und optimieren sollen. Im Folgenden finden Sie eine kurze Übersicht der verschiedenen Standards:

Identifikationsysteme:
- → Global Location Number (GLN)
- → Global Trade Item Number (GTIN), früher EAN
- GS1-128-Strichcode
- → Serial Shipping Container Code (SSCC) bzw. → Nummer der Versandeinheit (NVE)
- → Electronic Product Code (EPC)

Kommunikationsstandards:
- → Electronic Data Interchange (EDI)
- → webEDI
- → EDIFACT und seine Subsets (z. B. → EANCOM)

Stammdaten:
SINFOS/PRICAT-Stammdatenpool/→ SA2 Worldsync.
Diese Standards ermöglichen einen schnellen und sicheren Daten- und Informationsaustausch zwischen zwei Geschäftspartnern sowie einen schnellen Zugriff auf z. B. Adressen, detaillierte Herstellerinformationen oder Produktbeschreibungen in Datenbanken. Die Wei-

EPCglobal-Netzwerk

terverarbeitung der gesandten Daten ist nur gewährleistet, wenn beide Partner die Daten im standardisierten Format senden bzw. empfangen.

EPCglobal-Netzwerk

Netzwerk zur Standardisierung und Überwachung der Lieferkette logistischer Einheiten.

Das EPCglobal-Netzwerk basiert auf der RFID- und EPC-Technologie. Güter werden innerhalb des Produktionsprozesses mit einem sogenannten Smart Chip oder Tag versehen. Dieser Chip von der Größe eines Sandkorns enthält den EPC-Code sowie eine Miniaturantenne, wodurch ein „Auslesen" anhand von Radiofrequenzwellen möglich wird.

Die RFID-Geräte, die Radiofrequenzwellen senden, werden an bestimmten Punkten der Lieferkette installiert. Passieren Artikel, die mit einem Tag versehen sind, diesen Punkt, werden sie durch die „Bestrahlung" aktiviert und senden ihren elektronischen Produkt-Code in Form einer Rückantwort an das RFID-Gerät. Neben der reinen Sendung der Seriennummer erhält man hierbei auch Auskunft über Ort, Zeit und Datum, an dem die Artikel diesen bestimmten Punkt passiert haben. In einem nächsten Schritt werden die an das RFID-Gerät gesandten Seriennummern danach geordnet, von welchem Hersteller sie produziert wurden. Anhand dieser Informationen wird der Seriennummer eine Internetadresse in Form einer URL zugeordnet, wo detaillierte Produktinformationen des Herstellers gespeichert sind. Diese Daten sind durch das EPCglobal-Netzwerk weltweit abrufbar.

Das Auslesen der Tags durch RFID-Technologie ermöglicht eine lückenlose Kontrolle der Lieferkette und führt zudem auch zu erheblichen Zeit- und Kosteneinsparungen, denn nun müssen beispielsweise Verpackungen nicht mehr aufgebrochen werden, um deren Inhalt zu ermitteln, weil dies durch Radiofrequenzwellen auch ohne Sichtkontakt möglich ist. Zudem eignet sich die EPC-Technologie auch dazu, um im Bestandsmanagement eingesetzt zu werden.

Für den Handel spielt diese Technologie eine große Rolle, da sie in Zukunft die Kassen in den Handelsbetrieben vollständig ersetzen könnte. Auf dem elektronischen Produkt-Code würde neben anderen Informationen zusätzlich der Preis der Ware gespeichert werden. Verlässt der Konsument mit einem Korb verschiedener Artikel den Handelsbetrieb, so werden sämtliche Waren durch ein über dem Ausgang installiertes RFID-Gerät gelesen und der Gesamtpreis ermittelt. Die Zahlung würde dann per Kreditkarte erfolgen.

Ergänzungs-Kategorie

(Synonym: Ergänzungs-Warengruppe)

Die Ergänzungs-Kategorie, als eine der vier Warengruppenrollen im → Category Management (→ ECR!), vervollständigt das Sortiment des Händlers zu einem umfassenden Warenangebot. Diese Kategorie ermöglicht es, den Einkauf im Rahmen des → One-Stop-Shoppings zu vollziehen. Hierdurch ist es den Konsumenten möglich, den gesamten Bedarf durch das Aufsuchen einer Verkaufsstätte zu befriedigen.

Etwa 15 % bis 20 % des Gesamtumsatzes einer Vertriebsschiene sind nach → ECR-→ Best-Practice der Ergänzungs-Kategorie zuzurechnen. Durch Artikel dieser Kategorien soll der Umsatz gesteigert werden, besonders aber dient die Ergänzungs-Kategorie als Margen- und Ertragsbringer.

Ergänzungskauf

Ergänzungskäufe finden zumeist bei Gütern mit komplementären Eigenschaften bzw. Verbundgruppen statt. So werden z. B. zum Produkt Kaffepulver ergänzend Kaffeefilter gekauft, da diese in der Regel nur in Kombination zu verwenden sind. Die Erhöhung von Ergänzungskäufen soll durch sogenannte → Verbundangebote provoziert werden.

Ergänzungssortiment
Das Ergänzungssortiment umfasst etwa 15 % bis 20 % des Gesamtsortiments eines Handelsbetriebs und ergänzt das bestehende → Sortiment um → Artikel, die aus Sicht der → Konsumenten nicht zum Pflichtsortiment des jeweiligen Handelsunternehmens zählen. Das Ergänzungssortiment hat die Wirkung, dass der Konsument das gesamte Sortiment als breiter und tiefer wahrnimmt. Die in den Ergänzungssortimenten geführten Produkte sind zumeist von geringerem Interesse für die Händler.

Erinnerungskauf
Bezeichnet die durch die Wahrnehmung eines Artikels im Sortiment hervorgerufene Erinnerung an den Bedarf des Artikels mit anschließendem Kauf durch den Konsumenten. Der Erinnerungskauf zählt zum → Impulskauf, da es sich hierbei um eine spontane Kaufabsicht direkt am POS handelt. Das Category Management versucht durch die Gestaltung des Sortiments eine möglichst hohe Zahl an Erinnerungskäufen zu generieren. Problematisch hieran ist jedoch die schwierige Messbarkeit der Erinnerungskäufe im Rahmen der Analyse des Kaufverhaltens der Konsumenten.

Euro-Palette
→ Europoolpalette.

European Article Number (EAN)
(Synonym: GTIN)
Anfang 2009 fand eine weltweite Terminologieanpassung zur Vereinheitlichung des Begriffs statt, → Global Trade Item Number (GTIN).

European Retail Round Table
Arbeitsgemeinschaft großer europäischer Handelsbetriebe, die intensiven Kontakt mit politischen Institutionen wie z. B. der EU oder den nationalen Regierungen der europäischen Länder pflegen, um den Handel betreffende, politische Entscheidungen aktiv mitzugestalten.
Die Mitgliedsunternehmen des European Retail Round Table (ERRT), wie beispielsweise C & A, die Metrogroup, H & M, DelHaize, Ikea, Carrefour etc., haben zusammen mehr als eine Million Mitarbeiter und einen Jahresumsatz von mehr als 300 Mrd. Euro.
Die Kernaktivitäten von ERRT sind u. a.:
- Verbraucherschutz
- Lebensmittelsicherheit
- Umweltpolitik
- Liberalisierung des Welthandels
- Einsatz für eine soziale Arbeits- und Ausbildungspolitk

Die Arbeitsgemeinschaft des ERRT kommt zu jährlichen Treffen zusammen und setzt zudem spezialisierte Arbeitsgruppen ein, die Studien erstellen, welche oftmals Basis zukünftiger Betätigungsfelder des ERRT sind.

Europoolpalette
Umgangssprachlich auch Europalette genannt, bezeichnet einen nach DIN genormten rechteckigen Untersatz mit den Maßen 800 mm × 1200 mm, der dem Transport und der Aufbewahrung von Waren dient (im Höhenmaß auch als sogenannte EURO-EPAL-Flachpalette verfügbar!).
Die Europoolpalette ist von allen vier Seiten mit einem Flurförderzeug anfahrbar, weshalb sie auch als Vierwegpalette bezeichnet wird und bei einem Eigenge-

Everyday Low-Price Strategy

wicht von 20 kg bis 24 kg mit bis zu einer Tonne beladen werden kann.

Durch die Standardisierung der Paletten ist bei einer Lieferung ein einfacher Tausch „Palette gegen Palette" zwischen Lieferant und Empfänger möglich. Somit ergibt sich ein europaweiter Pool an Paletten, der es ermöglicht, auf komplizierte Verrechnungsmethoden von Paletten bei Lieferungen zu verzichten, sie müssen nur einfach ausgetauscht werden.

Die mit einem Siegel der EPAL (European Pallet Association) versehenen Paletten sind strikten Qualitätsvorschriften und Tauschbedingungen unterworfen. So dürfen z.B. beschädigte oder nicht zur EPAL gehörende Paletten nicht getauscht werden.

Neben der vereinfachten Berechnung der Lieferkosten stellt die Auslieferung von Ware mitsamt einer Palette auch einen Diebstahlschutz dar, wenn Waren und Palette eingeschweißt sind.

Eine kleinere Variante der Europoolpalette ist die → Düsseldorfer Palette.

Everyday Low-Price Strategy (EDLP)

→ Dauerniedrigpreis-Strategie.

Evoked Set

(Synonym: Relevant Set)
Eine bestimmte Anzahl von Produkten, die bei der Kaufentscheidung eines Konsumenten Berücksichtigung finden.

eXtensible Markup Language (XML)

Eine hersteller- und plattformunabhängige (Meta-)Sprache, die für den Datenaustausch zwischen Computern, insbesondere im Internet, genutzt wird. Der englische Ausdruck hierfür ist „erweiterbare Auszeichnungssprache". Die eXtensible Markup Language dient der Beschreibung von Strukturen und Inhalten elektronischer Dokumente und ist eine sinnvolle Ergänzung zu → EANCOM.

Die Dokumente können schnell und einfach dargestellt werden und sind geeignet für den firmeninternen und firmenexternen Datenaustausch. Des Weiteren ist eine Integration unterschiedlicher Datenformate sowie eine maschinelle Lesbarkeit möglich. Von Nachteil ist hingegen das notwendige Transformieren der auf XML-basierten Daten, das hohe Kosten verursacht.

Extensivkäufer

Konsumenten, die ihre Bedarfsdeckung auf mehrere Marken verteilen. Im Rahmen einer → Nebeneinanderverwendungsanalyse sind Extensivkäufer diejenigen Personen, die ihren gesamten Bedarf innerhalb einer Warengruppe nur bis zu etwa 33 % über eine bestimmte, in der Analyse betrachtete Marke decken. Das Gegenteil der Extensivkäufer sind die → Intensivkäufer.

Ex Works (EX)

→ Incoterm, d.h., Lieferbedingung im internationalen Warenverkehr.

Lieferbedingung „ab Werk". Mit der Bedingung Ex Works verpflichtet sich der Lieferant, die Ware an seinem Werk, seinem Lager oder einem sonstigen Standort seines Unternehmens dem Kunden verfügbar zu machen. Mit der Abholung der Ware durch den Kunden geht die Gefahr auf ihn über, und er muss sämtliche anfallenden Kosten des Weitertransports tragen.

F

Fachgeschäft
Stationäres Einzelhandelsgeschäft, das sein Angebot auf bestimmte Branchen oder Bedarfsgruppen beschränkt. Fachgeschäfte verfügen über ein schmales und tiefes Sortiment, in dem meist Produkte unterschiedlicher Preisklassen angeboten werden. Im Unterschied zu anderen Einzelhandelsgeschäften wird der Kunde in Fachgeschäften in der Regel durch geschultes und über Fachwissen verfügendes Personal beraten. Darüber hinaus werden zusätzliche Dienstleistungen angeboten, wie z. B. Montage, Transportservice etc. Eine Form des Fachgeschäfts ist das Spezialgeschäft, das über ein noch schmaleres, dafür aber sehr viel tieferes Sortiment verfügt. Spezialgeschäfte konzentrieren sich meist nur auf eine Warengruppe wie z. B. Jeansspezialgeschäfte.

Fachhandel
Unter dem Begriff Fachhandel versteht man die Gesamtheit aller Fachgeschäfte (siehe → Fachgeschäft) und Spezialgeschäfte aus → Großhandel, → Einzelhandel sowie → Versandhandel.
Diese Betriebsform zeichnet sich aus durch ein eher schmales und tiefes Sortiment sowie durch fachkundiges Personal und dem Angebot zusätzlicher Dienstleistungen, wie Beratung, Transportdienstleistungen, Montage u. Ä.

Fachmarkt
Meist großflächige Betriebsform des Handels, die auf bestimmte Bedarfsgruppen oder Branchen ausgerichtet ist und sich durch ein sowohl breites als auch tiefes → Sortiment auszeichnet.
Die Sortimentsgestaltung ist sehr übersichtlich und auf Selbstbedienung angelegt.
Fachmärkte sind meist ebenerdig, liegen häufig an peripheren Standorten mit guten Verkehrsanbindungen und verfügen über eine große Anzahl an Parkflächen.
Häufig durchgeführte Preisaktionen, einhergehend mit hoher Werbeintensität, und das sowohl breite als auch tiefe Sortiment der Fachmärkte haben dazu geführt, dass sie zunehmend die kleineren und mittleren Fachgeschäfte verdrängen. Innerhalb der letzten Jahre erzielten die Fachmärkte zudem hohe Wachstums- und Expansionsraten. Beispiele für Fachmärkte sind Baumärkte, Gartencenter, Elektrofachmärkte sowie Möbelcenter.

Facing
Anzahl von Verkaufseinheiten einer Marke, einer Produktsorte, die nebeneinander auf einem Regal stehen und die frontal sichtbar ist. Vier Facings bedeutet, dass vier Packungen/Verkaufseinheiten nebeneinanderstehen.
Dies ist ganz unabhängig davon, in welcher Höhe sich der Regalboden befindet oder in welcher Tiefe die Produkte hintereinander auf dem Regalboden angeordnet sind.

Factory-Outlet-Center (FOC)
Räumliche Konzentration mehrerer von Herstellerunternehmen oder Betreibergesellschaften betriebenen Verkaufsstätten, die jeweils nur die Herstellermarke führen und diese zu günstigeren Preisen anbieten, als dies im sonstigen Handel der Fall ist.
Die in den USA entstandenen FOCs sind gewöhnlich mehrere 1.000 m^2 groß und befinden sich meist an dezentralen Standorten mit einem großzügigen Angebot an Parkflächen.

Fair-Trade-Produkte

Bei den distribuierten Artikeln handelt es sich häufig um Auslaufware, Überproduktion, Zweite-Wahl-Artikel oder Artikel aus vergangenen Saisons, wodurch sich die Preisgünstigkeit der Center erklärt.

Die Preisunterschiede sind jedoch oft keine echten Preisvorteile. Teilweise nutzen die Herstellerbetriebe lediglich das Image der preiswerten Factory-Outlet-Center, bieten aber ihre Waren dennoch zu nahezu identischen Preisen wie im sonstigen Einzelhandel an.

Der direkte Vertrieb in Verkaufsstätten eines FOCs bietet für Herstellerunternehmen den Vorteil der Umgehung der Absatzmittler und der damit verbundenen Kosten.

Fair-Trade-Produkte

Bezeichnen Produkte, die insbesondere aus Ländern wie Afrika, Lateinamerika und Teilen Asiens stammen und unter der Beachtung von ökologischen Standards, sozialverträglichen Arbeitsbedingungen und verantwortlichem wirtschaftlichen Anbau auf dem Weltmarkt zu einem „angemessenen" Preis vertrieben werden.

Der als angemessen bzw. „fair" bezeichnete Preis liegt dabei meistens über dem Weltmarktpreis vergleichbarer Produkte. Die somit entstehenden Mehreinnahmen dienen dazu, die Produzenten – sehr oft Kleinbauern – in den Entwicklungsländern zu unterstützen. In den 1960er-Jahren handelte es sich bei Fair-Trade-Produkten vorwiegend um handwerkliche Erzeugnisse, die über sogenannte „Dritte-Welt-Läden" vertrieben wurden. Das Sortiment dieser Produkte hat sich jedoch stark ausgeweitet. So werden heute beispielsweise Lebensmittel wie Kaffee, Tee, Bananen, Honig und Zucker, jedoch auch Sportbälle, Teppiche, Textilien und vieles andere mehr, „fair" gehandelt.

Fair-Trade-Produkte werden dabei mittlerweile auch im normalen LEH vertrieben. Zur Kennzeichnung der Produkte sind die Verpackungen mit einem Fair-Trade-Siegel versehen. So sind Lidl (Schwarz-Gruppe), Kaiser's Tengelmann und Edeka nur einige Handelsbetriebe in Deutschland, die Fair-Trade-Produkte in ihr Sortiment aufgenommen haben. Nach Angaben der Transfair e. V. stieg der Absatz der fair gehandelten Produkte von 2006 auf 2007 um etwa 33 %.

Familienmarke

(Synonym: Product Line Name)

Bezeichnet die Führung mehrerer Produkte in einem gemischten, heterogenen Programm, die zu einer Produktlinie gehören oder ähnliche Bedürfnisse befriedigen, unter einem übergeordneten Markennamen (Product Line Name). Damit nimmt die Familienmarke eine mittlere Position zwischen der → Dachmarke und der → Einzelmarke ein. Beispiele: Milka von Kraft Foods, Nivea von Beiersdorf, Salto von REWE.

Die Zusammenfassung von Produkten in einer Markenfamilie erfolgt meist unter einer speziellen Markenphilosophie, in deren Zentrum ein gemeinsames Nutzenversprechen als Markenkern steht, den alle Produkte tragen und der die Familienmarke auszeichnet (Nivea-Pflege).

Bei der Einführung neuer Produkte erfolgt ein Image- und Nutzentransfer innerhalb der Produkte der Familienmarke, die dazu beitragen, die Akzeptanz beim Kunden und die Markentreue zu steigern und die Marketing-Aufwendungen zu reduzieren.

Wie bei der Dachmarke, so darf es auch bei der Familienmarke nicht zu einer Überdehnung der Markenkompetenz und damit zu einer Verwässerung des Markenimages kommen. Im Gegenteil, jedes weitere neue Produkt muss dazu beitragen, den Markenkern und das Markenbild in den Köpfen der Verbraucher zu stärken.

Familienmarken sind daher auch nur dann einsetzbar, wenn sich ein für die Verbraucher sinnvolles und akzeptables gemeinsames Nutzenversprechen finden lässt. Der Erfolg von Familienmarken in der indirekten Distribution ist abhängig von der Akzeptanz und der kompletten Listung durch den Handel und, z.B. im Lebensmittelhandel, von einer entsprechenden Präsentation im Regal.

Fast Moving Consumer Goods (FMCG)
Güter des täglichen Bedarfs werden auch als sogenannte „→ Schnelldreher" bezeichnet. Bei Fast Moving Consumer Goods handelt es sich um unkomplizierte Güter mit niedriger Gewinnspanne für den Handel, die spontan oder auch routiniert gekauft werden und vom Konsumenten täglich oder wöchentlich ge- und verbraucht werden. Von den FMCGs sind in der Regel Luxus- oder Investitionsgüter abzugrenzen, die jedoch unter bestimmten Bedingungen, wie Aktionen des Handels, zeitweise den FMCGs zugerechnet werden können. Beispiele für diese Güter sind Nahrungsmittel, Kosmetikprodukte, Reinigungsmittel etc.

Feasibility-Studie (FS)
Die Durchführbarkeits- oder Machbarkeitsstudie dient dazu, vor der Implementierung neuer Systeme oder der Durchführung neuer Projekte deren praktische Realisierbarkeit zu überprüfen. Im Rahmen einer FS wird versucht, ein Objekt oder Vorhaben, wie z.B. eine Neuprodukt-Entwicklung, neue Markteintritte oder die Einführung neuer Bestandsmanagementsysteme, vor deren Umsetzung ausgiebig zu analysieren, um entstehende Probleme schon frühzeitig erkennen und ihnen begegnen zu können.
So werden bei dieser Studie neben den rein wirtschaftlichen und technischen Aspekten auch die Entstehung von Nebenprodukten sowie eventuelle Beeinträchtigungen der Umwelt in die Untersuchung mit einbezogen.

Fehlmengenkosten
Kosten, die dadurch entstehen, weil der Lagerbestand an Material oder Produkten nicht ausreicht, um die aktuelle Nachfrage zu befriedigen. → Fehlmengenkosten werden unterschieden in indirekte und in direkte Kosten.
Fehlmengen können beispielsweise dadurch verursacht werden, weil in einem Unternehmen (Hersteller oder Handel) bestimmte Materialien aufgrund von Streiks in deren Herstellerbetrieben, aufgrund fehlerhafter Lieferleistungen oder aufgrund von (größeren) Nachfrageschwankungen nicht in ausreichender Zahl zur Verfügung stehen.
Die hierdurch entstehenden Kosten auf Unternehmensseite äußern sich in Umsatzeinbußen, Goodwill-Verlusten beim Kunden oder kostspieligen Überstunden für die Mitarbeiter. Diese Kosten werden als indirekte Fehlmengenkosten bezeichnet. Die direkten Fehlmengenkosten entstehen meist auf Lieferantenseite und bestehen zum Teil in Konventionalstrafen. Dies sind Strafen, die zwischen Lieferanten und Unternehmen für den eventuellen Ausfall oder eine fehlerhafte Lieferung vereinbart werden. Eine Möglichkeit zur Vermeidung der Fehlmengenkosten ist die Haltung eines Sicherheitsbestands, um auf (spontane) Nachfrageänderungen schnell(er) reagieren zu können. Problematisch hieran sind jedoch insbesondere die hohe Kapitalbindung und die damit verbundenen Kosten, die durch eine dauerhaft (zu) hohe Bevorratung verursacht werden.

Fehlverkäufe
(engl.: Missing Sales)
Bezeichnet die nicht realisierten Verkäu-

Feinabruf

fe eines Handelsunternehmens, die aufgrund von Vorrats- bzw. Bestandslücken im Sortiment des Handels am POS entstehen. Aufgrund des potenziellen Verlusts, insbesondere bei → Fast Moving Consumer Goods (FMCG), ist die Reduzierung der Vorratslücken im Sortiment eines der bedeutsamsten Ziele von → ECR.

Feinabruf
(engl.: Delivery just in time)
EANCOM-Nachrichtentyp: DELJIT
Vom Kunden an den Lieferanten gesandte Nachricht, die Spezifikationen bezüglich der Daten des → Lieferabrufs enthält, d. h. Bestellmenge, Lieferzeitpunkt, Lieferort usw. Die Vorausschau des Lieferabrufs liegt in der Regel bei etwa vier Wochen.

Festplatzvergabe
Auch feste Lagerordnung genannt, bedeutet dies die Zuweisung eines festen Platzes je Ware im Lager eines Unternehmens. Bei der Festplatzvergabe werden Waren unabhängig von Bestandsveränderungen abhängig von ihrer Größe, ihrem Gewicht, ihrem Wert und ihrer Umschlagshäufigkeit stets an einem bestimmten Ort gelagert.
Vorteil dieser Methode ist die Vereinfachung der Lagerhaltung sowie eine Optimierung der Übersichtlichkeit im Lager, einhergehend mit Kostensenkungen im Lagermanagement. Da jedoch bei einer Verringerung der Artikelanzahl deren Lagerfläche nicht kurzfristig nach unten korrigiert wird, werden durch die Festplatzvergabe leere Regalplätze nicht genutzt, da sie ausschließlich Platzhalter für bestimmte Artikel sind. So werden bei der Anwendung des Systems der Festplatzvergabe große Lagerflächen benötigt, wodurch hohe Kosten verursacht werden.
Das Pendant zur Festplatzvergabe ist das Freiplatzsystem. Hierbei werden keine Platzhalter im Lager geduldet, sondern frei gewordene Lagerkapazitäten werden sofort bzw. kurzfristig über ein computergesteuertes System anderen Artikeln zugeordnet.
Der Vorteil hierbei ist die optimierte Nutzung von Lagerflächen, wobei das Freiplatzsystem sehr hohe Anforderungen an die Lagerorganisation stellt.

Filialunternehmen
Unternehmen auf der Einzelhandels-, aber auch der Großhandelsstufe mit mindestens fünf Verkaufsstätten, die an unterschiedlichen Orten betrieben werden und für die das Filialunternehmen die zentrale Leitung übernimmt.
Filialunternehmen werden in Kleinfilialunternehmen mit bis zu zehn Filialen und in Großfilialunternehmen mit mehr als zehn Filialen unterschieden. Insbesondere international agierende Großfilialbetriebe verfügen jedoch oftmals über weit mehr als 100, teilweise sogar über weit mehr als 1.000 Filialen.
Die Filialunternehmen erarbeiten meist ein Grundkonzept für die Filialen, nach dem alle Verkaufsstätten geplant und unternehmensspezifisch ausgerichtet werden. Das Konzept betrifft üblicherweise das gesamte Leistungsprofil der Filialen und auch häufig die Art der Einrichtungs- und Sortimentsgestaltung.
Den Filialbetrieben obliegt die Aufgabe des Verkaufs der vom Handelsunternehmen zentralseitig eingekauften und vorfinanzierten Ware sowie die Beratungs- und Inkassofunktion. Promotionsaktivitäten oder sonstige abnehmergerichtete Marketing- und Werbeaktionen werden meist vom Filialunternehmen zentral gesteuert und für alle Filialen gleichzeitig geschaltet. Die zentrale Führung der einzelnen Filialen ermöglicht dem Handelsunternehmen die Erzielung von Synergie- und Losgrößeneffekten.

Filialunternehmen im Lebensmittelhandel sind z.B. ALDI, die Schwarz-Gruppe, Schlecker, dm oder Kaiser's Tengelmann.

Financial Cancellation Message (FINCAN)
→ Storno-Nachricht.

Financial Statement (FINSTA)
→ Bankkontenauszug.

First Choice Buyer
→ Stammkunde.

First Choice Rate
→ Stammkäuferanteil.

First in, first out (FIFO)
Lagerführungsmethode, bei der die Artikel, die zuerst in das Lager kommen, auch zuerst wieder entnommen werden.

Flächenbereinigtes Wachstum
Gesamtumsatzwachstum eines Handelsunternehmens, bezogen auf den vergleichbaren Vorjahreszeitraum, das bei filialisierten Handelsunternehmen um die Umsatzzuwächse bzw. Umsatzverluste der neu eröffneten bzw. geschlossenen Verkaufsflächen im Berichtszeitraum bereinigt wird. Erst durch die flächenbereinigte Umsatzveränderung wird deutlich, ob ein Handelsunternehmen seine → Flächenproduktivität im Gegensatz zum Vorjahr verbessert hat.

Flächenproduktivität
Kennzahl, die insbesondere im Einzelhandel Anwendung findet. Die Flächenproduktivität setzt den erzielten Umsatz pro Periode ins Verhältnis zur Verkaufsfläche in Quadratmeter eines Handelsbetriebs. Die Flächenproduktivität bezeichnet somit den Umsatz pro Quadratmeter innerhalb einer Periode.
Die Verkaufsfläche wird nach folgender Formel berechnet:

Regallänge × (Regaltiefe + halbe Gangbreite)
Beispiel:
Der Umsatz einer Warengruppe beträgt 120.000 Euro.
Die eingesetzte Regalfläche hat 3 m Länge und 0,50 m Tiefe. Die Gangbreite beträgt 1,80 m.
Berechnung:

$$\frac{120.000 \text{ Euro}}{3 \text{ m} \times (0{,}50 \text{ m} + 0{,}90 \text{ m})} =$$

$$\frac{120.000 \text{ Euro}}{4{,}2 \text{ m}^2} = 28.571 \text{ Euro pro m}^2$$

Floor-Ready Merchandise (FRM)
Bezeichnet Waren, die, ohne Bearbeitung durch das Personal des Handels, direkt nach deren Anlieferung in den Handelsbetrieben zum Verkauf angeboten werden können. Diese Waren werden meist schon in der richtigen Reihenfolge angeliefert und sind bereits mit den korrekten Preisauszeichnungen oder Barcodes versehen.

Floprate
Quotient aus der Anzahl aller fehlgeschlagenen Neu-Produkteinführungen (Flops) und der Anzahl der gesamten Produktinnovationen innerhalb einer Periode. Die Floprate gibt Auskunft darüber, wie erfolgreich die Einführung neuer Produkte in bestimmten Branchen, Bereichen, Gebieten etc. ist.
Die Senkung der Floprate ist ein zentrales Ziel der → Efficient Product Introduction (EPI) im Rahmen von → Efficient Consumer Response (ECR).

Food-Warenklasse
Zu den „klassischen" Food-Produkten gehören: Süßwaren, alkoholfreie Getränke, weiße Linie, Tabakwaren, gelbe Linie, Trockenfertigprodukte, Tiefkühlkost, Nassfertigprodukte, Heißgetränke, Wein und Sekt, Bier inkl. Bier-Mix, Feinkost, Spiritu-

osen, Fette und Öle, Brotaufstriche, Speiseeis, aber auch Tabakwaren und OTC-Arzneimittel (vgl. ACNielsen) → Warengruppe.

Foreign Trade Association (FTA)
1977 gegründete Organisation mit Sitz in Brüssel, welche die Aufgabe hat, auf internationaler Ebene die Interessen von Handelsunternehmen zu vertreten. Die FTA setzt sich aus verschiedenen Unternehmen und Verbänden zusammen und vertritt diese vor Organisationen wie z. B. der Europäischen Union oder der World Trade Organization. Neben diesen Aufgaben bietet die FTA ihren Mitgliedern Beratung und Information an. So werden die teilnehmenden Organisationen stets über aktuelle, internationale Handels- sowie Zollbestimmungen informiert und können sich in allen handelspolitischen Fragen von der FTA beraten lassen.

Frachtführer
Selbstständiger Kaufmann nach HGB, der gewerbsmäßig eine Transportdienstleistung im Auftrag eines Abnehmers und nach Abschluss eines Beförderungsauftrags erbringt. Das Verbringen der Ware kann per Schiene, Straße, Binnengewässer, See, Luft oder in einer Verknüpfung dieser Transportarten erfolgen. Dabei ist der Frachtführer den vertraglichen Pflichten, wie z. B. Lieferort, Lieferzeit, Warenmenge usw., sowie den Anweisungen des Auftraggebers unterworfen. Für Beschädigungen während des Transports sowie für eine Nichteinhaltung seiner mit dem Auftraggeber abgestimmten Pflichten haftet er persönlich und unbegrenzt, soweit vertraglich keine andere Vereinbarung getroffen wurde.

Franchise/Franchising
Bezeichnet eine Kooperationsform zwischen rechtlich selbstständigen Unternehmen, zumeist unterschiedlicher Distributionsstufen. Beim Franchising schließen zwei Unternehmen einen Kontrakt, durch den das kontraktnehmende Unternehmen (Franchisenehmer) dazu berechtigt wird, genau festgelegte Verfahren, Warengruppen, Markenzeichen, Absatzkanäle, Erzeugnisse etc. des kontraktgebenden Unternehmens (Franchisegeber) für seine gewerblichen Zwecke zu nutzen. Als Gegenleistung hat der Franchisenehmer zumeist bei Eintritt der Geschäftsbeziehungen eine Bar- oder Sacheinlage zu leisten und verpflichtet sich in der Regel noch darüber hinaus, eine laufende Umsatzbeteiligung an den Franchisegeber zu entrichten. Die Franchisenehmer sind in den meisten Fällen an strenge vertragliche Pflichten gebunden und so in ihrer unternehmerischen Handlungsfähigkeit eingeschränkt. Allerdings genießen Franchisenehmer Vorteile aus der Nutzung eines hohen Bekanntheitsgrads und einer oftmals dauerhaften Unterstützung in der Betriebsführung seitens des Franchisegebers. Des Weiteren ist ein relativ geringer Eigenkapitalbedarf für die Errichtung eines Franchisingbetriebs erforderlich. Zudem profitieren die Franchisenehmer oftmals von überregional geschalteter Werbung, die von dem kontraktgebenden Unternehmen durchgeführt wird. Franchising findet sich insbesondere in der Gastronomie, ist jedoch auch im Einzelhandel ein verbreitetes Konzept.

Free Alongside Ship (FAS)
→ Incoterms.
FAS ist eine Lieferbedingung im internationalen Güterverkehr. FAS bedeutet, dass der Verkäufer das Risiko und die Kosten für den Transport der Ware trägt, bis die Lieferung im vereinbarten Hafen eingetroffen und die Ware am Kai längsseits des Schiffs für den Abnehmer bereitge-

Fulfillment

stellt wird. Der Käufer ist für den Weitertransport der Waren verantwortlich und hat die Kosten für die Buchung des Schiffsraums zu zahlen.

Free Carrier (FC)
→ Incoterms.
Wird in Deutschland auch als „frei Frachtführer" bezeichnet und ist eine Lieferbedingung im internationalen Warenverkehr.
Free Carrier bedeutet, dass der Verkäufer der Ware einen vom Käufer benannten Frachtführer mit der Lieferung der Waren zu einem vertraglichen Bestimmungsort beauftragt. Der Verkäufer trägt die Gefahr sowie die Kosten des Verbringens der Waren bis zu dem Ort, an dem der Frachtführer die Waren übernimmt und die Transportleistung fortführt. Der Käufer trägt bei dieser Lieferbedingung die Kosten des Frachtführers sowie das gesamte Risiko einer Beschädigung oder eines Verlusts der Waren bis zum dem Ort, an dem der Frachtführer dem Käufer die Ware verfügbar macht. Die Lieferbedingung Free Carrier kann für jede Form des Transports (Schiene, Straße, Binnengewässer, See, Luft) verwendet werden.

Free on Board (FOB)
→ Incoterms.
Werden Waren FOB geliefert, hat der Verkäufer der Ware alle Kosten sowie die Gefahr der Lieferung bis zu dem Punkt zu tragen, an dem die beförderten Waren über die Schiffsreling des vom Käufer benannten Schiffs befördert wurden. Der Käufer ist über die Entladung des Schiffs zu informieren und trägt die von da anfallenden Kosten sowie das gesamte Risiko des Weitertransports.

Frequenzbringer
Artikel im Sortiment eines Handelsunternehmens, die häufig dazu gebraucht werden und auch so attraktiv sind, z. B. durch besondere Preisgestaltung, dass sie die Aufmerksamkeit der Konsumenten erregen und auf diese Weise dazu führen sollen, bestimmte Einzelhandelsgeschäfte stärker zu frequentieren.

Fulfillment
Unter dem Begriff Fulfillment werden sämtliche Aktionen subsumiert, die dazu dienen, einen Kundenauftrag zu erfüllen. Im weitesten Sinn erstreckt sich das Fulfillment von der Auftrags- bzw. Bestellungsannahme über die Bonitätsprüfung der Kunden, die Lagerbewirtschaftung, die Komissionierung der Ware, den Versand, die Rechnungsstellung bis hin zum Inkasso.
Im engeren Sinn bezieht sich das Fulfillment lediglich auf Direktmarketingaktionen. Hierbei werden unter dem Begriff Fulfillment sämtliche Tätigkeiten zusammengefasst, die dazu dienen, auf die Nachfrage der Kunden zu reagieren.
Oftmals werden Teilbereiche des Fulfillments, aber teilweise auch das gesamte Fulfillment, fremdvergeben. Dies ist insbesondere bei kleineren Unternehmen der Fall, wird jedoch auch von mittleren und großen Unternehmen zur Verbesserung der Kostenstruktur häufig angewendet.

Gain and Loss
Analysemethode im Handel, bei der die wert- und mengenmäßigen Veränderungen unterschiedlicher Marken einander gegenübergestellt werden, um auf diese Weise zu analysieren, wie viele Käufer eine betrachtete Marke X an andere Marken verloren hat (Loss) und welche Anzahl an Käufern innerhalb eines bestimmten Zeitraums hinzugekommen sind (Gain). Hierzu werden bei der Gain-and-Loss-Analyse die Gewinne und Verluste der Marken über zwei gleich lange Berichtszeiträume beobachtet, quantifiziert und verglichen. Auf diese Weise können Gewinne und Verluste der Marken sowie der Grad der Kannibalisierung ermittelt werden.

Gattungsmarke
Gattungsmarken stellen Varianten zu Handelsmarken dar und werden oftmals auch als No-Name-Produkte, Weiße Ware, Generics oder Produits libres bezeichnet.
Kennzeichen der Gattungsmarken ist die Ansiedlung im unteren Preissegment bei akzeptabler bis guter Qualität sowie die schlichte Verpackungsgestaltung, die oftmals lediglich die Produktbezeichnung trägt.
Gattungsmarken wurden zum ersten Mal in den 1970er-Jahren von der französischen Handelskette Carrefour als sogenannte Produits libres eingeführt.

Gebinde
Mit dem Begriff Gebinde werden Verpackungseinheiten bezeichnet, die mehrere Einzelverpackungen umfassen können. Gebinde dienen als Handhabungseinheit für den Transport, verbessern das Handling der Waren und werden z.T. an die Kunden weitergegeben, wie beispielsweise Getränkekästen. Je nach Häufigkeit der Verwendungsmöglichkeit können Gebinde in Einweg- und Mehrweggebinde unterschieden werden.

Gebrauchstauglichkeit
Unter der Gebrauchstauglichkeit eines Produkts versteht man im Allgemeinen, wie geeignet ein Produkt ist, für den von der Produktbeschaffenheit und Produktart determinierten und vom Hersteller vorgesehenen Zweck verwendet zu werden.
Die Gebrauchstauglichkeit kann dabei aus zwei unterschiedlichen Sichtweisen bewertet werden: Zum einen die Bewertung der Gebrauchstauglichkeit des Produkts durch objektive Bewertungskriterien, d.h. den tatsächlichen Produkteigenschaften. Hier muss bestimmt werden, ob ein Produkt die funktionalen und technischen Anforderungen erfüllt, die für den Verwendungszweck erforderlich sind oder die auch teilweise durch DIN oder ISO standardisiert und somit vorgegeben sind. Zum anderen durch subjektive Bewertungskriterien, wie z.B. die Bewertung des Produkts durch den Konsumenten hinsichtlich seiner Benutzerfreundlichkeit.

General Message (GENRAL)
→ Allgemeine Nachricht.

Generika
(engl.: Generics)
Begriff für eine → Gattungsmarke, der insbesondere im pharmazeutischen Bereich Anwendung findet.
Mit dem Begriff Generika bezeichnet man in der Pharmabranche Arzneimittel, für die keine Forschung betrieben wird, sondern die lediglich eine Kopie der

Geplanter Verschleiß

Wirkstoffe bereits auf dem Markt vorhandener Medikamente darstellen und zu günstigen Preisen vertrieben werden. Lediglich in den eingesetzten Hilfsstoffen und der Herstellungstechnologie können Unterschiede zu dem Originalpräparat bestehen.

Für den Vetrieb von Generika bekannte Unternehmen sind z. B. Ratiopharm, Stada und Hexal.

Geplanter Verschleiß

(engl.: Planned Obsolescense)
Bezeichnet die von produzierenden Unternehmen aktiv geplante Verkürzung der Lebensdauer ihrer Produkte, um deren kontinuierlichen Verkauf bzw. Nachkauf zu gewährleisten. Es exisitieren drei unterschiedliche Typen des geplanten Verschleißes:

- **Geplanter funktionaler Verschleiß:** Angebot eines suboptimalen Produkts zu dessen Markteinführung, obwohl zu diesem Zeitpunkt bereits das Angebot eines ausgereiften, optimalen Produkts möglich ist.
 Durch diese Strategie wird ein nachhaltiger Umsatz des Unternehmens gesichert, da zu späteren Zeitpunkten zusätzliche Komponenten auf den Markt gebracht werden, die das Produkt schrittweise optimieren (z. B. Microsoft Windows)
- **Geplanter psychischer Verschleiß:** Durch die bewusste Veränderung von Mode und Trends sehen Verbraucher ihre alten, jedoch technisch noch intakten Produktversionen als überholt oder „out" an und fragen daher neue bzw. aktuelle Produkte nach.
- **Geplanter qualitativer Verschleiß:** Angebot und Absatz von Produkten, die mit suboptimalen Materialien produziert wurden. Die für diese Waren verwendeten Materialien weisen schon relativ früh Ermüdungserscheinungen

auf und zwingen den Konsumenten zur Reparatur oder zum Neukauf des jeweiligen Produkts. Typisch für den geplanten qualitativen Verschleiß ist die Herstellung von Produkten mit sogenannten „Sollbruchstellen".

Geschäftskontoauszug

(engl.: Commercial Account Summary Message)
EANCOM-Nachrichtentyp: COACSU
Der Geschäftskontoauszug bezieht sich stets auf ein Konto, dessen Vermögenspositionen in einer bestimmten Währung aufgeführt werden und gibt Auskunft über alle finanziellen Veränderungen des Kontos innerhalb einer Periode.

Die Nachricht kann entweder auf Anfrage von Geschäftspartnern oder zu stets festgelegten Zeitpunkten an den Empfänger übermittelt werden.

Geschenkverpackung

→ Sekundärverpackung für Produkte, um diese ohne zusätzlichen Verpackungsaufwand als Geschenk verwenden zu können. Geschenkverpackungen kommen bevorzugt bei Süßwaren, Spirituosen oder Kosmetika zum Einsatz. Häufig werden in einer Geschenkverpackung mehrere Produkte eines Unternehmen oder ein Produkt mit Beigaben (Flasche + zwei Gläser, → Onpack-Promotions) angeboten.

Gewohnheitskauf

→ Routinekauf.

GLN

→ Global Location Number.

Global Location Number (GLN)

(Synonym: International Location Number)
Die Lokationsnummer ersetzt die früher bekannten Lieferanten- und Kundennummern. Die Global Location Number

Geplanter Verschleiß

(GLN) – ehemals International Location Number (→ ILN) – dient der weltweit eindeutigen Identifikation von physischen, funktionalen oder rechtlichen Unternehmen. Hierzu zählen auch Tochterunternehmen, Zweigniederlassungen und Betriebsteile, die im In- und Ausland angesiedelt sind.

Es handelt sich um eine 13-stellige Nummer, die auch als Strichcode dargestellt werden kann. Wird der Code eingegeben oder gescannt, greift das System auf die in der Datenbank hinterlegten Informationen zurück, z. B. Adressen und Kontaktdaten (auch Stammdaten genannt). Die Lokationsnummer beginnt stets mit den Ziffern 41, 42, 43 oder 440, da diese Ziffern als sogenannte → Präfixe für Deutschland festgelegt wurden. Weiterführend sind zwei Arten von Lokationsnummern zu unterscheiden: GLN Typ 1 und GLN Typ 2.

- **GLN, Typ 1:**

Dieser Typ ist unveränderlich und wird von der → GS1 Germany GmbH zugeteilt. Die jährliche Lizenzgebühr liegt bei 65 Euro, im ersten Jahr bei 90 Euro.

Globale Lokationsnummer (GLN), Typ 1	
Durch GS1 zugeteilte Nummer	Prüfziffer
4 3 1 2 3 4 5 9 8 7 6 5	3
GLN der Karl Klein OHG, Werkstattbedarf en Gros, Köln	

o Unternehmensidentifikation in der Kommunikation

Quelle: GS1 Germany GmbH

- **GLN, Typ 2:**

Die GLN, Typ 2 bietet einen Zusatznutzen, da neben der Basisnummer ein individueller Nummernteil und somit zusätzliche Lokationsnummern für z. B. Tochterunternehmen oder auch Wareneingangsrampen vergeben werden können. Die Länge des individuellen Nummernteils richtet sich nach der integrierten Basisnummer, die entweder sieben-, acht- oder neunstellig ist. Des Weiteren ermöglicht Typ 2 die Nutzung folgender Informationssysteme: internationale Artikelnummer (→ GTIN), Nummer wiederverwendbarer Verpackungen und Transporthilfsmittel (→ GRAI) und Nummer der Versandeinheit (→ NVE/ → SSCC).

Globale Lokationsnummer (GLN), Typ 2		
Basisnummer	Individueller Nummernteil	Prüfziffer
4 0 1 2 3 4 5	0 0 0 0 0	9

o Basis für die Nutzung weiterer GS1-Nummernsysteme
o Die Basisnummer kann 7, 8 oder 9 Stellen umfassen, der individuelle Nummernteil entsprechend 5, 4 oder 3 Stellen.

Quelle: GS1 Germany GmbH

Für die Nutzung der GLN wird der Erwerb einer Grundlizenz vorausgesetzt, die von der erforderlichen Nummerierungskapazität abhängig ist. Die Lizenzgebühren des Typs 2 werden zu Beginn eines jeden Geschäftsjahrs nach einer umsatzbezogenen Gebührenstaffel bezogen.

Die GS1 Germany GmbH schreibt auf ihrer Website die Beachtung folgender Grundregeln bei der Vergabe von zusätzlichen Lokationsnummern auf Basis des GLN, Typ 2 vor:

- für jede unterschiedliche Adresse eine eigene GLN
- der Inhaber der GLN, Typ 2 kann die Nummern frei vergeben, jedoch sollten die Lokationsnummern dabei „nicht sprechend" und sequenziell vergeben werden
- die Lokationsnummern werden mit Stammdaten verknüpft und sollten deshalb allen Geschäftspartnern rechtzeitig mitgeteilt werden
- hat der Geschäftspartner bereits eine GLN, dann sollte diese stets akzeptiert werden

Vorteile bietet die Anwendung der GLN in mehrerer Hinsicht: Sie dient als Grundvoraussetzung für die automatische Datenerfassung, den elektronischen Daten-

Global Returnable Asset Identifier

austausch sowie die Identifikationssysteme GTIN, GRAI und NVE:
- ermöglicht einen einfachen, schnellen und sicheren Datenverarbeitungsprozess und reduziert den Verwaltungsaufwand
- ist weltweit gültig, d. h. auch weltweit eindeutig identifizierbar
- ersetzt die früher üblichen, redundanten Kunden- und Lieferantennummern
- schließt Fehler beim Scannen aus
- bietet für jede Unternehmens- und Funktionseinheit eine individuelle Lokationsnummer zur eindeutigen Identifikation, sodass die Voraussetzungen für ein effizientes Versenden, Sortieren und Rückverfolgen von Waren oder → Mehrwegtransportverpackungen (MTVs) gegeben sind.

Global Returnable Asset Identifier (GRAI)

Dient der weltweit eindeutigen Identifikation einer Palette oder eines wiederverwendbaren Transportbehälters (→ MTV). Die GRAI-Identnummer baut auf einer Herstellernummer der → GLN Typ 2 auf und ermöglicht dem Hersteller die Erstellung einer eigenen → GTIN. Die Verbindung von GTIN und der darauf folgenden (bis zu) 16-stelligen Seriennummer der MTV erlaubt letztendlich die eindeutige Identifikation.

Global Trade Item Number (GTIN)

(Synonym: UPC, EAN, EAN-UCC)
Dient der globalen Identifikation von Artikeln und Dienstleistungen im zwischenbetrieblichen Daten- und Warenverkehr. Die Terminologie wurde in den letzten drei Jahrzehnten immer wieder optimiert. 1973 war die Identifikationsnummer in Nordamerika als Universal Product Code (UPC) bekannt, in Europa verwendete man parallel den Begriff → European Article Number (EAN). Anfang 2005 begann unter der → GS1 Germany GmbH die Integration der UPC in die EAN Terminologie und es wurde ab sofort der Ausdruck → Uniform Council Code (EAN-UCC) benutzt. Eine letzte Anpassung zur GTIN fand im Januar 2009 statt, wodurch nun eine weltweit einheitliche Bezeichnung eingeleitet ist.

In der Regel handelt es sich bei der GTIN um eine 13-stellige Zahl. Kann diese z. B. aus Platzgründen nicht verwendet werden, ist es auch möglich, eine 8-stellige Zahl einzusetzen. Beide Nummern sind auch in Form eines Strichcodes darstellbar und werden gegen eine jährliche Gebühr von der GS1 Germany GmbH vergeben. Die GTIN ist folgendermaßen aufgebaut:

1. **Basisnummer** (auch → GLN): 7–9-stellige Zahl, die mit der Ländernummer beginnt. Die Ländernummer (→ Präfix) gibt an, in welchem Staat die Ware produziert wurde, für DE z. B. 40–43 bzw. dreistellig 400–440. Darauf folgt die Betriebsnummer, die den Unternehmensteil eindeutig identifiziert.
2. **Artikelnummer:** 3–5-stelliger individueller Nummernteil, den das Unternehmen selbst vergeben kann und mit dem das Produkt selbst identifiziert wird.
3. → **Prüfziffer**: Wird für jede GTIN individuell berechnet und dient der Datensicherheit.

Globale Artikelidentnummer (GTIN)		
Basisnummer	Individueller Nummernteil	Prüfziffer
4 0 1 2 3 4 5	0 0 0 2 5	2
4 2 1 2 3 4 5 6	0 0 2 5	8
4 3 1 2 3 4 5 6 7	0 2 5	8

◦ Voraussetzung für die Bildung von GTINs ist eine GLN vom Typ 2.
◦ Die Basisnummer kann 7, 8 oder 9 Stellen umfassen, der individuelle Nummernteil entsprechend 5, 4 o. 3 Stellen.

Quelle: GS1 Germany GmbH

Der Einsatz der GTIN erleichtert den Warenverkehr entlang der gesamten Supply

Chain, da z. B. die Lagerhaltung automatisiert werden kann und Waren sich schnell und einfach zurückverfolgen lassen. Durch Einsatz der Scanner-Technologie kann der Handel auf in der Datenbank gespeicherte Stammdaten (z. B. Warengruppe, Gewicht) zurückgreifen und erhält somit alle relevanten Produktinformationen. Die Zusammenarbeit zwischen Hersteller und Handel wird demnach in vieler Hinsicht optimiert.

Glücksspiele
Das Landgericht Berlin hat angeordnet, dass das Angebot von Glücksspielen und Süßwaren strikt getrennt werden muss.

Gondelkopfplatzierung
Bezeichnet die Platzierung von Artikeln an der Kopfseite eines Regals im Handel. Die Gondelkopfplatzierung wird dabei zumeist für → Aktionsartikel gewählt.

GRAI
→ Global Returnable Asset Identifier.

Greifzone
Begriff zur vertikalen Regalwertigkeit. Bezeichnet die Zone im Regal eines Handelsbetriebs, die in der Griffhöhe des Konsumenten liegt. Die Greifzone befindet sich im Bereich von etwa 60 cm bis 1,40 m.
In der Greifzone werden für den Konsumenten attraktive und für den Handel profitable Produkte positioniert. Dem Kunden soll durch vereinfachtes Zugreifen die Kaufentscheidung erleichtert und der spontane Einkauf (→ Impulskauf) gefördert werden. Siehe ebenfalls → Bückzone, → Blickzone oder → Sichtzone und → Reckzone.

Großhandel
Unter dem Begriff Großhandel versteht man im funktionalen Sinn die ausschließlich auf Wiederverkäufer, Gewerbetreibende oder sonstige Institutionen ausgerichtete Warendistribution. Der Verkauf an private Haushalte findet hier generell nicht statt. Im institutionellen Sinn werden unter dem Begriff Großhandel alle Betriebe und Organsiationen subsumiert, die Großhandel betreiben.
Zu den Formen des Großhandels gehören neben dem (Import-, Export-)Außenhandel und dem Produktionsverbindungshandel (PVH) bei einer
- **Unterscheidung nach dem Warensortiment**
  - der Sortimentsgroßhandel mit einem breiten und flachen Sortiment
  - der Spezialgroßhandel mit einem schmalen und tiefen Sortiment
- **Unterscheidung nach der Bedienungsform**
  - der → Cash-and-Carry-Großhandel = Selbstbedienungsgroßhandel
  - der Zustellgroßhandel, der die angeschlossenen Einzelhandelsgeschäfte beliefert
- **Unterscheidung nach der Absatzform**
  - der Streckengroßhandel, d. h., mehr als 50 % der Umsätze dieses Unternehmens werden auf „Strecke" gemacht; die Ware wird vom Großhandelsunternehmen als Wareneingang verbucht, vom Vorlieferanten aber direkt zum Abnehmer des Großhändlers gebracht, ohne dass die Ware vom Großhändler eingelagert wurde
  - der Lagergroßhandel, d. h. höchstens 50 % des Umsatzes, entfallen auf das Streckengeschäft

Großstanzfiguren
Lebensgroße Darstellung von Personen oder überdimensionale Darstellung von Produkten in Pappe. Stanzfiguren stellen Großplakate dar, die freistehend im Raum platziert werden können. Sie verfügen entweder über eine Rückenstütze

Grundbedarfsartikel

und sind nur einseitig bedruckt oder in die beidseitig bedruckte Stanzfigur ist ein Papprohr eingeschoben, sodass diese an jeder Stelle platziert werden kann.

Grundbedarfsartikel
Darunter werden zum einen Artikel verstanden, die existenziell sind und ausschließlich die Grundbedürfnisse eines Menschen, wie Nahrung, Kleidung oder Wärme, befriedigen. Die Preise der Grundbedarfsartikel sind zum Teil staatlich festgelegt, wie z. B. der Preis für Wasser, um allen Einkommensschichten den Erwerb dieser Artikel zu ermöglichen.

Im Handel werden unter Grundbedarfsartikel bzw. Artikel des Grundbedarfs solche Produkte verstanden, die der Konsument regelmäßig bzw. täglich benötigt, wie Brot, Butter, Milch usw. Die Grundbedarfsartikel erlauben daher nur eine geringe Gewinnspanne und werden meist in den Randzonen der Regale platziert.

Grundgesamtheit
Gesamte Anzahl aller Objekte, welche die Basis einer empirischen Untersuchung bilden.

Die Objekte einer Grundgesamtheit werden anhand exakt determinierter Kriterien bestimmt und so aus einer Gesamtmenge extrahiert. Ein Beispiel hierfür wäre eine Grundgesamtheit bestehend aus allen 14- bis 80-jährigen männlichen Personen in Deutschland. Je nach Auswahl der Kriterien variiert auch die Größe der Grundgesamtheiten. Da jedoch eine Grundgesamtheit oftmals so viele Objekte einbezieht, dass eine Totalerhebung aus Zeit- und Kostengründen oft nicht möglich ist, wird aus ihr mithilfe statistischer Verfahren eine repräsentative → Stichprobe ermittelt.

Die aus der Stichprobe ermittelten Ergebnisse werden dann auf die gesamte Zahl aller betrachteten Einheiten hochgerechnet. Dabei ist zu beachten, dass die Größe der Stichprobe maßgeblich die Aussagefähigkeit einer Untersuchung beeinflusst.

Grundnutzen
Bezeichnet den Basisnutzen oder Gebrauchsnutzen eines Produkts oder einer Dienstleistung. Der Grundnutzen beschränkt sich auf die technisch-funktionalen Aspekte eines Produkts und kann objektiv bewertet und nachgeprüft werden. Beispiel hierfür sind der Transportnutzen eines Autos oder die mobile Telekommunikationsmöglichkeit eines Handys. Nach der Nutzentheorie Vershofens (1878–1960) stiften Produkte grundsätzlich zwei Nutzenarten: den Grundnutzen und den Zusatznutzen.

Der → Zusatznutzen ist gegenüber dem Grundnutzen ein eher subjektiv wahrgenommener Nutzen und bezieht sich bei einem Produkt auch auf das Image und/oder den Prestigewert.

Grüner Punkt
Auf recyclingfähige Produktverpackungen gedrucktes Markenzeichen des → Dualen Systems Deutschland. Der Grüne Punkt dient zur Identifizierung der Produktverpackungen, die über das duale System zurückgeführt werden. Konsumenten, die Verpackungen mit Aufdruck des Grünen Punkts entsorgen möchten, sind dazu angehalten, dies ausschließlich über die „Gelbe Tonne" oder den „Gelben Sack" zu tun.

Für das Unternehmen → Duales System Deutschland ist der Grüne Punkt das Haupt-Finanzierungsinstrument. Unternehmen, die sich an diesem Recyclingsystem beteiligen möchten, sind dazu verpflichtet, eine Lizenzgebühr zu zahlen, die sie dann dazu berechtigt, ihre Produkte mit dem Grünen Punkt zu versehen. Das Recycling der jeweiligen Produk-

GS1-Data-Matrix

te wird daraufhin vom Dualen System selbst oder von einem vom Dualen System Deutschland beauftragten Dienstleister übernommen, → Duales System.

GS1-DataBar
Kleiner, linearer Strichcode, der aufgrund seiner lage- und richtungsunabhängigen Lesbarkeit für den Einsatz am → Point of Sale (POS) geeignet ist. Zuvor bezeichnet als → Reduced Space Symbology (RSS), seit Anfang 2007 jedoch als GS1 DataBar bekannt. Ab 2010 gilt er als weltweiter und offener Standard für die Codierung von Verbraucherprodukten.
Folgende sieben Arten sind zu unterscheiden:
1. GS1-DataBar Omnidirectional
2. GS1-DataBar Stacked Omnidirectional
3. GS1-DataBar Expanded
4. GS1-DataBar Expanded Stacked
5. GS1-DataBar Truncated
6. GS1-DataBar Limited
7. GS1-DataBar Stacked

Die ersten vier Strichcode-Arten sind omnidirektional lesbar und deshalb für den POS-Einsatz geeignet. Hinter „stacked" verbirgt sich ein gestapelter Code, der auf dem → GS1-Datenbezeichnerkonzept aufbaut. Der Zusatz „expanded" bedeutet, dass zusätzliche Informationen (z. B. die → NVE oder das Mindesthaltbarkeitsdatum) mitverschlüsselt werden können. Bei den letzten drei Arten handelt es sich um sehr kleine DataBar-Symbole, die nicht POS-geeignet sind.
Anwendung finden diese Codes bei mengen- und gewichtsvariabler Ware (z. B. Käse, Fleisch, Obst und Gemüse), auf Kleinstprodukten aus der Elektronik und Kosmetik sowie auf Gutscheinen.

GS1-Data-Matrix
Zweidimensionaler Code, der sich für die Direktmarkierung und das Auszeichnen von Kleinstprodukten eignet. Da sehr viele Informationen auf Flächen von unter 5 mm × 5 mm darstellbar sind, findet die GS1-Data-Matrix vielfach Anwendung im Gesundheitswesen (z. B. auf Spritzen, Skalpellen oder Scheren). Der Codierung liegt das → Datenbezeichnerkonzept zu-

Nicht alle GS1-DataBar-Versionen sind ab 2010 für den POS zugelassen
Das Kriterium ist die omnidirektionale Lesbarkeit

Quelle: GS1 Germany GmbH

GS1-Datenbezeichnerkonzept

grunde, wodurch eine hohe Daten- und Fälschungssicherheit gegeben ist. Der Code ist kompatibel zu anderen Identifikations- und Strichcodestandards, und die Herstellung ist mit fast allen Druckverfahren möglich.

GS1-Datenbezeichnerkonzept

Darstellung von Informationen in standardisierten Datenelementen. Der Datenbezeichner leitet die Datenreihe ein und legt Inhalt und Format der einzelnen Elemente fest. Mehr als 100 verschiedene Datenelemente, u. a. zur Angabe des aktuellen Standorts, der Herkunft sowie der Maße, stehen zur Verfügung und folgen direkt auf den Datenbezeichner. Für die → Nummer der Versandeinheit ist z. B. der Datenbezeichner „00" vorgeschrieben. Das gesamte Datenelement für die → NVE ist in einem vorgegebenen Format abzubilden ($n_2 + n_{18}$). Derzeit am meisten genutzt wird das Datenbezeichnerkonzept für den GS1-128-Strichcode auf Produkt- oder Transportetiketten.

GS1 Germany

Im Jahr 1974 wird in Köln die Centrale für Coorganisation (CCG) mit dem Ziel der Etablierung internationaler Standards für Handel und Konsumgüterindustrie gegründet. 2005 wird aus der CCG die bekannte GS1 Germany GmbH, die heute nach den USA die zweitgrößte von über 100 Länderorganisationen des GS1-Netzwerks (Global Standards One) ist. In diesem Jahr findet eine internationale Terminologieanpassung der einzelnen GS1-Standards statt.
Zu den Aufgaben und Zielen der GS1 Germany zählen:
- Automatisierung und Optimierung des Daten- und Warenverkehrs
- Einführung international einheitlicher Identifikations-, Kommunikations- und Prozessstandards entlang der gesamten Wertschöpfungskette
- großes Leistungsangebot, das auf die Anforderungen des Markts und der einzelnen Branchen ausgerichtet ist
- bedarfsgerechte Betreuung der Anwender vor Ort

Zu den GS1-Standards gehören u. a. folgende Identifikationsnummernsysteme:
- → Global Location Number (GLN) zur Identifikation von Unternehmen und Betrieben (ehemals ILN)
- → Global Trade Item Number (GTIN) zur Identifikation von Artikeln (ehemals EAN)
- → Serial Shipping Container Code (SSCC/NVE) zur Identifikation von Versandeinheiten
- → Global Returnable Asset Identifier (GRAI) zur Identifikation von Mehrwegtransportverpackungen

Diese Nummernsysteme werden in Strichcodes verschlüsselt, um eine automatische und sichere Erfassung und Verarbeitung der Daten zu gewährleisten. Hier stellt GS1 Germany u. a. folgende Standards zur Verfügung:
- EAN-Code zur Verschlüsselung der GTIN
- GS1-128-Strichcode
- → GS1-Data-Matrix
- → GS1-DataBar

Weitere Standards etablierte GS1 Germany in dem Bereich E-Business, der → RFID-Technologie zusammen mit dem → Electronic Product Code (EPC) sowie übergreifend in den ECR-Prozessen (Efficient Consumer Response). Informationen zur GS1 Germany GmbH und deren Leistungsangebot sind unter www.gs1-germany.de abrufbar.

GTIN

→ Global Trade Item Number.

Gut

Mit einem Gut wird in den Wirtschaftswissenschaften ein Mittel materieller oder immaterieller Art bezeichnet, das zur Befriedigung von Bedürfnissen verwendet wird. Der Begriff des Guts ist sehr vielschichtig, wodurch zahlreiche Differenzierungs- und Abgrenzungsmöglichkeiten der Terminologie existieren:

- **Freie Güter und Wirtschaftsgüter:** Zur Unterscheidung von Gütern können diese nach deren absoluten Vorkommen unterschieden werden. Hierbei gelten Güter wie Luft oder Sonne als sogenannte „freie Güter", da diese in scheinbar unendlichem Ausmaß vorhanden sind und man diese Güter beanspruchen kann, ohne dafür eine Gegenleistung zu entrichten. Güter, die in ihrem Vorkommen begrenzt sind, d.h. knapp, stellen hingegen Wirtschaftsgüter dar. Für die Beanspruchung dieser Güter sind Gegenleistungen, zumeist monetärer Art, zu entrichten.
- **Materielle und immaterielle Güter:** Generell können materielle von immateriellen Gütern abgegrenzt werden. Unterscheidungskriterium hierbei ist die Lagerfähigkeit der verschiedenen Güter. Während immaterielle Güter wie Informationen, Dienstleistungen, Rechte etc. nicht aufbewahrt werden können, besteht bei materiellen Gütern, wie Holz, Wasser, Sand etc., die Möglichkeit der Lagerung. Bei materiellen Gütern spricht man daher auch von Sachgütern.

Sachgüter können hierbei noch weiter untergliedert werden.

- **Unterscheidung materieller Güter nach dem Verwendungszweck:** Differenziert man Güter nach ihrem Verwendungszweck, ist zwischen Konsumgütern und Produktionsgütern zu unterscheiden. Produktionsgüter stellen Güter wie Rohstoffe, Betriebs- und Werkstoffe dar und dienen den Unternehmen dazu, Fertigerzeugnisse zu produzieren. Konsumgüter hingegen sind die für die Konsumption produzierten Fertigerzeugnisse, wie Nahrungsmittel, Privatautos usw., die von den Verbrauchern erworben werden.
- **Unterscheidung nach Nutzungsdauer und Verbrauchseigenschaft:** Materielle Güter können darüber hinaus noch nach der Verbrauchseigenschaft differenziert werden. So wird das Gebrauchsgut, das zum mehrmaligen Gebrauch dient, vom Verbrauchsgut, z.B. dem Nahrungsmittel, unterschieden.
- **Unterscheidung nach dem Grad des Kaufinteresses und Kaufrisikos:** Produkte mit hoher Bedeutung und hohem Involvement für den Konsumenten werden als → High Interest Products bezeichnet. Diese Produkte zeichnen sich dadurch aus, dass der Informationsaufwand bis zum Kauf gewöhnlich relativ hoch ist und viele Alternativen gegeneinander abgewogen werden, der Kauf demnach unter hoher kognitiver Kontrolle stattfindet. Demgegenüber stehen die → Low Interest Products, d.h. Güter des täglichen Bedarfs, die nur in sehr geringem Ausmaß das Interesse des Kunden wecken.

Nach dem Risikograd der Kaufentscheidung werden Güter unterschieden in → Convenience-Goods, d.h. Güter des täglichen Bedarfs, in Shopping-Goods, d.h. Güter des gehobenen Bedarfs, und in → Speciality-Goods, d.h. Güter des speziellen Bedarfs.

- **Unterscheidung nach der Nachfrageänderung in Relation zur Einkommensänderung:** Steigt das Einkommen eines Konsumenten, nimmt auch meist dessen Konsum zu. Güter, deren Nachfragemenge bei steigendem Einkommen eines Konsumenten sinkt, werden

Güter

als inferiore Güter bezeichnet. Ein inferiores Gut wäre beispielsweise Forelle, die bei steigendem Einkommen durch Lachs ersetzt würde. Güter, deren Nachfragemenge bei steigendem Einkommen überproportional zunimmt, werden als superiore Güter bzw. auch als Luxusgüter bezeichnet.

- **Unterscheidung von Gütern nach deren Aggregatzuständen:** Materielle Güter können nach ihrem jeweiligen Aggregatzustand unterschieden werden. So werden Schütt- und Sauggüter, wie z. B. Mehl und Sand, von Stückgütern, wie Holz oder Gold, von gasförmigen und flüssigen Gütern differenziert.
- **Homogene und heterogene Güter:** Auf gesättigten Märkten wird häufig der Begriff der homogenen Güter verwendet. Dies sind Güter, die sich hinsichtlich Verwendungszweck, Form, Volumen usw. stark ähneln und daher leicht gegeneinander substituiert werden können. Man bezeichnet sie auch als Substitutionsgüter (Butter und Margarine).

Hetereogene Güter stellen ungleichartige Güter dar, die sich nicht bzw. nur schwer substituieren lassen. Neben den homogenen Gütern, die einen hohen Substitiutionsgrad aufweisen, existieren noch sogenannte komplementäre Güter. Diese Güter ergänzen sich und werden meist nur im Verbund erworben. Ein populäres Beispiel hierfür ist der kombinierte Kauf eines Autos mit den zugehörigen Autoreifen.

Güter
→ Gut.

Gutscheincode
(Synonym: Coupon)
→ Strichcode zur eindeutigen Identifikation von Gutscheinen (→ Coupons). Es gibt zwei Möglichkeiten der Darstellung: über einen klassischen → GTIN oder über → Präfixe. Verwendet man die Präfixe 981 oder 982, so folgen darauf eine Ausstellernummer (wird von der GS1 Germany GmbH vergeben), eine individuelle Gutscheinnummer (dient als Kontrollnummer), der Einlösewert sowie die Prüfziffer. Der Unterschied zwischen Präfix 981 und 982 lässt sich durch die Anzahl der Nachkommastellen des Einlösewerts erklären (981 für eine Nach- und zwei Nachkommastellen, 982 für zwei Nach- und eine Vorkommastelle). Beide Lösungen können als Strichcode dargestellt werden und tragen somit zur Optimierung der Abwicklung an der Kasse bei. Notwendig zur Abwicklung sind Informationen über Herausgeber, Einlösewert bzw. Leistungsanspruch, Produkt bzw. Dienstleistung und Gültigkeitsdatum. Darüber hinaus können über die individuelle Gutscheinnummer unter Verwendung des → GS1-Datenbezeichnerkonzepts auch Informationen über eine bestimmte Person codiert werden. Man spricht dann von einem personalisierten Gutschein.

H

HACCP
(Hazard Analysis Critical Control Point)
(deutsch: Gefährdungsanalyse und kritische Lenkungspunkte)
Bei Herstellung, Behandlung und Verarbeitung, Transport, Lagerung und Verkauf von Lebensmitteln sind sämtliche Einflüsse auszuschalten, die zu Erkrankungen des Menschen nach dem Verzehr eines Lebensmittels führen könnten. Eine international verbindliche Version des HACCP-Konzepts ist im Regelwerk des FAO (Ernährungs- und Landwirtschaftsorganisation der UNO)/WHO Codex Alimentarius enthalten und ist Bestandteil der „Allgemeinen Grundsätze der Lebensmittelhygiene". Das Konzept dient dazu, ernste gesundheitliche Gefahren durch Lebensmittel zu identifizieren, zu bewerten und zu beherrschen.
Im deutschen Recht ist das HACCP in der Lebensmittelhygiene-Verordnung verankert. Am 1. Januar 2006 trat das Hygienegesetz der EU in Kraft. Darin wird verordnet, dass nur noch Lebensmittel, die die Anforderungen der Richtlinie erfüllen, in der EU gehandelt werden dürfen.

Handelseinheiten
Mit dem Begriff Handelseinheiten werden jene Einheiten bezeichnet, die in den Transport- und Lagerprozessen vom Lieferanten bis hin zum Einzelhandelsbetrieb von Bedeutung sind (→ Sekundärverpackungen, Umverpackungen, Sammelgebinde o. Ä.). Diese Handelseinheiten gelangen jedoch oftmals nicht bis an die Einzelhandelskasse.

Handelsgastronomie
Angebot von Speisen und Getränken in den zumeist von den Handelsunternehmen geführten Restaurants, die in den jeweiligen Verkaufsstätten der Unternehmen betrieben werden. Bei der Handelsgastronomie handelt es sich zumeist um standardisierte Betriebskonzepte, die dem Prinzip der Systemgastronomie folgen und auf diese Weise mit geringem Aufwand auf andere Verkaufsstätten des Handelsunternehmens übertragen werden können. Beispiele für die Handelsgastronomie sind die von der Metro Group betriebenen Restaurants Dinea, Grillpfanne und Axxe oder die von der Karstadt Warenhaus AG geführten Restaurants LeBuffet und RestaurantCafé.

Handelsmarke
(Synonym: Eigenmarke, Hausmarke)
Eine für und von einem Handelsunternehmen geschaffene Marke für Fertigerzeugnisse, an der das jeweilige Handelsunternehmen die alleinigen Rechte besitzt und die exklusiv über die Verkaufsstätten dieses Handelsbetriebs distribuiert wird.
Handelsmarken stehen in Konkurrenz zu den klassischen Herstellermarken und bieten ihnen gegenüber meist preisliche Vorteile. Insbesondere Discounter verfügen oft über einen hohen Anteil an Eigenmarken im Sortiment.
Bei Handelsmarken kann unterschieden werden, ob das Handelsunternehmen seine Handelsmarke selbst entwickelt und produziert hat (was in den wenigsten Fällen zutrifft) oder ob das Handelsunternehmen einen Produzenten bzw. einen Hersteller von Markenartikeln beauftragt, seine Handelsmarken zu produzieren.
In letzterem Fall besteht das Problem, dass die Hersteller auf diese Weise mit sich selbst konkurrieren, da sich die von ihnen hergestellten Herstellermarkenprodukte oft nur marginal von den auf denselben Maschinen hergestellten Handelsmarkenprodukten unterscheiden und

Handelsmarketing

so beide im Wettbewerb um Regalfläche und Kundenpräferenz konkurrieren.

Aus Sicht des Handels sprechen mehrere Gründe für die Einführung von Handelsmarken.

Diese liegen beispielsweise in der Profilierung des Unternehmens, das durch den Vertrieb eigener Marken eine Umwandlung von Herstellermarkentreue seiner Kunden in Handelsmarkentreue und somit Einkaufsstättentreue erzeugen kann.

Des Weiteren kann der Handel auf diese Weise den Preiswettbewerb zu anderen Handelsunternehmen reduzieren, da dort unterschiedliche Marken angeboten werden, die mit den Eigenmarken nicht in direkter Konkurrenz stehen.

Die Begriffe Handelsmarke und Händlermarke sind strikt zu trennen. So markiert die Händlermarke die Serviceleistung eines Handelsunternehmens und ist Markenzeichen für deren Verkaufsstätten, während sich die Handelsmarke ausschließlich auf die im Sortiment der Unternehmen vertriebenen Waren unter Handelsmarken beziehen.

Der Umsatzanteil der Handelsmarken betrug in Deutschland im Jahr 2006 36 % (vgl. GfK Europanel, Nürnberg, in EHI Handel aktuell 2008/09, S. 324).

Handelsmarketing

Entscheidungen und Maßnahmen von Handelsbetrieben gegenüber ihren Kunden, den Shoppern, mit dem Ziel, von diesen im Wettbewerbsumfeld vorgezogen zu werden und Gewinn zu erzielen. Die Instrumente zur Marktbeeinflussung sind die Sortimentspolitik, die Preis- und Konditionenpolitik, die Kommunikationspolitik, die Standortpolitik und die Personalpolitik.

Handelspanel

Bestimmte, gleich bleibende sowie repräsentative Stichproben aus allen Handelsbetrieben, die innerhalb einer empirischen Erhebung über einen längeren Zeitraum hinweg in gleichmäßigen Abständen zu stets demselben Untersuchungsgegenstand wiederholt befragt werden. Das Handelspanel lässt sich in Groß- und Einzelhandelspanel unterteilen, wobei vom Einzelhandelspanel noch das Fachhandelspanel abzugrenzen ist. In einem Handelspanel werden die Warenzugänge und die Warenabgänge, die Lagerbestände, die Produktpreise und die Produktwerte, die Absätze und die Umsätze sowie die Distributionsquote der Absatzmittler erhoben.

Um hierbei zielführende Ergebnisse generieren zu können, müssen zwei unterschiedliche Datenerhebungsmethoden angewendet werden. Dies sind einerseits die Ergebnisermittlung durch → Inventur und andererseits die Erfassung der gewünschten Informationen über Barcodes der Produkte direkt an den Scanner-Kassen. Nachteil des Handelspanels ist die teilweise unvollständige Marktabdeckung, da selbst bei der Analyse einer Stichprobe der Aufwand zu hoch wäre, um die Veränderungen jedes Produkts für jeden Absatzkanal zu ermitteln. Des Weiteren besteht oftmals die Problematik der „Nicht-Teilnahme" der Handelsbetriebe an den Befragungen.

Handelsspanne

Prozentsatz, der sich aus dem Verhältnis von → Stücknutzen zu → Verkaufspreis (inkl. MwSt.) ergibt. Die Handelsspanne ist immer eine Bruttospanne, d. h. inkl. Mehrwertsteuer! Sie berechnet sich nach folgenden Formeln:

$$\frac{\text{Verkaufspreis (inkl. MwSt)} ./. \text{Netto/Netto-Einstandspreis}}{\text{Verkaufspreis (inkl. MwSt.)}} \times 100$$

$$\frac{\text{Stücknutzen}}{\text{Verkaufspreis (inkl. MwSt.)}} \times 100$$

Beispiel: Der Verkaufspreis beträgt 7,90 Euro, der Netto/Netto-Einkaufspreis 3,10 Euro, dann beträgt die Handelsspanne 39,2 %.
Wird die Handelsspanne um die Mehrwertsteuer bereinigt, erhält man die → bereinigte Handelsspanne oder Nettospanne. Der um die Mehrwertsteuer bereinigte Verkaufspreis abzüglich des Netto/Netto-Einstandspreises führt zum → Rohertrag.
Die Handelsspannen, die erzielt werden sollen, sind von Warengruppe zu Warengruppe unterschiedlich. Die Industrie muss bei der Kalkulation ihrer Produkte darauf achten, dass die empfohlenen Verkaufspreise mindestens die in der Warengruppe des Handelsunternehmens üblichen Spannen enthalten.

Handelsspanne, bereinigt
(Synonym: Nettospanne)
→ Bereinigte Handelsspanne.

Handelsware
Mit dem Begriff Handelsware werden Fertigerzeugnisse bezeichnet, die Handelsbetriebe von ihren Lieferanten erwerben und ohne jegliche Be- oder Verarbeitung wieder veräußern. Es erfolgt somit ein reines Handeln mit diesen Produkten. Produkte gelten selbst dann noch als Handelsware, wenn sie durch den Handel neu sortiert, gemischt oder abgepackt werden, da es sich hierbei um keine wertschöpfende Tätigkeiten handelt, welche die Voraussetzung wären, um den Begriff der Be- oder Verarbeitung zu erfüllen.

Händlermarke
(engl.: Retail Brand)
Durch die Händlermarke markiert ein Handelsunternehmen seine Serviceleistung sowie einzelne als auch eine Gruppe von Verkaufsstätten. So werden oftmals mehrere homogene Verkaufsstätten jeweils unter einem übergeordneten Markenzeichen geführt. Händlermarken dienen den Handelsunternehmen zur Profilierung und zur Abgrenzung von der Konkurrenz. Für die Begriffsdefinition ist es von Bedeutung, die Händlermarke strikt von der Handelsmarke zu trennen. So beziehen sich Handelsmarken auf die Waren oder Warengruppen im Sortiment des Handels, während Händlermarken sich auf die Verkaufsstätten beziehen.

Handlungskosten
Kosten, die über die Wareneinstandskosten hinausgehen und primär durch den Betrieb eines Handelsunternehmens verursacht werden.
Zu den Handlungskosten zählen Kosten wie Raumkosten, Mietkosten und Lagerkosten, Personalkosten, Verwaltungskosten, Steuern, Abschreibungen, Werbungskosten etc.

Hauptwege
Dienen der Erschließung der verschiedenen Sortimentsbereiche in einem Ladengeschäft. Die Gestaltung der Hauptwege entscheidet, wie gut sich ein Verbraucher in diesem Geschäft zurechtfindet und wie ausgeprägt seine Bereitschaft ist, die verschiedenen Sortimentsbereiche aufzusuchen, → Loop.

Hersteller-Abgabe-Preis
Der Preis zu dem die Hersteller ihre Waren und Dienstleistungen an Absatzmittler verkaufen. Der Hersteller-Abgabe-Preis ist pro Produkt meist deutlich geringer als der Preis, den die Absatzmittler am Ende der Lieferkette von den Endkunden fordern, da hier noch die → Handelsspanne, d. h. die Marge für den Zwischenhandel, erhoben wird. Mit dieser Marge

muss das Handelsunternehmen alle bei ihm anfallenden Kosten decken.

Herstellerblock
→ Blockplatzierung.

Herstellermarke
Gesetzlich geschütztes Zeichen für Waren und Dienstleistungen eines Herstellerunternehmens, das den Unternehmen dazu dient, eine größtmögliche Abgrenzung von der Konkurrenz zu bewirken. Mit dem Begriff der Herstellermarke sind auch die Artikel gemeint, die diese Marke tragen. In der Praxis versteht man unter einem Markenartikel daher Herstellermarkenartikel!

Highest In, First Out (HIFO)
Buchungsmethode zur Bewertung der Vorräte eines Unternehmens. Beim HIFO-Verfahren wird unterstellt, dass stets zuerst die Artikel mit hohem Wert aus dem Lager entnommen bzw. verbraucht werden. Aus handelsrechtlicher Sicht ist dieses Verfahren in Deutschland anerkannt, nicht jedoch aus steuerlicher Sicht.
→ First In, First Out.

High Interest Product
Produkte, die von sehr großem Interesse sind. Inwieweit ein Produkt von hohem Interesse ist, hängt von den Bedürfnissen und Einstellungen des Konsumenten ab. Üblicherweise handelt es sich bei High Interest Products weniger um → Convenience-Goods, sondern um qualitativ hochwertige und kostspielige Produkte wie beispielsweise ein Auto. Da der Konsument eine Kaufentscheidung hier zumeist unter hohem kognitiven Aufwand fällt, benötigt er eine längere Zeitspanne zur Entscheidungsfindung, verbunden mit einem hohen Informationsbedarf. Das Pendant zu High Interest Products stellen die → Low Interest Products dar.

Höchstbestand
Maximaler Bestand, der in einem Lager vorhanden sein darf, damit die Kapitalbindung nicht übermäßig erhöht wird.

Horizontalblock
Anordnungsmöglichkeit der Artikel im Regal eines Absatzmittlers. Hierbei werden die Artikel in gleicher Höhe von rechts nach links im Regal angeordnet, sodass ein einheitlicher Artikelblock entsteht.

Household Penetration
Auf die Grundgesamtheit aller Haushalte eines abgegrenzten Gebiets bezogener, in Prozent angegebener Anteil aller Haushalte, die einen bestimmten Artikel oder eine bestimmte Marke einer betrachteten Warengruppe innerhalb eines Zeitraums erworben haben.
Anhand der Ermittlung der Household-Penetration-Kennzahl lässt sich der Erfolg von Kommunikationsmaßnahmen des Handels oder der Herstellerbetriebe erkennen.

Hybrider Kunde
Hybrid meint in der lateinischen Bedeutung: „gemischt", „von zweierlei Herkunft", „aus Verschiedenem zusammengesetzt". In der Technik z.B. wird unter „Hybrid" ein System verstanden, das aus zwei miteinander kombinierten Technologien besteht.
Ein hybrider Kunde ist ein Kunde, dessen Verhalten sehr unterschiedlich und damit auch schwer(er) vorhersehbar ist. Das Kaufverhalten wechselt je nach Produktgruppe oder Situation. Dieser Kunde ist in bestimmten Produktkategorien äußerst sparsam (Schnäppchenjäger, Einkauf im Diskountgeschäft) und in anderen Bereichen verschwenderisch (Kauf luxuriöser Produkte) und oftmals gleichzei-

tig preisunkritisch (Einkauf an der Tankstelle). Ein hybrider Kunde mit vielen verschiedenen Verhaltensmustern wird auch als → multioptionaler Kunde bezeichnet.

Hypermarket

Betriebsform des Einzelhandels, die besonders in Frankreich vorzufinden ist. Darunter werden großflächige Einzelhandelsbetriebe ab etwa 2.500 m² Verkaufsfläche und einem sehr breiten, aber nicht sehr tiefem Food- und Non-Food-Sortiment verstanden. Das Konzept wurde ursprünglich von der Einzelhandelskette Carrefour entwickelt, die den ersten Hypermarket in den 1960er-Jahren eröffnete. In Deutschland ist dieses Konzept bislang noch nicht verbreitet.

Für den Betrieb von Hypermarkets bekannte Unternehmen sind beispielsweise Tesco, Carrefour, Intermarché, Auchan, Sainsbury's usw.

I

ILN
→ International Location Number.

Impulsartikel
Spontan, im Rahmen eines → Impulskaufs erworbener Artikel, der zumeist im niedrigen bis mittleren Preissegment liegt. Insbesondere die attraktive Gestaltung des Artikels in Form seines Designs und der Verpackung sowie dessen strategisch vorteilhafte Positionierung am POS (z. B. Kassenplatzierungen oder Displayplatzierungen) führen dazu, dass der Konsument zum Impulskauf angeregt wird. Impulsartikel sind nicht auf eine bestimmte Warengruppe festgelegt und nicht immer eindeutig von anderen Artikeln zu differenzieren. Welche Artikel für Konsumenten zu impulsartig gekauften Produkten gehören, hängt auch stets von der Situation sowie von der Persönlichkeit und dem Kaufverhalten des Konsumenten ab.

Impulskauf
Spontaner Kaufakt, der auf rein emotionaler Basis erfolgt und bei dem die zum Kauf führende Entscheidungsfindung weitgehend frei von kognitiver Kontrolle verläuft. Der Impulskauf wird insbesondere durch die Reize am POS, d. h. Verpackung, Design und Positionierung des jeweiligen Artikels, sowie durch die situative Verkaufsatmosphäre stimuliert (siehe → Impulsartikel).
Grundsätzlich lässt sich der Impulskauf in vier Bereiche einteilen:
1. **Reiner Impulskauf:** Kauf aufgrund der Reize am POS. Der gekaufte Artikel ist kein gewohnheitsmäßig erworbenes Produkt, sondern stellt eine Durchbrechung des für den Konsumenten üblichen Kaufverhaltens dar. Typische Impulsartikel sind z. B. Süßigkeiten.
2. **Wiedererkennungs-Impulskauf:** Der Impulskauf wird hierbei dadurch ausgelöst, dass sich der Konsument an eine Werbung für den Artikel oder an etwas erinnert, womit der Artikel in Zusammenhang steht.
3. **Suggestiver Impulskauf:** Der Kunde nimmt das Produkt zwar zum ersten Mal wahr, er hat jedoch ein sofort eintretendes hohes Bedürfnis nach diesem Produkt.
4. **Geplanter Impulskauf:** Hierbei ist sich der Konsument schon vor dem Betreten des Handelsgeschäfts im Klaren darüber, dass er einige Artikel impulsiv kaufen wird. Dies ist z. B. dann der Fall, wenn Verbraucher aufgrund von Sonderangebotsaktionen ein Geschäft betreten, mit dem Ziel, ein „Schnäppchen" zu machen.

Impuls-/Saison-Kategorie
(Synonym: Impuls-/Saison-Warengruppe)
Die Impuls-/Saison-Kategorie, als eine der vier Warengruppenrollen im → Category Management (→ ECR!), vervollständigt das Sortiment des Händlers um Waren mit einem zeitgerechten oder saisonbedingten Nutzen (→ Saisonartikel, → Impulskauf). Bei dem Impuls- bzw. Saisonsortiment kann es sich um Produkte handeln, die sowohl der → Profilierungs-Kategorie, der → Pflicht-Kategorie als auch der → Ergänzungs-Kategorie zugeordnet werden können.
Etwa 15 % bis 20 % des Gesamtumsatzes einer Vertriebsschiene sind nach ECR- → Best-Practice der Impuls-/Saison-Kategorie zuzurechnen.

Incentive
Dieser Begriff kommt aus dem Englischen und bedeutet Anreiz. Incentives stellen

Incentive

Prämien materieller oder immaterieller Art dar, die von Unternehmen als Ansporn für die Erreichung eines anvisierten Ziels innerhalb einer bestimmten Zeitspanne ausgelobt werden. Incentives materieller Art können beispielsweise Geld- oder Sachprämien sein, während Incentives immaterieller Art beispielsweise Reisen oder die Einräumung von bestimmten zusätzlichen Rechten oder anderen Vorteilen sind, wodurch dem jeweiligen Mitarbeiter ein höherer Status im Unternehmen verschafft wird.

Der Incentive-Reise, die mehreren Mitarbeitern bzw. einer Abteilung oder einem Profitcenter gemeinsam gewährt wird, kommt dabei besondere Bedeutung zu, da diese oftmals dem Zwecke dient, das „Wir-Gefühl" der Mitarbeiter zu erhöhen.

Die Gewährung von Incentives ist insbesondere im Vertriebsbereich eines Unternehmens und hierbei häufig im Rahmen von Verkaufswettbewerben üblich. Incentives werden jedoch nicht nur innerbetrieblich, sondern auch oftmals zwischen Unternehmen gewährt, beispielsweise zwischen Hersteller und Handelsunternehmen.

Die Problematik von Incentives liegt darin, dass diese zum Teil nach einer gewissen Zeit als notwendig bzw. unerlässlich angesehen werden und der Incentive-Nehmer mit der Zeit höhere und somit meist teurere Incentives erwartet, um diese noch als Leistungsanreiz wahrzunehmen.

So können Incentives relativ schnell zu einer starken finanziellen Belastung für das Unternehmen werden. Darüber hinaus ist die Wirkung von Incentives auch von bestimmten, in der Person des jeweiligen Incentive-Nehmers liegenden Faktoren abhängig. So sind beispielsweise junge Arbeitnehmer sehr viel empfänglicher für Incentives als ältere Arbeitnehmer.

Incoterms

Internationale Regeln für die Auslegung der handelsüblichen Vertragsformeln, 1936 erstmals einheitlich durch die Handelskammer, Paris. Letzte Revision im Jahr 2000.

Aufgabe der Incoterms ist die verbindliche und klare Aufteilung zwischen Exporteur und Importeur:
- Übergang der Transportkosten
- Übergang des Transportrisikos
- Geschäftsabwicklung

Incoterms regeln nicht Eigentumsübergang, Mängelrüge, Zahlungsbedingungen oder Gerichtsstand. Insgesamt gibt es 13 Incoterm-Klauseln. Sie sind in vier Gruppen nach dem Verpflichtungsumfang des Exporteurs gegliedert. Unterschieden werden sie dabei nach der Transportart.

Index der Verbraucherpreise
→ Lebenshaltungskostenindex.

Industriegüter
Werden im gewerblichen Bereich für die Leistungserstellung (u. a. auch für die Erstellung von Konsumgütern!) eingesetzt. Es handelt sich um Investitionsgüter und um Produktionsgüter, d. h. um Rohstoffe, Hilfsstoffe und Betriebsstoffe.

Info-Terminal
→ Instore-Medien.

Ist ein interaktives Medium, das dem Kunden Informationen zu bestimmten Themenbereichen gibt, z. B. zu Verkaufspreisen, Inhaltsstoffen von Produkten usw. Zum Teil können die Kunden die Informationen sogar ausdrucken.

Inkrementalanteil
Der Anteil am Gesamtverkauf, der ausschließlich durch den Einsatz einer oder mehrerer Promotion-Maßnahmen erzielt wurde. Ist der Inkrementalanteil hoch,

Innovation

handelt es sich um einen Artikel, der entweder häufig beworben oder besonders in Aktionen nachgefragt wird.

Inkrementalverkauf
(Synonym: Uplift, Promotionverkauf)
Verkauf in Menge/Stück oder Wert, der in einer → Promotion allein durch die promotionale Maßnahme erreicht wurde. Ergibt in Summe mit dem → Baseverkauf den gesamten Verkauf innerhalb des betrachteten Zeitraums. → Incremental und → Base sind errechnete Werte.

Innovation
Erfindung oder Neuerung in Form eines neuen Produkts oder neuen Verfahrens, das zu einer meist noch nicht dagewesenen Art der Lösung eines spezifischen Problems führt. Der Begriff Innovation ist jedoch sehr vielschichtig und lässt sich daher oft nicht klar als eine noch nie dagewesene Erfindung definieren. Innovationen müssen somit nicht unbedingt vollkommene Weltneuheiten eines bisher nicht existenten Produkts oder Verfahrens sein.

Eine Innovation ist oftmals etwas subjektiv Wahrgenommenes, d. h., ein bestimmtes Verfahren wird von einer Firma bei Neueinführung auf dem Markt als Innovation für das Unternehmen dargestellt, selbst wenn das Verfahren schon seit mehreren Jahren existent ist.

Entwicklungen gelten auch dann als Innovationen, wenn sie lediglich ein bestehendes Produkt verbessern oder einen neuen Anwendungsbereich für ein bislang anderes verwendetes Verfahren schaffen.

In diesem Sinne sind für Hersteller und Händler alle Veränderungen an einem Produkt, die zu einer neuen Artikelnummer und damit zu einem Einlistungsvorgang führen, neue Produkte.

Die verschiedenen Innovationsausprägungen können mit den Kriterien Ausprägung der technologischen Neuheit und Innovativität in der Anwendung in einer Matrix folgendermaßen dargestellt werden.

Das innovative Arbeiten und die Entwicklung von Innovationen sind für Unternehmen sehr wichtig, um dauerhaft wettbe-

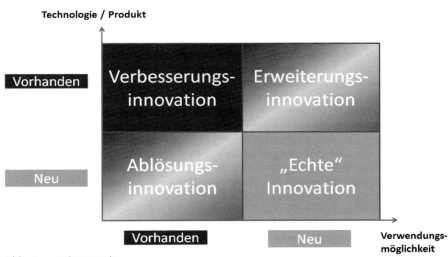

Abb.: Innovationsmatrix

97

Instore-Medien

werbsfähig zu bleiben und Marktanteile zu gewinnen.

Instore-Medien
Das sind am Point of Sale (POS) eingesetzte Medien wie Radio für Ladenfunk, Plakate z.B. in Form von Deckenhängern, TV oder auch interaktive Informationsmedien (→ Info-Terminal). Die Kunden sollen unterhalten und zum Kauf angeregt werden.

Instruction for Returns (RETINS)
→ Anweisung zur Warenrückgabe.

Instruction to Despatch Message (INSDES)
→ Lieferanweisung.

Intelligentes Regal
Regal mit elektronischen Komponenten, das zur „selbstständigen" Verwaltung seiner Bestände fähig ist. An intelligenten Regalen sind RFID-Transponder montiert. Solche Regale enthalten Waren, die mit winzigen Computerchips, sogenannten Smart Chips, versehen sind, in denen der elektronische Produktcode des jeweiligen Artikels abgespeichert ist. Sobald Waren dem Regal hinzugefügt oder entnommen werden, werden sie mit Radiofrequenzwellen bestrahlt, die von dem am Regal montierten RFID-Transponder versandt werden. Die in den Produktverpackungen integrierten Smart Chips werden durch diese Strahlen aktiviert und senden eine „Antwort", in diesem Fall ihren EPC (Elektronischer Produktcode), an den Transponder. Diese Informationen werden dann in einem EDV-System abgespeichert, mit dem der Transponder vernetzt ist. So ist der aktuelle Bestand pro Regal ohne körperliche → Inventur stets aus einer Datenbank abrufbar, und bei Erreichung des Meldebestands wird vom System eine Nachbestellung automatisch ausgelöst. Auf diese Weise kann man Personalkosten reduzieren und Lieferengpässen vorbeugen.

Intensivkäufer
Konsumenten, deren Einkaufsvolumen im Verhältnis zu anderen Konsumenten wesentlich höher ist. Im Rahmen einer → Nebeneinanderverwendungsanalyse bezeichnen Intensivkäufer Personen, die ihren gesamten Bedarf innerhalb einer Warengruppe zum Großteil, d.h. zu 66 % bis 99 %, über eine bestimmte Marke decken.

International Commercial Terms
(Synonym: Incoterms)
International anerkannte, von der International Chamber of Commerce (Internationale Handelskammer), Paris, standardisierte Lieferbedingungen, die zur Regelung des Außenhandels dienen. Incoterms können bei Lieferverträgen zwischen Käufer und Verkäufer vereinbart werden und erfüllen zwei wesentliche Aufgaben. Einerseits wird durch die Vereinbarung von Incoterms der Ort des Gefahrenübergangs spezifiziert, d.h. ab welchem vertraglich festgelegten Ort in der Lieferkette die Haftung für Beschädigungen an der gelieferten Ware vom Absender auf den Empfänger übergeht. Andererseits wird die Aufteilung der Transportkosten zwischen Käufer und Verkäufer genau festgelegt.
Incoterms sind zwar von den nationalen Gerichten weltweit anerkannt, sie gelten jedoch nicht zwingend, d.h. für ihre Rechtswirksamkeit müssen diese Lieferbedingungen vertraglich vereinbart werden.
Die seit 1936 bestehenden Lieferbedingungen werden den dynamischen Veränderungen der Märkte und des Handels angepasst und so in gewissen Zeitabständen aktualisiert. Hierbei ist zu beachten, dass stets nur die aktuellsten Incoterms

Inventur

Gruppe E Abholklausel	EXW	Ex Works	Ab Werk
Gruppe F Haupttransport vom Verkäufer nicht be- zahlt	FCA FAS FOB	Free Carrier Free Alongside Ship Free on Board	frei Frachtführer frei Längssseite Schiff frei an Bord
Gruppe C Haupttransport vom Verkäufer bezahlt	CFR CIF CPT CIP	Cost and Freight Cost Insurance and Freight Carriage Paid to Carriage and Insurance Paid to	Kosten und Fracht Kosten, Versicherung und Fracht frachtfrei frachtfrei, versichert
Gruppe D Ankunftsklauseln	DAF DES DEQ DDU DDP	Delivered at Frontier Delivered Ex Ship Delivered Ex Quai Delivered Duty Unpaid Delivered Duty Paid	geliefert Grenze geliefert ab Schiff geliefert ab Kai geliefert unverzollt geliefert verzollt

Gültigkeit im Außenhandel besitzen. Derzeit gelten die Incoterms aus dem Jahr 2000. Die meist nur in Abkürzungen dargestellten Lieferbedingungen lassen sich in C-, D-, E- und F-Klauseln aufteilen; die Bedeutung der Klauseln sowie der einzelnen Incoterms lässt sich aus obenstehender Tabelle entnehmen.

International Location Number (ILN)
(Synonym: Global Location Number (GLN)) Basiskonzept des → ECR-Prozesses und den zugehörigen → Enabling Technologies.
Die ILN ersetzt die früher geläufigen Lieferanten- und Kundennummern und ermöglicht so eine weltweit eindeutige Identifizierung der physischen Adresse von Unternehmen bzw. Unternehmensteilen. Nach einer Terminologieanpassung ist die Lokationsnummer (ILN) nun unter dem Begriff → Global Location Number (GLN) weltweit anerkannt.

International Multimodal Status Report (IFTSTA)
→ Multimodaler Statusbericht.

Inventar
Im Rahmen einer → Inventur erstelltes Verzeichnis aller Vermögenswerte und Schulden eines Unternehmens nach ihrer Art, Menge und Wert. Das Inventar ist anhand geeigneter Inventurverfahren zu erstellen und mindestens einmal jährlich zu aktualisieren. Anhand der Veränderungen und dem jeweils aktuellen Stand des Inventars ist ein Überblick über die wirtschaftliche Situation des Unternehmens möglich.

Inventory Report (INVRPT)
→ Lagerbestandsbericht.

Inventur
Bezeichnet die in einem regelmäßigen zeitlichen Abstand, meist auf einen bestimmten Stichtag bezogene Erfassung aller Waren und Produktbestände eines Unternehmens nach Art, Menge und Wert. Die Inventur dient dazu, das Anlagevermögen eines Unternehmens detailliert zu ermitteln und somit einen korrek-

Inventur

ten Überblick über die vorliegenden Vermögenswerte und Schulden zu erhalten. Hierzu ist jeder Kaufmann nach § 240 HGB verpflichtet. Zur Ermittlung sämtlicher Bestände stehen den Unternehmen unterschiedliche Verfahren zur Auswahl.

Diese Inventurverfahren teilen sich dabei auf in:
- körperliche Inventur
- Buchinventur
- Stichprobeninventur

Mit körperlicher Inventur bezeichnet man das Aufnehmen aller Gegenstände durch Zählen, Messen und Wiegen. Diese Art der Inventur ist stets mit hohem Personalaufwand verbunden. Bei der Buchinventur hingegen werden die Lagerzugänge und Lagerabgänge anhand von Belegen und buchhalterischen Aufzeichnungen nachvollzogen und anhand dessen der Lagerbestand festgestellt. Das dritte Verfahren, die Stichprobeninventur, sieht vor, dass nicht die gesamten Bestände eines Lagers aufgenommen werden, sondern lediglich eine Stichprobe. Auf Basis dieser Stichprobe erfolgt anhand anerkannter mathematischer Verfahren eine Hochrechnung der Bestände für das gesamte Unternehmen.

Zur exakten Bestimmung sämtlicher Bestände werden häufig mehrere Verfahren parallel angewendet. So dient die körperliche Inventur dazu, den Ist-Zustand zu ermitteln, während die Buchinventur den Soll-Zustand aller Bestände in Form von Fertigerzeugnissen, Rohstoffen, Werkstoffen usw. angibt. Der Theorie nach müssen beide Verfahren zu einem identischen Ergebnis kommen, oftmals ist der Ist-Zustand jedoch niedriger als der Soll-Zustand. Dieser als → Inventurdifferenz bezeichnete Unterschied kommt häufig aufgrund von Diebstahl, Schwund, Verderb der Ware, Fehllieferung usw. zustande.

Ein weiterer Aspekt, der bei den verschiedenen Inventurverfahren zu beachten ist, besteht in dem Zeitpunkt, zu dem die Erhebung durchgeführt wird. Hierbei lassen sich vier unterschiedliche Inventurzeitpunkte voneinander abgrenzen.

1. **Stichtagsinventur:** Hierbei erfolgt eine vollständige Inventur an einem bestimmten, vom Unternehmen festgelegten Stichtag. Dieser Stichtag liegt dabei zumeist am Ende des jeweiligen Geschäfts- oder Kalenderjahrs.
2. **Zeitnahe Inventur:** Bei der zeitnahen Inventur erfolgt die Inventur nicht an einem konkreten Stichtag, sondern innerhalb einer Frist von zehn Tagen vor oder nach dem eigentlichen Stichtag.
3. **Zeitverschobene Inventur:** Eine zeitverschobene Inventur liegt dann vor, wenn die Erfassung innerhalb der letzten oder der ersten drei Monate vor oder nach dem Ende eines Geschäftsjahrs erfolgt.
4. **Permanente Inventur:** Die Bestandsaufnahme erfolgt bei der permanenten Inventur über einen längeren Zeitraum verteilt und wird nicht an einem festgelegten Stichtag oder innerhalb einer genau bestimmten Zeitspanne durchgeführt.

Die letztendlich aus der Bestandsaufnahme hervorgehende Aufführung aller Vermögenswerte und Schulden des Unternehmens wird als → Inventar bezeichnet. In diesem müssen nach Art, Menge und Wert alle Bestände aufgelistet sein, die sich zu einem bestimmten Zeitpunkt oder innerhalb einer bestimmten Zeitspanne im Eigentum des Unternehmens befinden.

Bezüglich der Aufnahme des Werts der Bestände hat der Kaufmann die Vorschriften des HGB zu beachten. Hierin ist bestimmt, dass die Bewertung aller Gegenstände einzeln zu erfolgen hat. Gesetzlich geregelte Ausnahmen bilden hierzu jedoch das Festbewertungsverfahren nach § 240 (3) HGB und das Gruppenbewertungsverfahren § 240 (4) HGB.

Das Festbewertungsverfahren ist lediglich für Roh-, Hilfs- und Betriebsstoffe zulässig, die regelmäßig ersetzt werden, deren Bestand nur geringfügigen Veränderungen unterworfen ist und deren Wert keine besondere Bedeutung für das Unternehmen hat. Das Gruppenbewertungsverfahren ist nur für die Sachnummer des Vorratsvermögens anzuwenden, die sowohl nach ihrem Wert als auch ihrer Gestaltung in etwa gleichartig sind.

Inventurdifferenz
Bezeichnet die Differenz zwischen der durch die Buchinventur ermittelten Soll- und der durch die körperliche Inventur ermittelten Ist-Menge und den Wert aller Bestände eines Unternehmens. Ursache für eine Inventurdifferenz können Diebstahl durch Personal oder Kunden, Verderb der Ware, Bruch, Erfassungsfehler, fehlerhafte Lieferungen, ein mangelhaftes Bestandssystem, falsche Warenbuchungen usw. sein.

J

Just in Time (JIT)

Mit dem Begriff „just in time" (JIT) wird die Anlieferung der benötigten Ware genau zum gewünschten Zeitpunkt bezeichnet. Das JIT-Konzept wurde erstmals in den 1950er-Jahren vom japanischen Automobilhersteller Toyota angewendet. Grundidee hierbei war es, die unnötige „Verschwendung" von Kapital zu reduzieren, die damals vornehmlich in der Lagerhaltung gesehen wurde.

Da eine Lagerhaltung mit hohen Raumkosten sowie einer hohen Kapitalbindung einhergeht, galt es, die Lagerhaltung gänzlich zu vermeiden und nur soviel zu produzieren (Industrieunternehmen) bzw. einzukaufen (Handelsunternehmen), dass die aktuelle sowie die tatsächliche Nachfragemenge befriedigt werden konnte. Nach diesem Prinzip wird „just in time" auch heute angewendet und aufgrund seiner starken Nachfrageorientierung dem Pull-Konzept zugeordnet.

Kalkulationsabschlag
Ist die Differenz von Verkaufspreis und Einstandspreis, bezogen auf den Verkaufspreis.
Die Berechnungsformel ist:

$$\text{Kalkulationsabschlag} = \frac{\text{Verkaufspreis ./. Einstandspreis}}{\text{Verkaufspreis}} \times 100 =$$

→ Handelsspanne, wenn Verkaufspreis inkl. Mehrwertsteuer =
→ bereinigte Handelsspanne / → Nettospanne, wenn Verkaufspreis ohne Mehrwertsteuer!
Der Kalkulationsabschlag dient dazu, den ursprünglichen Einstandspreis einer Ware, auf Basis des derzeitigen Verkaufspreises, zu ermitteln.
Während der → Einstandspreis immer ohne Mehrwertsteuer betrachtet wird, ist beim → Verkaufspreis zu klären, ob er die Mehrwertsteuer enthält oder nicht!

Kalkulationsaufschlag
Bezeichnet die Differenz von → Einstandspreis und (Netto-)Verkaufspreis einer Ware, welche ins Verhältnis zum Einstandspreis gesetzt wird. Der Kalkulationsaufschlag wird wie folgt berechnet:

$$\text{Kalkulationsaufschlag} = \frac{\text{Verkaufspreis ./. Einstandspreis}}{\text{Einstandspreis}} \times 100$$

Der erreichte Aufschlag entspricht als absoluter Betrag dem „→ Rohertrag" (bei Verkaufspreis ohne Mehrwertsteuer) bzw. dem „→ Stücknutzen" (bei Verkaufspreis inkl. Mehrwertsteuer), aus dem sämtliche Kosten und der Gewinn gedeckt werden müssen.
Während der → Einstandspreis immer ohne Mehrwertsteuer betrachtet wird, ist beim → Verkaufspreis jeweils zu klären, ob er die Mehrwertsteuer enthält oder nicht.

Kann-Sortiment
Im Gegensatz zum „Muss-Sortiment" ist das „Kann-Sortiment" – wie der Name bereits sagt – eine Zusammenstellung von Waren, die nicht verpflichtend geführt werden müssen.

Kano-Modell
Ist ein Modell zur Darstellung von Kundenbedürfnissen und Kundenzufriedenheit. Prof. Dr. Noriaki Kano, Wirtschaftswissenschaftler an der Universität Tokio, hat Ende der 1970er-Jahre festgestellt, dass Kunden unterschiedliche Anforderungen an Produkte haben, deren Erfüllung durch das Produkt nicht gleichermaßen auf die Kundenzufriedenheit wirkt.
Kano unterscheidet folgende vier Anforderungskategorien, die bei der Produktentwicklung und Vermarktung beachtet werden sollten:
- **Basisanforderungen:** Das sind grundlegende, selbstverständliche Produkteigenschaften. Sind diese Produkteigenschaften nicht vorhanden, führt dies zu Unzufriedenheit. Sind sie vorhanden, so ist das „selbstverständlich", und sie haben keinen Einfluss auf die Zufriedenheit.
- **Leistungsanforderungen:** Das sind über die grundlegenden Produkteigenschaften hinausgehende, weitere zusätzliche Produktmerkmale, die der Kunde erwartet und die mit zunehmendem Erfüllungsgrad auch proportional zu einer Steigerung seiner Zufriedenheit führen.
- **Begeisterungsanforderungen:** Das sind ggf. sogar kleine, preiswerte Produkteigenschaften, die zusätzlich angeboten, vom Kunden aber nicht erwartet werden. Bei Nicht-Angebot haben sie kei-

Käufer

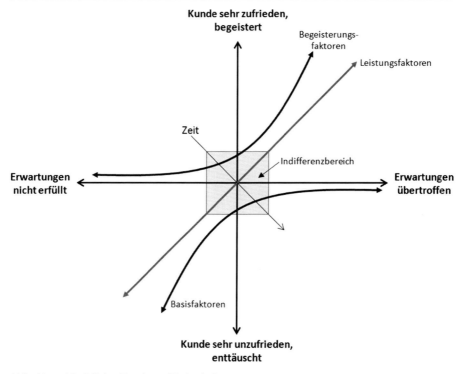

Abb.: Kano-Modell der Kundenzufriedenheit

nen Einfluss auf die Kundenzufriedenheit, werden sie aber angeboten, so führen sie zu einer überproportionalen Steigerung der Kundenzufriedenheit.

- **Indifferenzanforderungen:** Das sind Produktmerkmale, die für den Kunden nicht relevant sind und denen er gleichgültig gegenübersteht, unabhängig davon, ob sie angeboten werden oder nicht.

Käufer

Bezeichnet eine an der Wirtschaft teilnehmende juristische oder natürliche Person, die durch einen Kaufvertrag, d. h. zwei übereinstimmende Willenserklärungen (Angebot und Annahme), eine finanzielle Verpflichtung gegenüber dem Verkäufer einer Ware eingeht, mit dem Ziel, das vom Verkäufer angebotene → Gut zu erwerben. Hierdurch verpflichtet sich der Verkäufer nach § 433 BGB, dem Käufer das Eigentum an der jeweiligen Ware zu verschaffen.

Ein Käufer ist zu unterscheiden vom Verbraucher und vom Kaufentscheider. Es ist zwar möglich, dass ein Käufer alle drei dieser Funktionen übernimmt, es ist jedoch keine notwendige Bedingung dafür, um als Käufer zu gelten. Mit Kaufentscheider wird in diesem Zusammenhang der Initiator des Kaufs bezeichnet, während der Verbraucher diejenige Person darstellt, die das Produkt letztendlich gebraucht oder verbraucht.

Käuferreichweite, relative

In gesättigten Märkten sind Neu- und Ersatzkäufer voneinander zu differenzieren. Letztere stellen die Art von Käufern dar, die das jeweils betrachtete → Gut bereits besitzen und aufgrund des Verschleißes oder Verbrauchs im Zeitablauf das Gut oder auch nur Teile davon ersetzen werden. Neu-Käufer hingegen sind Kunden, die das Produkt zum ersten Mal kaufen.

Käuferreichweite

In Prozent angegebener Anteil der kaufenden Kunden/kaufenden Haushalte einer Marke/einer Warengruppe, bezogen auf die Grundgesamtheit aller potenziellen Kunden/Haushalte, d. h., den Gesamtmarkt.

Es gelten folgende Formeln:

$$\frac{\text{Anzahl der Käufer/Haushalte der Marke X/der Warengruppe Y}}{\text{alle potenziellen Kunden/Haushalte im Gesamtmarkt}}$$

Beispiel: 50 % aller potenziellen Kunden im Gesamtmarkt kaufen einmal im Monat ein Produkt der Marke X.

Die Käuferreichweite kann sich auch beziehen auf den Anteil der kaufenden Kunden einer Marke/einer Warengruppe in einer Einkaufsstätte bzw. in einer Vertriebsschiene:

$$\frac{\text{Anzahl der Käufer der Marke X in der Vertriebsschiene Z}}{\text{alle potenziellen Kunden/Haushalte im Gesamtmarkt}}$$

Beispiel: Von allen potenziellen Kunden kaufen 8 % die Marke X in der Vertriebsschiene Z.

Die Ermittlung der Käuferreichweite ermöglicht es dabei u. a., Rückschlüsse zu ziehen:
- auf die Attraktivität des betrachteten Produkts/der betrachteten Warengruppe
- auf die Erreichung der Konsumenten durch die Handelsbetriebe, auf die Vertriebsschiene und auf deren Attraktivität
- auf das Kaufverhalten der Kunden in der untersuchten Region
- auf den Periodenvergleich, auf die Kundenneugewinnung sowie auf den Verlust von Kunden

Käuferreichweite, relative

(Synonym: relative (Käufer-)Penetration)
(engl.: Relative Penetration in Store)
Diese Kennziffer bezieht sich auf die Käufer bzw. Haushalte einer untersuchten Kategorie oder einer Marke, die ihr Produkt bei einem bestimmten Handelsunternehmen bzw. in einer bestimmten Vertriebsschiene mindestens einmal in einer betrachteten Periode gekauft haben, also zum Ist-Käufer des Handelsunternehmens, der Vertriebsschiene geworden sind.

Formel:

$$\frac{\text{Käufer von Marke X bei Vertriebsschiene Z}}{\text{alle Käufer der Marke X}}$$

Bezogen auf das Beispiel im Stichwort „Käuferreichweite" beträgt die relative Käuferreichweite 16 % (50 % der Grundgesamtheit kaufen die Marke X; 8 % davon kaufen die Marke X in der Vertriebsschiene Z).

Die relative Käuferreichweite oder Käuferpenetration zeigt:
- wie attraktiv ein Händler in einer bestimmten Kategorie oder für eine bestimmte Marke ist
- welchen Zuspruch ein Händler mit seinem Sortiment in einer untersuchten Kategorie findet
- im Periodenvergleich, ob neue Marken bzw. Kategoriekäufer hinzugewonnen werden konnten

Zu beachten ist, dass die relative Reichweite abhängig ist von der Distribution,

Kaufhaus

d. h. von der Anzahl an Geschäften, die das Sortiment/die Produkte führen!

Kaufhaus
Stationäre Verkaufsstätte des Einzelhandels, mit hoher Sortimentstiefe, auf großräumiger Fläche, meist mehr als 1.000 m² und oft in guter Innenstadtlage, die Waren aus zwei oder mehr Branchen anbietet. Am meisten verbreitet sind Kaufhäuser mit Textilien verschiedener Art, insbesondere auch mit Bekleidung (z. B. C & A, H & M).
Umgangssprachlich wird das Kaufhaus leicht mit dem → Warenhaus verwechselt!

Kennzeichnungspflicht
Darunter ist die gesetzliche Kennzeichungspflicht zu verstehen. Zur Information und zum Schutz des Verbrauchers ist der Hersteller durch den deutschen oder den europäischen Gesetzgeber verpflichtet, seine Produkte und/oder Verpackungen mit bestimmten Informationen zu versehen.
Bei Lebensmitteln gilt die Lebensmittel-Kennzeichnungsverordnung (LMKV), die u. a. folgende Kennzeichnungen vorschreibt:
- Angabe der Verkehrsbezeichnung = der Name des Lebensmittels
- Herstellerangabe = Name und Sitz des Herstellers, Verpackers oder Verkäufers als Herkunftshinweis
- Verzeichnis der Zutaten = Zusammensetzung des Lebensmittels in der Reihenfolge ihres Gewichtsanteils
- Haltbarkeitsdatum bzw. bei sehr leicht verderblichen Lebensmitteln das Verbrauchsdatum
- Füllmenge = Angabe über Gewicht, Volumen oder Stückzahl
- Alkoholgehalt bei Getränken mit mehr als 1,2 Promille
- Kennzeichnung von Zusatzstoffen wie Farbstoffen oder Konservierungsmitteln

Key-Account
Englische Bezeichnung für die Schlüsselkunden eines Unternehmens. Zum Key-Account werden Kunden erklärt, die eine besonders hohe Bedeutung für das Unternehmen haben und die im Regelfall die wirtschaftliche Existenz des Unternehmens sichern.
Zur verbesserten Kundenbindung und zur Erhaltung der langfristigen Geschäftsbeziehungen übernehmen sogenannte Key-Account-Manager die Betreuung dieser signifikant wichtigen Kunden.
Das Key-Account-Management ist nicht in der Konsumgüterindustrie entstanden, sondern im Investitionsgüterbereich, da die Art der Projekte eine besonders intensive und enge Zusammenarbeit zwischen Lieferant und Abnehmer erforderte.

Kognitive Dissonanz
Unter Kognitionen können mentale Informationsverarbeitungsprozesse verstanden werden, in denen z. B. Neues gelernt und Wissen verarbeitet wird. Kognitionen beziehen sich auf Wahrnehmungen, Gedanken, Einstellungen, Meinungen, Wünsche usw. Die kognitive Dissonanz beschreibt einen als negativ empfundenen emotionalen Zustand, weil bestimmte Kognitionen nicht miteinander vereinbar sind. Der Psychologe Leon Festinger hat den Begriff der kognitiven Dissonanz geprägt.
Um aus diesem unguten Spannungszustand herauszukommen, wenden Menschen bestimmte Strategien an. Sie verändern ihr Verhalten oder ihre Einstellungen, oder sie nutzen z. B. andere oder weitere Informationsquellen.
Kognitive Dissonanzen können im Kaufentscheidungsprozess und insbesondere

Konformitätszeichen

auch noch nach getroffenen Kaufentscheidungen auftreten. Der Konsument bezeifelt die Richtigkeit seiner Entscheidung. Es ist daher für das Marketing – insbesondere von höherwertigen, seltener gekauften Gütern – wichtig, dass dem Konsumenten sowohl während der verschiedenen Phasen des Kaufentscheidungsprozesses als auch nach der Kaufentscheidung (After Sales) kontinuierlich Bestätigungen zukommen, die ihm die Richtigkeit seiner Entscheidung aufzeigen.

Kompetenzführerschaft
Unternehmensstrategie, die darauf abgestimmt ist, höchstmögliche Kundenzufriedenheit und Kundenbindung durch ein hohes Maß an Fachwissen in einer bestimmten Produktgruppe oder Branche sowie hohe Problemlösungsfähigkeiten zu erreichen.
Die Strategie der Kompetenzführerschaft wird bei Handelsunternehmen insbesondere von den Fachgeschäften und den Fachmärkten eingesetzt, da diese über geschultes und hohe Kenntnisse in der jeweiligen Warengruppe besitzendes Fachpersonal verfügen.

Komplementärartikel
Artikel, die komplementär zu anderen Artikeln sind, d.h. diese ergänzen und deren Nutzen verbessern oder überhaupt erst ermöglichen.
Komplementäre Artikel stellen Erweiterungen in der → Sortimentsbreite dar und lösen in der Regel keine Substitutionseffekte aus. Je komplementärer neue Artikel sind, desto einfacher können sogenannte → Partizipationseffekte und → Bedarfserweiterungseffekte erzielt werden.
Unter dem Aspekt der begrenzten Verkaufsfläche ist die Entscheidung über die Aufnahme eines komplementären Artikels zu vergleichen mit den Auswirkungen, die sich durch die Aufnahme eines Artikels ergeben, der die → Sortimentstiefe vergrößert.

Konformitätszeichen
Kennzeichen, das neben der reinen Artikelbezeichnung und den sonstigen mit dem Artikel verbundenen Informationen auf die Verpackung eines Produkts gedruckt wird, um darzustellen, dass das Erzeugnis mit bestimmten Qualitätsnormen übereinstimmt. Konformitätszeichen können sich dabei auf das Produkt selbst, d.h. auf dessen Qualität, Herkunft, Sicherheit usw., oder auf das Verfahren sowie das Unternehmen beziehen, in dem das jeweilige Erzeugnis hergestellt wurde.
Die Bezeichnung des Konformitätszeichens lässt sich dabei in drei Begriffstypen unterteilen:
1. **Nur-Konformitätszeichen:** Ein „Nur-Konformitätszeichen" liegt vor, wenn die durch das Zeichen vorgegebenen Qualitätsnormen vom herstellenden Unternehmen selbst definiert wurden und keiner Kontrolle durch einen Verband oder eine öffentliche Stelle unterliegen.
2. **Prüfzeichen:** Um ein Prüfzeichen handelt es sich, wenn die Richtlinien bezüglich Qualität, Herstellungsverfahren oder Einrichtung von einem Verband einer bestimmten Branche festgelegt und von diesem auch kontrolliert werden.
3. **Gütezeichen:** Ein Konformitätszeichen erhält dann den Begriff Gütezeichen, wenn die Richtlinen hinsichtlich sämtlicher Anforderungen, die das Produkt erfüllen muss, von einem Verband aufgestellt und noch zusätzlich von einer branchenübergeordneten Stelle anerkannt und kontrolliert wurden.
Konformitätszeichen gibt es für fast alle Produktarten und alle Branchen, wie z.B.

Konsument

Lebensmittel, Spielzeuge, Elektroartikel, Medizinprodukte und viele mehr.
Ein besonders bekanntes Kennzeichen ist das CE-Zeichen der EU – siehe Abb. 1 –, das bestätigt, dass das mit dem Siegel versehene Produkt nach den in der EU geltenden Richtlinien für Produktsicherheit hergestellt wurde. Darüber hinaus existiert für die Signalisierung von Produktsicherheit das „GS"-Zeichen (Geprüfte Sicherheit) – siehe Abb. 2.

Abb. 1: CE Zeichen der EU
Quelle: www.ce-zeichen.de

Abb.2: GS-Zeichen
Quelle: www.evz.de

Konsument
(Synonym: Verbraucher)
(engl.: Consumer)
Stellen im Wirtschaftsverkehr Subjekte dar, die zum Zweck der individuellen Bedürfnisbefriedigung Waren und Dienstleistungen – gegen Zahlung eine Entgelts – erwerben. Nach deutschem Recht (BGB § 13) sind Verbraucher bzw. Konsumenten definiert als „ (...) jede natürliche Person, die ein Rechtsgeschäft zu einem Zwecke abschließt, der weder ihrer gewerblichen noch ihrer selbstständigen beruflichen Tätigkeit zugerechnet werden kann".

Unter Marketinggesichtspunkten würde man diesen Verbraucher als „Käufer" bezeichnen, da nicht zwingend gesagt ist, dass derjenige, der das Rechtsgeschäft abschließt, auch die Waren konsumiert, d. h. verbraucht oder gebraucht; denn der Verbraucher von Waren muss nicht mit dem Käufer übereinstimmen!

Konsumgüter
Sind Produkte, die – im Gegensatz zu → Industriegütern – für private Zwecke erworben werden. Unterschieden werden dabei Verbrauchsgüter und Gebrauchsgüter.
Verbrauchsgüter sind zur einmaligen Verwendung bestimmt, Gebrauchsgüter können mehrfach bzw. andauernd eingesetzt werden.
Verbrauchsgüter schlagen sich üblicherweise sehr schnell um und werden daher auch als → Fast Moving Consumer Goods (FMCG) bezeichnet.

Konsumklima
Mit Konsumklima werden Stimmung sowie Bereitschaft der Verbraucher eines Landes bezeichnet, einen Teil ihres Einkommens für Konsum aufzuwenden. Das Konsumklima ist zahlreichen mikro- und makroökonomischen Faktoren unterworfen. Zu den mikroökonomischen Faktoren zählen die individuellen Gegebenheiten der Haushalte, wie ihre finanzielle Situation oder die Konsumfreudigkeit, während man unter makroökonomischen Faktoren die Konjunktur, Inflationsrate, Löhne und Gehälter sowie politische Entscheidungen, beispielsweise zur Besteuerung des Einkommens, subsumiert. Aufgrund dieser starken Umwelteinflüsse ist die Konsumfreudigkeit der Bevölkerung von Periode zu Periode unterschiedlich.
Das Konsumklima wird durch Befragung einer repräsentativen Anzahl an Verbrauchern in regelmäßigen Abständen von

Kundenbindung

Marktforschungsinstituten wie der Gesellschaft für Konsumforschung GfK, Nürnberg, ermittelt.

Kontaktstrecke
Kontaktstrecken entstehen im Einzelhandel durch eine nebeneinander angeordnete Platzierung unterschiedlicher Produkte in der ersten Reihe eines Regals. Durch diese Anordnung wird der Kunde beim Passieren des Regals mit den dort befindlichen Artikeln konfrontiert. Hierbei sind für den Handel die Maße des Regals entscheidend, da zwischen der Länge des Regals, also der Kontaktstrecke, und der Kaufrate eine positive Korrelation vermutet wird. Aus diesem Grund besteht unter den Lieferanten eine starke Konkurrenz um die begrenzten Regalplätze zum Vorteil der Absatzmittler.

Um eine möglichst ertragreiche Kontaktstrecke zu generieren, wird versucht, insbesondere gewinnbringende Produkte in unmittelbarer Sicht des Konsumenten anzuordnen. Die Auswahl der an dieser Stelle zu platzierenden Produkte erfolgt hierbei oftmals über die „ → Direkte Produkt-Profitabilität".

Kontaktstrecke, Anteil/Meter
Regalbreite multipliziert mit der jeweiligen Anzahl der Regalböden. Werden auf einem Regalboden mehrere Lagen platziert, so wird jede einzelne Lage mitgerechnet.
Anteil: Kontaktstrecke einer Marke, dividiert durch die Gesamtlänge der Kontaktstrecke in Meter für die Kategorie.
Meter: Kontaktstrecke in Metern, die für eine Marke, eine Kategorie oder einen Hersteller zur Verfügung stehen.
→ GS1.

Kontinuierliche Warenversorgung (CRP)
(engl.: Continuous Replenishment)
→ Continuous Replenishment.

Kreuzblock
→ Blockplatzierung.

Kühldisplays
Displayvariante zur Platzierung kühlbedürftiger Produkte außerhalb des Kühlregals.

Kunde
(engl.: Customer)
Darunter ist eine Person zu verstehen, die sich für ein Produkt oder eine Dienstleistung interessiert bzw. diese nachfragt und ggf. auch kauft. So kann zwischen potenziellen Kunden und aktuellen, d. h. tatsächlichen Kunden eines Unternehmens unterschieden werden. Der kaufende Kunde wird dann als → Käufer bezeichnet. Der Handel spricht oftmals vom → Shopper.

Kunden können nach weiteren Kriterien unterschieden werden in Erstkunde, Neukunde, Stammkunde, Altkunde, Privatkunde, Geschäftskunde, Schlüsselkunde etc. Der Handel unterscheidet seine Kundschaft auch noch in Laufkundschaft und Stammkundschaft.

Kunden können Privatpersonen sein, aber auch Institutionen wie Unternehmen oder Behörden, Vereine, wohltätige Organisationen usw.
Ziel der wirtschaftlichen Aktivitäten eines Anbieters ist es, einen Kundenkreis mit einem hohen Kundenwert zu schaffen. Dabei besteht ein positiver Zusammenhang zwischen den Faktoren Kundenloyalität bzw. → Kundenbindung und Kundenertragswert bzw. Kundendeckungsbeitrag.

Kundenbindung
Darunter sind Strategien und Maßnahmen eines Unternehmens zu verstehen, die zu einer dauerhaften Bindung eines Kunden an ein Unternehmen führen sollen.

Kundendienst

Kundenbindung entsteht üblicherweise aus Kundenzufriedenheit und Kundenloyalität. Während unter Loyalität eine "freiwillige" Bindung eines Kunden an ein Unternehmen oder an bestimmte Produkte verstanden wird, ist die Kundenbindung eine aktive Maßnahme durch das Unternehmen, die praktisch immer mit (hohen!) Kosten verbunden ist.
Effekte der Kundenbindung sind Sicherheit für das Unternehmen, Unternehmenswachstum, Steigerung der Rentabilität und Abhängigkeiten in Märkten mit starker Abnehmermacht.
Kundenbindungsmaßnahmen auf Handelsseite sind Kundenkarten (Payback!) sowie auch Serviceleistungen, z. B. im Rahmen der Bestellung oder der Lieferung.

Kundendienst
(Synonym: Kundendienstpolitik)
Unter dem Begriff Kundendienst versteht man Leistungen von Unternehmen, die als Neben- oder Zusatzleistungen in Ergänzung zu dem eigentlich erworbenen Produkt gewährt werden (→ After-Sales-Service).
Grundsätzlich kann zwischen drei unterschiedlichen Leistungsarten im Rahmen des Kundendienstes unterschieden werden:
- die Dienstleistung, die beispielsweise die Beratung oder die Schulung der Kunden umfasst, ferner die Hilfestellung bei der Projektierung, der Montage, der Finanzierung, der Entsorgung von Altprodukten oder auch den Transport der Produkte beinhaltet
- die Warenform, wie die Bereitstellung und die Beschaffung von Ersatzteilen oder Produkten auf Probe
- das Verschaffen von Rechten, wie die Gewährung des Umtauschrechts und der Garantiezeiten, oder das Rücktrittsrecht von bereits geschlossenen Verträgen

Dabei ist danach zu differenzieren, ob es sich bei den zur Verfügung gestellten Leistungen um freiwillige oder um sogenannte Muss-Dienstleistungen handelt.
Muss-Dienstleistungen liegen dann vor, wenn die Gewährung dieser zugehörigen Leistung aus einer gesetzlichen Verpflichtung erwächst, wie z. B. eine gesetzlich festgelegte Garantiezeit.
Besteht keine Verpflichtung, werden diese Leistungen als freiwillig bezeichnet.
Der Kundenservice, insbesondere in den Bereichen der Montage sowie der Warenauslieferung, kann entweder entgeltlich oder unentgeltlich erfolgen. Freiwillig und unentgeltlich erbrachte Leistungen werden als "Kulanz" bezeichnet.
Hinsichtlich der Intensität von Kundendienstprogrammen kann das Spektrum von einer geringen Intensität bis zu einem Full-Service-Programm reichen.
Die Bedeutung des Kundendienstes hat in Zeiten wachsender Homogenität von Produkten und Dienstleistungen immer mehr zugenommen. Das Angebot an Zusatzleistungen ist häufig die einzige Differenzierungsmöglichkeit und wird deshalb bei dem Vertrieb von Produkten oft in den Mittelpunkt gestellt.
Somit ist der Kundendienst ein fester Bestandteil der Serviceleistungen im Rahmen des Marketingmixes für ein Produkt.

Kundenindividuelle Massenfertigung
(engl.: Mass Customization)
Mit dem Begriff der kundenindividuellen Massenfertigung wird eine Unternehmensstrategie bezeichnet, mit der versucht wird, sowohl den individuellen Wünschen der Konsumenten gerecht zu werden als auch die Kostenvorteile der Massenproduktion in Form von Skaleneffekten auszunutzen.
Die erfolgreiche Umsetzung der Synthese von zwei angeblich konträr wirkenden Strategien stellt die Wettbewerbsstrate-

gien von Michael E. Porter grundsätzlich infrage, da hiernach für Unternehmen nur die Möglichkeit der Kostenführerschaft oder die der Qualitätsführerschaft in einem Markt besteht.

Die Grundidee der kundenindividuellen Massenfertigung besteht darin, mit einem hohen Grad an Individualisierung einen hohen Kundennutzen und eine enge Kundenbindung zu erzielen und durch die Realisierung von Kostendegressionseffekten den Preis pro Artikel an dem eines vergleichbaren Standardprodukts zu orientieren. Auf diese Weise werden den Konsumenten maßgeschneiderte Produkte zu marktüblichen Preisen angeboten.

Die Realisierung dieser Strategie erfolgt, indem zunächst Basismodule eines Produkts vorgefertigt werden, die dann, je nach Kundenwunsch, konfiguriert und veredelt werden. Grundlage hierbei ist eine strenge Ausrichtung am Pull-Konzept. Das bedeutet, dass der Anstoß zur Produktion eines Fertigerzeugnisses ausschließlich aufgrund der Kundenanfrage erfolgt. Durch dieses Konzept wird die früher übliche „Fertigung auf Verdacht", d. h. Produktion ohne konkreten Kundenwunsch, umgangen.

Neben der Vorfertigung von Basismodulen ist auch die Beschränkung der Variantenzahl eine grundlegende Voraussetzung für den Erfolg der kundenindividuellen Massenfertigung, da mit steigender Variantenzahl die Komplexität der Fertigung und so wiederum die Kosten pro Artikel steigen. Ein für diese Strategie bekanntes Unternehmen ist der Computerhersteller Dell.

Bezüglich des Produktionsprozesses lässt sich der Begriff der kundenindividuellen Massenfertigung noch in die zwei unterschiedlichen Konzeptionen Hard-Customization und Soft-Customization differenzieren.

Während bei Hard-Costumization die Individualisierung bereits während des Produktionsprozesses umgesetzt wird, wie beispielsweise bei der Unternehmung Dell, findet bei Soft-Customization die kundenspezifische Individualisierung meist am POS statt. Hierbei erreichen vorgefertigte Produkte die Verkaufsstätten und werden dort durch das Personal des Handels nach Kundenwunsch fertiggestellt. Ein Beispiel hierfür ist das individuelle Mischen von Farben am POS in verschiedenen Baumärkten.

Kundeninformationssystem (KIS)
Sämtliche Maßnahmen des Handels, die dazu dienen, den Kunden bestmöglich über die Waren- und Dienstleistungen des Unternehmens zu informieren.

Das Kundeninformationssystem beginnt bereits in der Pre-Sales-Phase, indem der Kunde mit Informationsmaterial in Form von Newslettern, Broschüren sowie Anzeigen auf Internetseiten versorgt wird und erstreckt sich über den POS bis hin zum After-Sales-Bereich.

Am POS erfolgt das KIS beispielsweise über die Beschilderung der Gänge nach Warengruppen, Artikel-Etikettierungen, Werbetafeln, Lautsprecher-Durchsagen sowie neuerdings über sogenannte Informationskioske. Dies sind am POS aufgestellte, meist über Touch-Screen steuerbare Monitore, anhand derer der Konsument durch Eingabe des Artikelnamens oder durch Einscannen des Artikel-Barcodes detaillierte Informationen über das jeweilige Produkt erlangen kann.

Im After-Sales-Bereich können die Kunden über die auf der Produktverpackung aufgedruckten Hotline-Telefonnummern oder Unternehmenswebsites mehr Informationen über das Produkt anfordern oder Hilfestellung bei Problemen mit dem Produkt bekommen.

Ein effizientes Kundeninformationssys-

Kundensuchlogik

tem ist ein äußerst wichtiges Instrument, um die Kundenzufriedenheit langfristig zu erhalten.

Kundensuchlogik
Logik, nach der Kunden bestimmte Artikel bzw. Produkte in einer Verkaufsstätte suchen. Der Kunde hat Vorstellungen darüber, welche Produkte zusammengehören und in welcher Anordnung sie stehen sollten. Diese Logik entspricht seinen Bedarfszusammenhängen und spiegelt sich auf seinem Einkaufszettel wider. Außerdem unterscheidet sich diese Erwartungslogik oft von der Präsentation nach technisch bzw. stofflich zusammengehörenden Warengruppen. Die Präsentation von Waren nach bedarfslogisch zusammengehörenden Themen und Anwendungsbereichen kann für den Abverkauf sehr vorteilhaft sein, z. B. „Alles für das Baby", „Alles für das Frühstück", „Alles für das Haustier", „Alles zum Grillen" usw.

Kundenzufriedenheit
Kundenzufriedenheit ist ein abstraktes Konstrukt, das das Verhältnis von Erwartungen eines Kunden mit der erreichten Befriedigung des zugrundeliegenden Bedürfnisses beschreibt.
Im sogenannten Confirmation/Disconfirmation-Paradigma wird Kundenzufriedenheit beschrieben als das Resultat der vom Kunden nach einem Leistungsbezug empfundenen Leistung (Ist-Komponente), verglichen mit den Leistungserwartungen, die er vor dem Kauf hatte (Soll-Komponente).
Im sogenannten → Kano-Modell werden verschiedene Ausprägungen der Kundenzufriedenheit dargestellt.
Indikatoren für den Grad der Kundenzufriedenheit sind die Umsatzentwicklung oder der Umfang von Beschwerden/Reklamationen.
Das Ausmaß und die (positive/negative) Entwicklung von Kundenzufriedenheit muss durch Marktforschung erhoben und operationalisiert werden.
Kundenzufriedenheit ist die Voraussetzung für Kundenloyalität. Ein Kunde ist loyal, wenn er eine positive Einstellung zu dem Produkt/dem Leistungsangebot des Lieferanten hat und aus Überzeugung den Kauf wiederholt.

L

Ladenhüter
→ Renner/Penner.

Lager
(engl.: Warehouse)
Bezeichnet Räume oder Flächen, die dazu dienen, bewegliche Sachmittel aufzubewahren. Die Zustände der in den Lagern bevorrateten Waren können dabei variieren, weshalb man unterscheidet in Lager für Rohstoffe, für Halbfertig- und für Fertigfabrikate. Die Ziele der Lagerhaltung können abhängig von den bevorrateten Gütern variieren. So dient die Lagerung von Fertigfabrikaten dazu, die Zeitpunkte von Produktion und Absatz zu trennen, während Rohstofflager oftmals geschaffen werden, um dem Unternehmen für eine bestimmte Periode eine Unabhängigkeit von den Beschaffungsmärkten zu ermöglichen und die Produktionsfähigkeit zu gewährleisten. Des Weiteren stellt die Erzielung von Skaleneffekten beim Einkauf oftmals einen Grund für die Lagerhaltung dar.

Neben der Bevorratung von Waren zur Sicherung und zum Schutz der Waren dient das Lagern von Produkten auch dazu, die Waren zu veredeln. Dies ist beispielsweise bei Käse oder Wein der Fall, bei denen Reifungs- und Gärungsprozesse einige Zeit in Anspruch nehmen. Zudem dient Lagerhaltug der Warenkontrolle und Warenkommissionierung sowie zu spekulativen Zwecken, wie dies bei Produkten der Fall ist, bei denen zukünftige Preissteigerungen zu erwarten sind.

Da durch die Lagerung von Waren Kosten in Form von Raum und Mietkosten verursacht werden und zudem Kapital gebunden wird, ist es das Ziel der Logistik, die Lagerhaltung so gering wie möglich zu halten. Dabei wird jedoch der → Servicegrad des Unternehmens maßgeblich von der Lagerhaltung beeinflusst. Die Optimierung der Kapitalbindung in Verbindung mit dem Servicegrad eines Unternehmens ist daher oftmals sehr komplex.

Lagerbestand
Gesamtheit aller zu einem bestimmten Zeitpunkt im Unternehmen in Anzahl oder Wert vorhandenen Roh-, Hilfs- und Betriebsstoffe, Halbfertig- und Fertigfabrikate sowie sonstiger im Lager vorhandener Vorräte.

Der Lagerbestand wird im Rahmen der → Inventur mithilfe unterschiedlicher Verfahren zu einem bestimmten Stichtag im Kalender- oder Geschäftsjahr ermittelt und ist nach § 266 (2) HGB auf der Aktivseite der Bilanz im Umlaufvermögen auszuweisen.

Die Höhe des Lagerbestands wird meist in drei unterschiedliche Bestandsarten gegliedert: den → Höchstbestand, den → Meldebestand und den → Mindestbestand.

Bezüglich des Lagerbestands existieren zwei entgegengesetzt wirkende Effekte: die Versorgungssicherheit und die Kapitalbindung.

Verfügen Unternehmen über einen hohen Lagerbestand, ist zwar eine optimale Versorgung der Produktion gewährleistet, jedoch ist die Kapitalbindung in diesem Fall exorbitant hoch. Wird allerdings der Lagerbestand reduziert, um die Kapitalbindung zu senken, wird auch die Versorgungssicherheit reduziert.

Somit sind an das Bestandsmanagement hohe Anforderungen gestellt, um diese Effekte optimal aufeinander abzustimmen.

Oftmals werden zur Lagersteuerung die ABC-Analyse sowie die XYZ-Analyse in Kombination verwendet, um zu bewer-

Lagerbestandsbericht

ten, welche Produkte auf Lager genommen und welche kurzfristig beschafft werden können.
Die allgemeine Bewertung darüber, wie schnell sich die Produkte eines Lagers umschlagen, d. h. wieder nachbestellt werden müssen, wird anhand der → Lagerumschlagshäufigkeit vollzogen.

Lagerbestandsbericht
(engl.: Inventory Report Message)
EANCOM-Nachrichtentyp: INVRPT
Nachricht, die zwischen Hersteller und Absatzmittler versandt wird und Informationen über die geplanten oder gegenwärtigen Bestände an Rohstoffen, Halbfertig- und Fertigerzeugnissen sowie anderen lagerfähigen Waren eines Unternehmens enthält. Der Lagerbestandsbericht bezieht sich auf die jeweils vorrätige Menge an Beständen innerhalb einer bestimmten Zeitspanne und enthält darüber hinaus noch spezifische Informationen über Alter und Wert der Ware.

Lagereinheit
Bestimmte Menge an Artikeln, die im Lager bevorratet werden und Lagerplatz beanspruchen. Unter dem Begriff Lagereinheit können sowohl Roh-, Hilfs- und Betriebsstoffe als auch Halbfertig- und Fertigfabrikate sowie die sonstigen Vorräte zusammengefasst werden.

Lagerlistung
Hier übernimmt der Handel Lagerfunktionen für den Lieferanten, d. h., der Lieferant baut im Lager des Händlers einen Bestand auf. Diese sogenannten Lagerlistungen werden bei Produkten vorgenommen, deren Abverkauf durch bestimmte Umstände (erheblichen) Schwankungen unterworfen sein kann. Lagerlistungen gibt es z. B. für Mineralwasser oder Eis, um sicherzustellen, dass bei Temperaturschwankungen sofort die Ware in den Geschäften in ausreichender Menge verfügbar ist.

Lagersortiment
Sortimentsart, die aufgrund des Kriteriums der physischen Präsenz der Waren von anderen Sortimentsformen abgegrenzt wird. Sortimente, in denen die zum Verkauf angebotenen Waren eines Unternehmens dauerhaft präsent sind und daher eine kontinuierliche Lieferfähigkeit besteht, werden als Lagersortimente bezeichnet. Den Gegensatz zum Lagersortiment stellt das → Bestellsortiment dar.

Lagerumschlagshäufigkeit (LU)
Kennzahl, die angibt, wie oft der Bestand eines Lagers, d. h. alle darin befindlichen Vorräte innerhalb einer Periode, verbraucht wird. Dabei kann die Kennzahl auf das gesamte Lager oder auf einzelne Artikel bezogen werden.
Die Lagerumschlagshäufigkeit kann auf zwei Arten berechnet werden:

$$LU = \frac{\text{Umsatz in der betrachteten Periode}}{\text{Durchschnitt des wertmäßigen Lagerbestands in der betrachteten Periode}}$$

$$LU = \frac{\text{Wareneinsatz in Wert oder Menge in der betrachteten Periode}}{\text{durchschnittlicher oder mengenmäßiger Bestand in der betrachteten Periode}}$$

Eine hohe Lagerumschlagshäufigkeit pro Zeitraum wirkt sich positiv auf den Unternehmenserfolg aus, da dies ein Kennzeichen für den hohen Produktabsatz sowie eine Reduktion der Kapitalbindung ist.
Ein Lagerumschlag 5 würde bedeuten, dass der Lagerbestand innerhalb der betrachteten Periode fünfmal vollständig aufgebraucht wurde.

Die Lagerumschlagshäufigkeit ist je nach Branche und Betriebstyp sehr unterschiedlich.

Das Pendant zur Lagerumschlagsgeschwindigkeit ist die Lagerreichweite, auch als „Days on Hand" bezeichnet. Sie ist die reziproke Darstellung der Lagerumschlagsgeschwindigkeit und gibt an, wie viele Tage die Waren durchschnittlich gelagert werden, bis sie vollständig aufgebraucht sind.

Die Days-on-Hand berechnen sich wie folgt:

Lagerreichweite =

$$\frac{\text{360 Kalendertage eines Jahrs}}{\text{Lagerumschlagshäufigkeit}}$$

Langzeitdisplays
→ Displays verschiedener Ausführung mit einer Stelldauer von mindestens sechs Monaten. Das Display verbleibt im Handel und wird dort nachbestückt. Langzeitdisplays bestehen primär aus Holz, Kunststoff oder Metall.

Launch
Englische Bezeichnung für die Neueinführung eines Produkts, aber auch der Start einer Werbekampagne oder die Veröffentlichung einer Website usw., → Relaunch.

Layout
Der Begriff Layout bezeichnet einen Rohentwurf oder eine Skizze, deren Inhalt jedoch je nach Anwendungsbereich und Branche variieren kann. Während im Marketing der Begriff Layout für den vorläufigen, groben Entwurf eines Werbemittels verwendet wird, findet er im Bereich des Handels insbesondere als sogenanntes Laden-Layout Anwendung. Mit diesem Begriff wird die Aufteilung der Fläche einer Verkaufsstätte des Handels in die Verkaufs-, Betriebs-, Service- und Kassenzonen bezeichnet.

Als Skizze bzw. Grundriss des Lagers mit allen dort vorhandenen Maschinen und Produktionsanlagen ist der Terminus Layout dagegen in der Logistik im Bereich der Lagerbewirtschaftung von Bedeutung.

Lead Time
→ Durchlaufzeit.

Lebenshaltungskostenindex
(Synonym: Index der Verbraucherpreise)
Der Lebenshaltungskostenindex ermittelt die jährlichen Veränderungen des Geldwerts, gemessen an den Verbraucherpreisen für wichtige Güter und Dienstleistungen in Deutschland.

Grundlage dieser Berechnung ist ein vom statistischen Bundesamt festgelegter, alle fünf Jahre aktualisierter Warenkorb, der

Abb.: Langzeitdisplay
Quelle: STI-Unternehmensgruppe

Lebenshaltungskostenindex

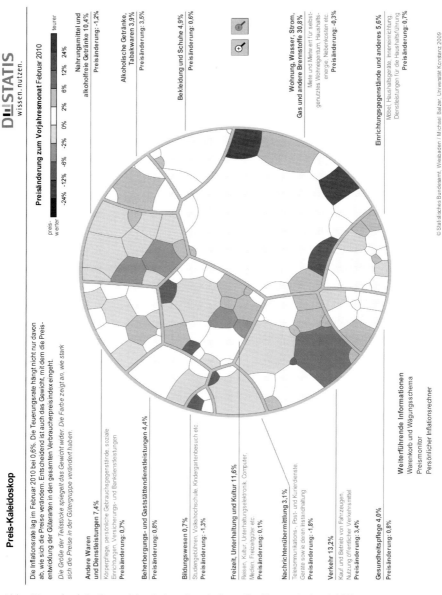

Abb.: Warenkorb in Deutschland. Angaben in Promille (Gesamtindex 1.000).

etwa 700 Güter enthält, die vom durchschnittlichen Verbraucher konsumiert werden. Diese Güter werden im Rahmen der Aktualisierung des Warenkorbs angepasst an den sich ändernden Bedarf der Konsumenten sowie an die Veränderungen der Umwelt, wie z. B. durch technologischen Fortschritt. So waren z. B. im Jahr 1990 noch VHS-Recorder im Warenkorb enthalten, die aber im Warenkorb aus dem Jahr 2000 längst durch DVD-Recorder ersetzt worden sind. Die Zusammensetzung des aktuellen Warenkorbs zeigt vorstehende Abbildung.

Das Jahr, in dem der Warenkorb erstellt wird, ist als Basisjahr zu bezeichnen. Ausgehend von den dort festgelegten Produkten werden die preislichen Veränderungen pro Produkt innerhalb der nächsten fünf Jahre beobachtet. Auf dieser Grundlage wird der Lebenshaltungskostenindex ermittelt. Die Berechnung erfolgt, indem man den Preis der Waren des gesamten Warenkorbs an einem aktuellen Datum durch den Wert des Warenkorbs im Basisjahr dividiert und das Ergebnis mit 100 multipliziert. Somit lässt sich erkennen, um wie viel Prozent sich die gleichen Waren gegenüber dem Basisjahr verteuert oder verbilligt haben. Da es sich stets um identische Waren und Warenmengen handelt, lassen sich durch eine Veränderung der Verbraucherpreise direkte Schlüsse über Inflationsrate und Kaufkraft ziehen.

Die Berechung des Preisindexes über den Warenkorb weist jedoch auch Unzulänglichkeiten auf. So werden beispielsweise Preisänderungen, die auf Qualitätsänderungen der Produkte zurückzuführen sind, genauso wenig berücksichtigt wie Nachfrageänderungen oder Neuprodukteinführungen. Aus diesem Grund kann der Index für die Lebenshaltungskosten nicht unkritisch betrachtet werden.

Lebensmittel- und Futtermittelgesetzbuch (LFGB)

Das LFGB ist am 7. September 2005 in Kraft getreten und hat die Bestimmungen des Lebensmittel- und Bedarfsgegenständegetzes (LMBG) weitgehend abgelöst. Diese Umgestaltung wurde mit der seit dem 1. Januar 2005 gültigen EU-Verordnung notwendig.

Das neue LFGB umfasst die gesamte Food Value Chain, d. h. die gesamte Produktion und sämtliche Stufen der Verarbeitungskette. Es ist gültig für Lebensmittel, Bedarfsgegenstände, Kosmetika und Futtermittel.

Wichtigstes Gebot sind die Lebensmittelsicherheit und die einwandfreie Qualität der Waren. Außerdem ist eine lückenlose → Rückverfolgbarkeit zu gewährleisten.

Lebenszyklus
→ Produktlebenszyklus.

Leistungsführerschaft

In der strategischen Option der „Leistungsführerschaft" verfolgt der Händler eine Differenzierung zum Wettbewerber über Angebotsbreite, Qualität, Service, Ladenausstattung, Personalkompetenz usw.

Lieferabruf

(engl.: Delivery Forecast)
EANCOM-Nachrichtentyp: DELFOR
Zwischen Lieferanten und Kunden, insbesondere in der produktionssynchronen Beschaffung, geschlossener Rahmenvertrag, der den Kunden verpflichtet, innerhalb einer vertraglich vereinbarten Periode eine bestimmte Menge an Waren abzunehmen. Die im Vertrag festgelegte abzunehmende Menge wird in einer Vorausschau von zwei bis drei Monaten geplant und kann monatlich durch den sogenannten → Feinabruf aktualisiert und konkretisiert werden. Auf diese Weise ist

Lieferanweisung

es möglich, auf Nachfrageschwankungen flexibler reagieren zu können. Die Übermittlung des Lieferabrufs erfolgt meist über EDI, teilweise jedoch auch über branchenspezifische Datensysteme, wie beispielsweise Odette in der Automobilindustrie.

Lieferanweisung
(engl.: Instruction to Despatch Message)
EANCOM-Nachrichtentyp: INSDES
Anweisung, die sämtliche Anforderungen, die der Kunde bezüglich einer Lieferung an den verantwortlichen Spediteur stellt, umfassend aufführt. Lieferanweisungen werden meist innerhalb des Beförderungsvertrags vereinbart und enthalten beispielsweise Angaben zum jeweiligen Liefertermin, zum Lieferort, zur Waren- und Verpackungsbeschriftung und zur Verwendung bestimmter Ladungsträger usw.
Hält ein Lieferant die vereinbarten Bedingungen nicht ein, kann der Kunde dem Lieferanten die durch die fehlende Berücksichtigung der Rahmenbedingungen entstandenen Schäden in Rechnung stellen oder gar die Warenannahme verweigern.

Lieferavis
(engl.: Despatch Advice)
EANCOM-Nachrichtentyp: DESADV
Kann sowohl als Wareneingangs- wie auch als Warenrücksendungsnachricht eingesetzt werden und enthält detaillierte Informationen über die Waren des jeweiligen Transports. Es kann sich dabei um einen oder mehrere Empfangsorte als auch um unterschiedliche Einzelpositionen, Packstücke oder Bestellungen handeln.
Mit der Ankündigung der Ver- oder Rücksendung bestimmter Waren ist es dem Empfänger besser möglich, den Wareneingang vorzubereiten, und er kann die Daten der Lieferung mit dener der Bestellung vergleichen.

Liefereinheit
Eine für den Transport vorgesehene und bereitgestellte Artikelmenge, die innerhalb einer Lieferung als Ganzes transportiert wird. Eine Liefereinheit kann sowohl artikelrein als auch artikelunrein, d. h. mit gemischten Artikeln distribuiert werden. Die Zusammenfassung der einzelnen Produkte zu Liefereinheiten führt zur Optimierung der Kapazitätsnutzung innerhalb der Groß- und Kleinladungsträger.

Lieferkette
(engl.: Supply Chain)
→ Supply Chain.

Limitkontrolle
(engl.: Open-to-Buy-Controlling)
Bestandsmanagementsystem im Handel, das auf kurze Frist, unter dem Einsatz von Einkaufslimits, die Bestände des Unternehmens effektiv und effizient steuern soll, um kostspielige Über- sowie Unterdeckungen zu vermeiden.
Bei der Limitkontrolle werden den Einkäufern des Handelsunternehmens bzw. z. B. auch von Abteilungen Budgets bzw. Limits vorgegeben, über die für Einkaufszwecke pro Periode verfügt werden kann. Diese Limits können grundsätzlich der Absatzsituation des Unternehmens angepasst werden. Dies bedeutet, dass bei einer Unterdeckung die Budgets erweitert und bei einer Überdeckung reduziert werden. Allerdings wird diese Vorgehensweise von Unternehmen zu Unternehmen unterschiedlich gehandhabt.
Die Berechnung der jeweiligen Limits erfolgt auf Basis der Lagerumschlagshäufigkeit sowie auf Basis von Plandaten, wie Soll-Umsatz, Soll-Bestand und/oder der Handelsspanne.
Die Methode der Limitkontrolle im Bereich der Bestandsführung dient zwar als Mittel zum Schutz des Unternehmens vor Unter- oder Überdeckung, bietet aber kei-

nerlei Maßnahmen zur Optimierung des Sortiments eines Unternehmens oder zur Vermeidung fehlerhafter Bestellungen.

Listung
→ Artikel-Listung.

Listungsgelder
Gelder, die für die Aufnahme neuer Produkte in das Sortiment des Handels anfallen und von den Herstellern zu entrichten sind. Diese Listung ist in allen Handelsorganisationen die Voraussetzung für das Führen der Produkte in den angeschlossenen Häusern.
Der Begriff Listung wird in „Kann-Listung" und in „Muss-Listung" differenziert. Das Produkt, für das eine Muss-Listung erfolgt, muss von den angeschlossenen Betrieben geführt werden, während bei der Kann-Listung der Geschäftsführer oder Geschäftsstellenleiter vor Ort die Entscheidung über die Aufnahme trifft. Die Kann-Listung ist insbesondere in dezentral organisierten Handelsunternehmen wie Edeka und Spar gebräuchlich. Um die physische Distribution sicherzustellen, muss der Lieferant besonders bei einer Kann-Listung zusätzliche kostenintensive Aktivitäten, wie z.B. Einzelhandelsdurchgänge oder Direktmarketing-Aktionen, vornehmen.
Listungsgelder werden üblicherweise in Form eines Euro-Betrags pro Produkt gezahlt. Eine Listungsgeldpauschale, wie sie bei Erstellung eines Gesamtjahresvermarktungsplans für alle Neuprodukte festgelegt wird, wird jedoch auch praktiziert.
Die Höhe des Listungsbetrags ist bei jeder Handelsorganisation und deren Vertriebsschiene bzw. Vertriebslinie unterschiedlich. Die vorgesehenen Investitionen des Herstellers nehmen z.B. Einfluss auf die Werbung für das Produkt. Sie verbessern oftmals gegenüber dem Händlern den Verhandlungsspielraum über die Höhe der Listungsgelder.
Einen weiteren Einfluss auf die Höhe der Listungsgelder nimmt die Platzierung des Produkts im Regal des Händlers. Sollen beispielsweise Produkte anstatt in der Bückzone in der Sicht- bzw. Greifzone platziert werden, sind hierfür höhere Listungsgelder zu entrichten.
Da die Regalkapazitäten des Handels begrenzt sind, ist es notwendig, dass mit der Aufnahme eines neuen Produkts das Sortiment in der Warengruppe überdacht wird. Gewöhnlich führt die Aufnahme eines neuen Produkts zu Änderungen im Sortiment. In einem solchen Fall ist üblicherweise zu entscheiden, welches andere Produkt ausgelistet wird oder von welchem anderen Produkt die Anzahl der → Facings reduziert werden.
Das Listungsgeld hat somit zwei Aspekte: die Listungsgebühr, die vom Lieferanten des neuen Produkts zu zahlen ist, und den möglicherweise entgangenen Umsatz, der durch andere Produkte erzielt worden wäre, deren Regalplatz nun das neue Produkt einnimmt.

Lockvogelangebote
In der Verkaufsstätte wird oftmals versucht, das Interesse der Käufer auf andere, in einem höheren Preissegment liegende Artikel zu lenken und die Käufer noch zusätzlich zum Kauf dieser Artikel zu bewegen. Da Frequenzbringer Kunden in die Geschäfte locken sollen, werden diese auch häufig als Lockvogelangebote bezeichnet.
Lockvogelangebote sind dann unzulässig, wenn die beworbene Ware gar nicht oder nur in sehr kleinen Mengen vorrätig ist (§ 5 Abs. 5 UWG).

Logistik
Bezeichnet das Management von Waren- und Informationsflüssen sowohl im inter-

Logistikkette

nen als auch im externen Bereich, d.h. zwischen Unternehmen sowie zwischen Unternehmen und deren Kunden. Die Logistik soll dabei die Aufgabe erfüllen, das richtige Produkt zur richtigen Zeit am richtigen Ort in der richtigen Qualität und Quantität dem richtigen Kunden zu richtigen, d.h. zu optimalen Kosten zur Verfügung zu stellen.

Die Kernaufgabe der Logistik besteht im Transport- und Lagermanagement. Im Rahmen des Logistikmanagements werden die Transportwege ausgewählt, die Einlagerung und die Auslagerung sowie die Kommissionierung von Waren durchgeführt.

Aufgrund der unterschiedlichen Aufgabenfelder der Logistik werden je nach Operationsbereich bestimmte Logistikbegriffe voneinander unterschieden. So existieren die auf die Beschaffungsmärkte ausgerichtete Versorgungslogistik, die auf die Absatzmärkte ausgerichtete Distributionslogistik, die innerbetriebliche Logistik und die für die Rückführung von gebrauchten Materialien verantwortliche Entsorgungslogistik. Ziel der Logsitik ist es, den → Servicegrad bei gleichzeitig niedriger Kapitalbindung und niedrigen Kosten zu optimieren.

Aufgrund der immer stärker werdenden Globalisierung der Märkte kommt der Logistik heute und auch in der Zukunft eine immer stärkere Bedeutung zu.

Logistikkette

Die Gesamtheit der Organisationsabläufe eines Unternehmens, die dazu dienen, ein Produkt einem Kunden an einem bestimmten Ort zu einer bestimmten Zeit in einer bestimmten Qualität und Menge zur Verfügung zu stellen, wird als Logistikkette bezeichnet. Die Logistikkette ist horizontal ausgerichtet und erstreckt sich vom Lieferanten über den Hersteller bis hin zum Endverbraucher. Für ein erfolgreiches Management der Logistikkette ist es notwendig, sie ganzheitlich zu betrachten, da diese sämtliche Wertschöpfungsstufen des Unternehmens durchläuft. Die Logistikkette ist dabei sowohl prozess- als auch kundenorientiert.

Ähnlich wie die → Supply Chain bezieht die Logistikkette auch die Material- und Informationsflüsse mit ein, vernachlässigt allerdings die Geldflüsse im Unternehmen und ist im Gegensatz zur → Supply Chain nicht vertikal ausgerichtet.

Logistische Bündelung

Bezeichnet die Zusammenfassung der zum Transport vorgesehenen logistischen Einheiten zum Zweck der Kostensenkung und der Erzielung von Losgrößeneffekten. Unter der logistischen Bündelung werden daher die optimale Kapazitätsausnutzung der Ladungsträger sowie der Transport großer Lose verstanden.

Bedingt durch hohe Kraftstoffpreise sowie Lkw-Maut und steigende Personalkosten ist es für Unternehmen der Transportwirtschaft überaus wichtig, die Optimierung der Frachtkosten anzustreben. Leerfahrten oder unzureichend genutzte Ladungsträger sind daher nach dem Konzept der Bündelung logistischer Einheiten auf ein Minimum zu reduzieren. Somit steht diese Transportmethode jedoch im Gegensatz zur bedarfssynchronen Beschaffung, die insbesondere die produktionsorientierte Anlieferung kleinerer Lose erfordert.

Mögliche Lösungen dieses Konflikts bietet aber beispielsweise das Konzept der virtuellen Frachtbörse.

Loop

Mit dem Begriff Loop werden in den Verkaufsstätten des Handels die Gänge bezeichnet, durch die der Kunde während seines Einkaufs geleitet wird. Die bewusste Planung der Loops, die bespielsweise auch als Sackgassen platziert werden, oder der Wege, die im Einkaufsprozess umständlich durchquert werden müssen, wie beispielsweise die Rolltreppenanordnung, um in andere Etagen zu gelangen, hat das Ziel, die Aufmerksamkeit der Konsumenten auf bestimmte Waren zu lenken.

Lot
Englisch für Charge oder Los. Mit Lot wird eine bestimmte Anzahl an Artikeln, Roh-, Hilfs-, und Betriebsstoffen, Fertigerzeugnissen oder sonstigen Gütern bezeichnet. Die Produktion großer Lose steht im besonderen Interesse der Unternehmen, da auf diese Weise Losgrößeneffekte erzielt werden können. Diese Kennzahl bezeichnet die sinkenden Kosten pro Stückzahl bei einer Erhöhung der Ausbringungsmenge, siehe auch Skaleneffekt.

Low Interest Product
Bezeichnung für Produkte, für die seitens der Konsumenten ein eher geringes Interesse besteht und die in der Regel nicht erklärungsbedürftig sind. Low Interest Products zeichnen sich zumeist dadurch aus, dass sie routiniert gekauft werden, dass der Grad des Involvements sehr gering ist und dass der Kaufprozess ohne abwägende Planung und zusätzlichen Informationsbedarf seitens des Konsumenten erfolgt. Insbesondere Güter des täglichen Bedarfs stellen Low Interest Products dar. Das Pendant zu diesen Produkten sind die → High Interest Products.

Loyalität
(engl.: Loyality)
Im Bereich des Handelsmarketings wird mit Loyalität die Treue bzw. die Bindung eines Kunden bezeichnet.
Kundentreue bzw. Kundenbindung gibt an, wie regelmäßig ein Kunde ein bestimmtes Produkt oder eine bestimmte Marke kauft oder wie oft er/sie eine bestimmte Einkaufsstätte frequentiert, auch wenn stets ausreichende Substitutionsmöglichkeiten bestehen.
Eine hohe Loyality zu erzeugen, ist eines der Hauptziele der Handelsunternehmen, da diese Stammkunden stets für eine konstante Basis-Absatzmenge und so für einen Basis-Umsatz sorgen, → Bedarfsdeckungsrate.
Die Kundentreue soll hierbei insbesondere durch das sogenannte → Loyality Marketing mit zahlreichen Kundenbindungsmaßnahmen, wie Treuerabatten und auf den Kunden zugeschnittene Werbung, erreicht werden. Auch der Kundendienst spielt bei der Erzeugung von Kundentreue eine bedeutende Rolle, da Kundentreue positiv mit Kundenzufriedenheit verbunden ist, die wiederum durch einen guten Service gesteigert werden kann.

Loyality Marketing
Marketingaktivitäten, die die Kundenzufriedenheit und die Kundenbindung verstärken und zu einer hohen Marken-, Produkt- und Verkaufsstättentreue führen sollen. Das Loyality Marketing bedient sich dabei hauptsächlich der Instrumente sogenannter Incentives und Prämien, der Beratung sowie dem Einräumen von Privilegien.
Im Rahmen des Total Loyality Marketings, einem Managementansatz, der die Aspekte Management, Mitarbeiter und Kunde miteinander verknüpft, wird versucht, nicht nur Stammkunden zu schaffen, sondern bei den Kunden Begeisterung für das Produkt zu erzeugen, sodass sie es nicht nur dauerhaft kaufen, sondern darüber hinaus auch noch weiterempfehlen. Hierzu sollen insbesondere auch die Mitarbeiter zu loyalen Mitarbeitern trainiert werden, damit diese sich mit dem Unternehmen identifizieren und ebenfalls von den unternehmenseigenen Produkten überzeugt sind. Auf diese Weise will man die Loyalität der Kunden noch verstärken.

Mächtigkeit des Sortiments

Die Mächtigkeit des Sortiments gibt an, wie viele Einheiten eines Artikels im Sortiment des Handelsunternehmens vorrätig sind, aber auch, welchen Anteil des Verkaufsraums dieses Sortiment einnimmt. Je größer die Mächtigkeit des Sortiments, umso höher sind Kapitalbindung und Lagerkosten. Eine geringe Sortimentsmächtigkeit birgt hingegen die Gefahr des frühzeitigen → Out of Stocks.

Marke

Von Unternehmen, Institutionen oder Verbänden verwendetes, rechtlich geschütztes Kennzeichen, das sich eindeutig von anderen Markenzeichen unterscheidet und zur überschneidungsfreien Identifizierung produzierter und vertriebener Waren und Dienstleistungen sowie zur Abgrenzung von der Konkurrenz dient.

Marken lassen sich unterscheiden anhand ihrer Gestaltung und Wahrnehmung in unterschiedliche Markentypen wie Wortmarken, Bildmarken, kombinierte Wort-Bild-Marken, dreidimensionale Marken, Hörmarken, Tastmarken, Geruchsmarken sowie Farbmarken.

- **Wortmarke:** Wird für eine Marke nur ein Begriff bzw. ein bestimmtes Wort verwendet, bezeichnet man dieses Warenzeichen als „Wortmarke" oder auch als „Gesprochene Marke". Der Begriff Wortmarke lässt sich dabei weiter untergliedern in Einzelwortmarke, Kunstwortmarke, Buchstabenmarke sowie Zahlenmarke. Während die Einzelwortmarke beispielsweise den Namen des Firmengründers wie Siemens oder Porsche wiedergibt, handelt es sich bei einer Kunstwortmarke um erfundene, bezugslose Markennamen wie Nivea, Mövenpick oder Google. Beispiele für eine Buchstabenmarke sind die Walldorfer Unternehmung SAP oder die Unternehmensberatung und Softwarefirma IBM. Eine klassische Zahlenmarke hingegen ist „4711 – Kölnisch Wasser" oder Rexona „8 × 4".
- **Bildmarke:** Von einer Bildmarke wird dann gesprochen, wenn der wesentliche Bestandteil einer Marke aus einer grafischen Gestaltung besteht. So ist die Verkettung von vier ineinandergreifenden, nebeneinander und gleich hoch angeordneten Ringen (Bildzeichen „Audi") eine Bildmarke. Weiteres klassisches Beispiel für eine Bildmarke ist die Muschel des Shell-Konzerns.
- **Kombinierte Wort-Bild-Marke:** Sobald innerhalb einer Marke ein Wortbestandteil mit einer grafischen Gestaltung verbunden ist, wird regelmäßig von einer Wort-Bild-Marke gesprochen. Dabei ist bereits dann bei strenger Betrachtungsweise eine Wort-Bild-Marke gegeben, wenn die Wortmarke in einer bestimmten Buchstabentype bei der Anmeldung beansprucht wird, da Wortmarken üblicherweise in einer vom DPMA (Deutsches Patent- und Markenamt, München) gewählten Type veröffentlicht werden.
- **3-D-Marke:** Dreidimensionale Gestaltung einer Marke, beispielsweise die Eintragung einer Form eines Automobils in das Markenregister.
- **Hörmarke:** Tonsequenz, die in direkter Weise mit einem Produkt oder einer Unternehmung in Verbindung gebracht werden kann, wie beispielsweise von Telekom (dadadadida). Die Hörmarke ist nicht zu verwechseln mit einem Jingle, einem kurzen Musikstück, z. T. auch gesungen, das vielschichtig z. B. zu einer emotionalen Bindung an die Marke führen soll oder

das das Markenimage oder den Markennutzen widerspiegeln soll, wie z. B. der von Beck's verwendete „Sail away"-Song.
- **Tastmarke, Geruchsmarke oder Geschmacksmarke:** Über den Tast-, Geruchs- oder Geschmackssinn zu erfassende Marken, die allerdings aufgrund der nicht grafischen Darstellbarkeit dieser Marke von der Eintragung in das nationale Markenregister nach § 8 (1) MarkenG ausgeschlossen sind.
- **Farbmarke:** Lediglich aus einer bestimmten Farbe bestehende Marke ohne Zufügung von Text.

Marken lassen sich jedoch nicht nur nach deren Wahrnehmung unterteilen, sondern darüber hinaus noch nach weiteren Kritierien:
- **nach der Anzahl der Produkte**
  - → Einzelmarken (z. B. Red Bull, Clausthaler Alkoholfrei)
  - → Familienmarken (z. B. Nivea, Maggi, Du darfst, Ja)
  - → Dachmarken (z. B. Dr. Oetker, VW)
- **nach der Regionalität**
  - regionale Marken (z. B. Südmilch, Küppers Kölsch)
  - nationale Marken (z. B. Duden, Rotkäppchen Sekt)
  - internationale Marken (z. B. Coca-Cola, Google, Avis)
- **nach der Urheberschaft**
  - Herstellermarken (z. B. Bahlsen, L'Oréal, Mercedes)
  - Handelsmarken (z. B. Today, REWE)

Um eine Marke dauerhaft verwenden zu können und vor der Kopie durch Mitwettbewerber zu schützen, ist es notwendig, sie in einem Markenregister einer zuständigen öffentlichen Stelle eintragen zu lassen. Während in Deutschland das „Deutsche Patent- und Markenamt" in München die Eintragung nationaler Marken regelt, ist für die Eintragung einer europäischen Gemeinschaftsmarke das „Harmonisierungsamt für den Binnenmarkt" der Europäischen Union zuständig. Die Anmeldung einer internationalen Marke gemäß dem Madrider Abkommen fällt dagegen in den Zuständigkeitsbereich der „Weltorganisation für geistiges Eigentum".

Marken sollen funktionale und emotionale „Vorstellungsbilder" in den Köpfen der Konsumenten erzeugen, sie sollen differenzieren, zu einer Identifikation führen und damit das Auswahlverhalten der Konsumenten beeinflussen und diese an die Marke binden.

So beeinflussen Marken auch soziale Strukturen in der Gesellschaft, da soziale Schichten anhand des Konsums unterschiedlicher Marken klassifiziert bzw. soziale Schichten aufgrund des Konsums bestimmter Marken erst eindeutig sichtbar werden.

Markenartikel
Bezeichnung für Waren im Sortiment eines Unternehmens, die unter einem bestimmten, meist rechtlich eingetragenen Warenzeichen bzw. einer → Marke geführt werden. Markenartikel zeichnen sich durch einen einheitlichen Auftritt, durch dauerhaft gleichbleibende Qualität, durch einen zumeist hohen Bekanntheitsgrad, durch Ubiquität, durch eine oftmals transparente Preispolitik, durch eine hohe Vertrauensfunktion gegenüber den Kunden und durch die Distribution über ausgewählte Absatzkanäle aus. Zudem sind Markenartikel für eine lange Frist konzipiert, wobei sie sich im Zeitablauf an die veränderten Bedarfe der Konsumenten anpassen.

Darüber hinaus stellen Markenartikel aus Kundensicht Orientierungshilfen beim Einkauf dar, da deren Qualität und Preise den Kunden zumeist bekannt sind. Aus Unternehmenssicht sind Markenartikel Frequenz- und Renditebringer und dienen dem Unternehmen zur Profilierung und Imagebildung. Da Markenartikel in der Regel relativ hohe Umschlagshäufigkeiten aufweisen, ist die Listung von Markenartikeln im Sortiment häufig von Vorteil für die Handelsunternehmen. Herstellerunternehmen, die daran interessiert sind, ihre Produkte bzw. Markenartikel im Sortiment des Handels zu listen, müssen den Handelsunternehmen hierfür zumeist hohe → Listungsgelder entrichten. Daher versuchen Herstellerunternehmen zum Teil über ausgeprägte Kommunikationspolitik einen Nachfragesog zu erzeugen und auf diese Weise die Handelsunternehmen zu „zwingen", ihre Produkte in das Sortiment aufzunehmen (auch als Pull-Strategie bekannt).

Markenblock
→ Blockplatzierung.

Markenwechsel
Bezeichnet den Austausch einer Marke A durch eine Marke B derselben Produktkategorie. Markenwechsel stellen das Gegenteil zu der von Unternehmen favorisierten Markentreue dar und sollen, so weit wie möglich, reduziert werden.
Die Gründe, die einen Konsumenten dazu bewegen, sich von einer Marke abzuwenden, können sowohl subjektiv als auch objektiv geprägt sein. Subjektive Gründe für einen Markenwechsel liegen oftmals im veränderten Image der Marke oder des vertreibenden Unternehmens, wohingegen objektive Gründe insbesondere durch die Produkteigenschaften selbst, wie Qualität, Preis, Handling, Wirkung usw., bestimmt sind. Generell wird die Entscheidung zu einem Markenwechsel meist unter stärkerer kognitiver Kontrolle getroffen, als dies bei der Markentreue der Fall ist.
Des Weiteren ist oftmals auch das Einkommen der Konsumenten ein gewichtiger Grund für einen Markenwechsel, da diese reziprok miteinander korreliert sind. Bei sinkendem Einkommen steigt die Bereitschaft zum Markenwechsel, wohingegen ein steigendes Einkommen den Markenwechsel sinken lässt und somit eher zur Markentreue führt.

Markenwert
→ Brand Equity.

Marktabdeckung
(engl.: Coverage)
Bezeichnet die Ausdehnung der **Produkte und Dienstleistungen** eines Anbieters auf dem Gesamt- oder einem Teilmarkt. Die Marktabdeckung eines Unternehmens kann an dem Anteil der führenden Geschäfte (→ Distribution, numerisch, → Distribution, gewichtet) innerhalb einer Periode gemessen werden.
Bei einem → Panel bezeichnet die → Coverage den Anteil der Geschäfte, die von dem Panel erreicht werden. Beträgt die Coverage z. B. 85 %, so spiegelt der von dem Panel gezeigte Umsatz/Absatz auch nur etwa 85 % der tatsächlichen Verkäufe wider.
In einem **Handelsunternehmen** kann der Begriff auch sortimentsbezogen verwendet werden. Er bezeichnet dann den Anteil des Markts, der durch das Sortiment, das der Händler anbietet, abgedeckt wird.

Marktanteil
(engl.: Share of Market)
Gibt den Anteil der Unternehmen am Volumen des jeweiligen Markts an und ermöglicht somit eine Vergleichbarkeit der Unternehmen bezüglich ihrer Marktdominanz.
Der Marktanteil kann sowohl mengen- als auch wertmäßig ermittelt werden. Zur Berechnung werden dabei entweder die Absatzmengen oder die Umsätze des be-

Marktforschung

trachteten Unternehmens in Bezug zu den gesamten Absatzmengen oder Umsätzen der jeweiligen Branche bzw. des → Marktvolumens gesetzt.

Der Marktanteil ermittelt sich also nach folgenden Formeln:

$$\text{Marktanteil}_{\text{Menge}} = \frac{\text{Absatzvolumen}}{\text{Marktvolumen (mengenmäßig)}} \times 100$$

$$\text{Marktanteil}_{\text{Wert}} = \frac{\text{Umsatzvolumen}}{\text{Marktvolumen (wertmäßig)}} \times 100$$

Für Unternehmen spielt neben dem Marktanteil zudem eine andere Kennzahl – der relative Marktanteil – eine bedeutende Rolle. Der relative Marktanteil kann ebenfalls wert- oder mengenmäßig ermittelt werden. Er ergibt sich aus den Umsatz- oder Absatzzahlen eines Unternehmens im Verhältnis zu denen seines stärksten Kontrahenten im Markt bzw. zum Marktführer. Der relative Marktanteil gibt demnach wieder, an welcher Position sich das Unternehmen im Vergleich zum Marktführer befindet. Im strategischen Marketing kommt dieser Kennzahl eine außerordentliche Bedeutung zu. So stellt der relative Marktanteil in der BCG-Matrix neben dem Marktwachstum die wichtigste Größe zur Bestimmung der Produktentwicklung dar und ist auch in der McKinsey-Matrix eine deterministische Größe für die Bestimmung der Marktattraktivität.

Marktforschung

Der Begriff Marktforschung bezeichnet die systematische empirische Analyse eines Markts mit dem Ziel, Information zur Unterstützung von Marketingentscheidungen und der Lösung von Marketingproblemen zu gewinnen.

Die Marktforschung stellt hierzu die Verbindung zwischen den Herstellern und Handelsunternehmen auf der Anbieterseite und den Konsumenten bzw. den gewerblichen Käufern auf der Nachfragerseite dar.

Um den Begriff jedoch genauer zu beschreiben, muss zunächst eine Untergliederung nach der Methodik der Marktforschung erfolgen. Grundsätzlich lässt sich die Erforschung der Märkte in die Primär- und in die Sekundärforschung einteilen, die die Form der Datenerhebung beschreiben.

Wird ein Marktforschungsprojekt im Rahmen der Primärforschung durchgeführt, lässt sich dieses Projekt in fünf unterschiedliche Phasen einteilen, die auch als die fünf D's bezeichnet werden. Hierbei handelt es sich um die fünf Phasen:

- Definition
- Design
- Datengewinnung
- Datenanalyse
- Dokumentation

1. **Definition:** In der ersten Phase eines Marktforschungsprojekts werden zunächst die aktuellen Informationsstände ermittelt und die sich daraus ergebenden Informationsbedarfe abgeleitet. Des Weiteren werden hier Hypothesen bezüglich des Forschungsgegenstands aufgestellt, die es zu verifizieren oder zu widerlegen gilt.

2. **Design:** Mit dem Design der Studie wird die Art der Datenerhebung bestimmt, d.h. die Einteilung der Studie nach explorativer, deskriptiver oder experimenteller Durchführung. In diese Phase fällt zudem auch die Festlegung auf eine primäre oder sekundäre Form der Datenerhebung.

3. **Datengewinnung:** Durch das zuvor festgelegte Design der Studie wird nunmehr die Datengewinnung durchgeführt. Während in der Sekundärfor-

Marktvolumen

schung die Daten bereits gewonnen wurden und nur noch analysiert bzw. aufbereitet werden müssen, ist in der Primärforschung die Datengewinnung noch zu vollziehen. Die Methoden der Primärforschung zur Datengewinnung stellen dabei insbesondere die Befragung, die Beobachtung sowie das Experiment dar.

4. **Datenanalyse:** Sie erfolgt auf Basis der gewonnenen Daten anhand ausgewählter statistischer Verfahren und dient somit als Grundlage für die anschließende Dokumentation. Hieraus ergibt sich der Wert der gewonnenen Informationen und ob die am Anfang erstellten Hypothesen be- oder widerlegt werden können.

5. **Dokumentation:** Die Dokumentation dient dazu, sämtliche relevanten Daten aufzubereiten und darzustellen, sodass es möglich ist, anhand der Ergebnisse Schlussfolgerungen für die weitere Strategie des Unternehmens zu ziehen.

Marktkapazität

Mit dem Begriff der Marktkapazität wird die gesamte Aufnahmefähigkeit eines Markts beschrieben, angebotene Produkte und Dienstleistungen innerhalb einer Periode zu konsumieren. Diese gesamte Kapazität des Markts ergibt sich aus der Kumulation der Einzelbedarfe, vernachlässigt dabei jedoch die Kaufkraft der einzelnen HH. Die Marktkapazität stellt somit im Verhältnis zu Marktpotienzial und Marktvolumen die Größe dar, bei der die höchsten Absatz- sowie Umsatzzahlen überhaupt erreicht werden können. Allerdings ist zu beachten, dass es sich bei der Marktkapazität um eine fiktive Größe handelt, da eine komplette Ausnutzung der Marktkapazität aufgrund der Vernachlässigung der Kaufkraft niemals der Realität entsprechen kann.

Marktpotenzial
(engl.: Market Potential)

Steht für die gesamte potenzielle Nachfrage aller mit der notwendigen Kaufkraft ausgestatteten Haushalte eines Markts innerhalb einer Periode. Wie hoch die „notwendige Kaufkraft" ausfällt, ist dabei, je nach dem Preis des vorliegenden Produkts, unterschiedlich, weshalb unterschiedliche Produkte mit unterschiedlichem Marktpotenzial konfrontiert sind.

Unter der Annahme einer optimalen Marktbearbeitung sowie der Vernachlässigung jeglicher Distributionsprobleme würde eine vollständige Ausschöpfung des Marktpotenzials die Erzielung maximaler Absätze sowie Umsätze für ein bestimmtes Produkt oder einen bestimmten Markt bedeuten.

Neben seiner Funktion als Reflektor der gesamten theoretischen Nachfrage dient das Marktpotenzial auch als Indikator für die Sättigung eines Markts.

Die Berechnung des Marktpotenzials kann sowohl über die Nachfrage pro Kopf sowie mithilfe von Kennzahlen aus der Volkswirtschaft über Erwerbsquote, Produktionskapazität oder HHNE (Haushalts-Nettoeinkommen) etc. ermittelt werden.

Da das Marktpotenzial die Kaufkraft der Konsumenten berücksichtigt, ist es im Verhältnis zur → Marktkapazität stets etwas geringer, liegt dabei jedoch über dem → Marktvolumen.

Marktvolumen
(engl.: Volume of Market)

Mit dem Marktvolumen werden die real abgesetzte Produktmenge sowie die erzielte Umsatzmenge aller einen bestimmten Markt bearbeitenden Unternehmen innerhalb einer Periode bezeichnet. Für Unternehmen bildet das Marktvolumen die Basis für die Berechnung des relativen Marktanteils und ist darüber hinaus ein

Marktwachstum

wichtiges Entscheidungskriterium für den Eintritt in bestimmte Märkte sowie für die Standortwahl der Verkaufsstätten. Entspricht das Marktvolumen dem Marktpotenzial, ist der entsprechende Markt gesättigt und verfügt über eine ausreichende Produktversorgung. Das Marktvolumen ist, verglichen mit der Marktkapazität, die kleinere Kennzahl, jedoch größer als das Marktpotenzial.

Marktwachstum

Bezeichnung für die Erhöhung des Volumens eines Markts, d. h. die Erhöhung der Absatzmengen und Umsätze, bezogen auf eine betrachtete Periode. Marktwachstum ist darauf zurückzuführen, dass das Marktpotenzial noch nicht vollständig ausgeschöpft ist. Dies lässt sich insbesondere in jungen Märkten beobachten.

Grundsätzlich müsssen zwei Arten des Marktwachstums voneinander unterschieden werden: Zum einen das nominale Marktwachstum, das die gesamten Steigerungen der Absätze und der damit verbundenen Umsatzzahlen innerhalb eines Markts in einem betrachteten Zeitraum angibt, und zum anderen das reale Wachstum. Das reale Marktwachstum entspricht dabei dem nominalen Wachstum, bereinigt um inflationsbedingte Preissteigerungen bzw. um die Inflationsrate, und gilt somit als aussagekräftiger.

Im Marktlebenszyklus stellt das Marktwachstum die zweite Phase dar, innerhalb derer sowohl Umsätze als auch Gewinne ansteigen und ein erhöhter Markteintritt von Konkurrenten zu beobachten ist. Aus diesem Grund besteht auch in Perioden des Wachstums ein verstärktes Bestreben der Unternehmen, Markteintrittsbarrieren zu schaffen und so die Konkurrenz bereits frühzeitig aus dem Markt zu drängen.

Für Unternehmen, die in stark wachsenden Märkten aktiv sind, gilt, dass sie auch bei einer Unternehmensstrategie, die auf eine Stabilisierung der bisherigen relativen Marktanteile basiert, bedingt durch das Marktwachstum, ebenfalls wachsen. Gefahr besteht allerdings dann, wenn Unternehmen im Verhältnis zum gesamten Wachstum am Markt unterproportional mitwachsen. Ist dies der Fall, wachsen die Unternehmen zwar nach wie vor noch mit, verlieren jedoch mit der Zeit immer mehr Marktanteile an schneller wachsende Konkurrenten.

Generell ist Marktwachstum eine eminent wichtige Kennzahl für Unternehmen bezüglich ihrer Marktwahlstrategien, Marktbearbeitungsstrategien sowie Produktentscheidungen. Innerhalb der Produktportfolio-Matrix der Boston Consulting Group ist das Marktwachstum neben dem relativen Marktanteil die wichtigste Kennzahl für Produktentscheidungen im Unternehmen.

MDE-Gerät

(Synonym: Gerät zur mobilen Datenerfassung)

Kompakter, mobiler und mit einem Scangerät versehener Computer mit einem Gewicht von 100 Gramm bis 800 Gramm, der teils auf einem pistolenähnlichen Griff montiert ist und zur mobilen Datenerfassung eingesetzt wird.

MDE-Geräte sind am vorderen Ende mit einem → Scanner versehen, mit dem auch über größere Entfernungen die Barcodes von Produkten eingelesen werden können. Nach der Einlesung des Artikels wird dieser auf dem Display des Geräts bestätigt. Die Dateneingabe von → Barcodes kann jedoch auch manuell erfolgen, meist über eine am unteren Ende des Displays angebrachte Tastatur oder über einen Touchscreen.

Seit einiger Zeit gibt es zudem Geräte, die mit → RFID arbeiten und solche, die die in den Produkten angebrachten Smart Chips

Mehrwegtransportverpackung

Abb.: MDE-Gerät
Quelle: Novopos AG

bestrahlen. Der elektronische Produktcode (→ Electronic Productcode), der auf den Produkten angebracht ist, wird an das MDE-Gerät zurückgesandt. MDE-Geräte kommen insbesondere innerhalb des Bestandsmanagements während der → Inventur zum Einsatz.
Wird mit dem MDE-Gerät der Barcode eines Produkts eingelesen, kann dieser entweder → online oder offline in ein EDV-System eingespeist werden, in dem er dann dauerhaft gespeichert wird und in dem die Bestände des jeweiligen Produkts verwaltet werden.
Findet die Übertragung offline statt, werden zunächst alle relevanten Daten auf dem MDE-Gerät zwischengespeichert, um sie anschließend an einer Dock-Station im → Batch-Betrieb, d.h. stapelweise, in das EDV-System zu übertragen. Bei der Onlineübertragung hingegen findet keine Zwischenspeicherung statt, sondern eine sofortige Übertragung der eingelesenen Daten per GPS, Bluetooth oder WLAN in das EDV-System.
MDE-Geräte kommen insbesondere im Bestandsmanagement während der Inventur zum Einsatz. Der Vorteil am Einsatz dieser Computer ist es, dass sie Barcodes auch über Entfernungen von mehreren Metern erfassen können und so in unwegsamen Bereichen des Lagers die Artikelaufnahme erleichtern. Zudem sollen durch ihren Einsatz die Fehlerfassungen gemindert und somit das → Bestandsmanagement effizienter gestaltet werden.

Mehrfachplatzierung
Bezeichnet die Platzierung eines bestimmten Artikels an gleichzeitig mehreren Orten im Sortiment einer Verkaufsstätte.
Dadurch sollen die Aufmerksamkeit des Kunden für den Artikel erhöht und durch die wiederholte Konfrontation der Kaufwunsch des Konsumenten verstärkt werden. Ein prädestinierter Bereich für Mehrfachplatzierungen sind Kassenzonen, in denen insbesondere Impulsartikel wie Süßigkeiten und Alkohol platziert werden, die parallel in anderen Abteilungen der Verkaufsstätte zu finden sind.

Mehrwegtransportverpackung (MTV)
Mehrfach wiederverwendbare Verpackungen und Transporthilfsmittel, die für den Güter- und Warentransport in der Logistik eingesetzt werden. Die Bezeichnung der MTV variiert je nach Anwendungsbereich. Man unterscheidet:
- innerunternehmerische MTV
- Branchen-MTV
- in sogenannten Poolsystemen eingesetzte MTV

Eine MTV kann aus verschiedenen Materialien bestehen: Aluminium, Kunststoff, Holz oder Hartpappe. Beispiele für Mehrwegtransportverpackungen sind Behälter, d.h. Kisten, Kleinladungsträger und Flaschen, Ladungsträger, wie Paletten, Gitterboxen und Rollcontainer, Gestelle für Karosseriebleche und Flugzeugtriebwerke sowie Schiffs- und Flugcontainer.
Alle Mehrwegtransportverpackungen sind mit einer Global Returnable Asset

Meldebestand

Item (→ GRAI), d.h. einer globalen Identnummer, versehen, die diese eindeutig identifizieren soll. Die GRAI beinhaltet an erster Stelle die sogenannte → GTIN-Nummer der Verpackungsausführung. Diese basiert auf einer Herstellernummer (in Deutschland die GLN vom Typ 2), wobei die Seriennummer mit bis zu 16 Stellen definiert ist. Die GRAI kann in einen GS1-128-Strichcode umgesetzt werden; in diesem Fall wird der dazugehörige Datenbezeichner „8003" aufgebracht. Der Eigentümer der Verpackung bzw. derjenige, der sie in den Verkehr bringt, vergibt die GRAI.

Bei der Auslieferung an den Kunden verbleiben die Waren in der Regel auf der MTV, anstatt sofort davon getrennt zu werden, und der Kunde gibt im Gegenzug dem Lieferanten dafür dieselbe Anzahl gleichwertiger MTVs zurück. Dieses Verfahren wird insbesondere bei den genormten → Euro-Paletten erfolgreich angewendet, die sich in einem dauerhaften Kreislauf befinden.

Vorteil des Einsatzes einer MTV sind sowohl der ökologische Aspekt, der sich aus der Wiederverwendung von Transportbehältern ergibt, als auch die Reduktion der Leerfahrten, da Mehrwegtransportverpackungen nach Auslieferung der Waren wieder retourniert werden.

Des Weiteren entfällt das aufwändige Berechnen der Transportverpackung, was das Inventurverfahren wiederum erleichtert. Nachteilig ist jedoch die anfallende Säuberung der Verpackungen, die zwischen Lieferanten und Abnehmer zusätzlich zu vereinbaren ist.

Meldebestand

Kritische → Lagerbestandsmenge, bei der eine Nachbestellung des jeweiligen Artikels notwendig ist, um die Produktionssituation des Unternehmens nicht zu gefährden, d.h. nicht „ → Out of Stock" zu laufen. Der Meldebestand kann für jede Produktart individuell festgelegt werden. Beim Einsatz von sogenannten → intelligenten Regalen im Lagermanagement wird bei Erreichung des Meldebestands die Nachbestellung automatisch ausgelöst.

Merchandising

Regalpflege, die im Handel von externen Kräften übernommen wird. Merchandiser werden von den Lieferanten bezahlt. Ihr Einsatz ist Teil der Absprachen mit dem Handelsunternehmen.

Mittlerweile haben sich eine Reihe von international, national und auch regional tätigen Organisationen gebildet, die, neben weiteren handelsbezogenen Leistungen, professionell diese Aufgaben übernehmen. Zu den größten Anbietern von Merchandising-Leistungen zählen Combera, München und cpm, Bad Homburg.

Me-too-Produkt

Auch Nachahmerprodukt genannt. Bei einem Me-too-Produkt handelt es sich um eine Ware oder Dienstleistung, die ein Produkt kopiert, das bereits erfolgreich auf dem Markt eingeführt wurde, und dieses unter anderem Namen zu gleichwertiger oder niedrigerer Qualität sowie zu einem meist günstigeren Preis auf den Markt bringt.

Der Vorteil der Unternehmen, eine Me-too-Strategie zu fahren, besteht in der Einsparung von Kosten für Forschung und Entwicklung, der Einsparung von Marketingkosten sowie der Entledigung des Scheiterns einer Neu-Produkteinführung. Beispiele für Unternehmen, die sich auf die Produktion von Me-too-Produkten spezialisiert haben, sind die Hersteller sogenannter → Generika aus der Pharmabranche wie Ratiopharm, Hexal und Stada.

Mindesthaltbarkeitsdatum

Wenn Me-too-Produkte auch in vielen Aspekten dem Originalprodukt (First-to-Market-Produkt/Pionier) gleichen und dieselbe oder eine erweiterte Zielgruppe ansprechen, so sind sie im rechtlichen Sinne nicht mit einem → Plagiat zu vergleichen.

Mindestbestand

Auch eiserne Reserve genannt, ist der Bestand an Vorräten und Erzeugnissen, der mindestens im Lager vorhanden sein muss, damit die Produktion bei Beschaffungsengpässen nicht zum sofortigen Stillstand kommt. Eine dauerhafte Unterschreitung des Mindestbestands hat jedoch ein Erliegen der Produktion zur Folge. Der Mindestbestand kann pro Artikel definiert werden und ist vom Lagermanagement kontinuierlich zu überprüfen.

Mindesthaltbarkeitsdatum (MHD)

Die gesetzlich vorgeschriebenen Angaben zur Mindesthaltbarkeit sind § 7 der Lebensmittel-Kennzeichnungsverordnung LMKV zu entnehmen:

§ 7 Mindesthaltbarkeitsdatum
(1) Das Mindesthaltbarkeitsdatum eines Lebensmittels ist das Datum, bis zu dem dieses Lebensmittel unter angemessenen Aufbewahrungsbedingungen seine spezifischen Eigenschaften behält.
(2) Das Mindesthaltbarkeitsdatum ist unverschlüsselt mit den Worten „mindestens haltbar bis ..." unter Angabe von Tag, Monat und Jahr in dieser Reihenfolge anzugeben. Die Angabe von Tag, Monat und Jahr kann auch an anderer Stelle erfolgen, wenn in Verbindung mit der Angabe nach Satz 1 auf diese Stelle hingewiesen wird.
(3) Abweichend von Absatz 2 kann bei Lebensmitteln,
1. deren Mindesthaltbarkeit nicht mehr als drei Monate beträgt, die Angabe des Jahres entfallen
2. a) deren Mindesthaltbarkeit mehr als drei Monate beträgt, der Tag
b) deren Mindesthaltbarkeit mehr als achtzehn Monate beträgt, der Tag und der Monat entfallen, wenn das Mindesthaltbarkeitsdatum unverschlüsselt mit den Worten „mindestens haltbar bis Ende ..." angegeben wird
(4) (weggefallen)
(5) Ist die angegebene Mindesthaltbarkeit nur bei Einhaltung bestimmter Temperaturen oder sonstiger Bedingungen gewährleistet, so ist ein entsprechender Hinweis in Verbindung mit der Angabe nach den Absätzen 2 und 3 anzubringen.
(6) Die Angabe des Mindesthaltbarkeitsdatums ist nicht erforderlich bei:
1. frischem Obst, frischem Gemüse und Kartoffeln, nicht geschält, geschnitten oder ähnlich behandelt, ausgenommen Keime von Samen und ähnlichen Erzeugnissen, wie Sprossen von Hülsenfrüchten
2. Getränken mit einem Alkoholgehalt von zehn oder mehr Volumenprozent
3. alkoholfreien Erfrischungsgetränken, Fruchtsäften, Fruchtnektaren und alkoholhaltigen Getränken in Behältnissen von mehr als fünf Litern, die zur Abgabe an Verbraucher im Sinne des § 1 Abs. 1 Satz 2 bestimmt sind
4. Speiseeis in Portionspackungen
5. Backwaren, die ihrer Art nach normalerweise innerhalb von 24 Stunden nach ihrer Herstellung verzehrt werden
6. Speisesalz, ausgenommen jodiertes Speisesalz
7. Zucker in fester Form
8. Zuckerwaren, die fast nur aus Zuckerarten mit Aromastoffen oder Farbstoffen oder Aromastoffen und Farbstoffen bestehen
9. Kaugummis und ähnlichen Erzeugnissen zum Kauen

Mischkalkulation

10. *weinähnlichen und schaumweinähnlichen Getränken und hieraus weiterverarbeiteten alkoholhaltigen Getränken*

Das Mindesthaltbarkeitsdatum sagt aus, welche Haltbarkeit das Lebensmittel **mindestens** hat, wenn es produktgemäß gelagert wird (im Gegensatz zu einem Arzneimittel, dem ein Verfallsdatum aufgedruckt ist!).

Ist das Mindesthaltbarkeitsdatum abgelaufen, kann daraus nicht zwingend geschlossen werden, dass das Lebensmittel nun verdorben ist und nicht mehr verzehrt oder verkauft werden kann! Lediglich der Hersteller kann nach diesem Datum nicht mehr für die Qualität seines Produkts verantwortlich gemacht werden.

Mischkalkulation
Verfahren zur Preiskalkulation im Handel, das nicht am Verursachungsprinzip ausgerichtet ist, sondern die einzelnen Preise pro Artikel nach den Marktgegebenheiten kalkuliert. Bei der Mischkalkulation werden Preise für bestimmte Waren als vom Markt gegeben angesehen, da die Preise an die der anderen Handelsunternehmen, insbesondere der Marktführer, angepasst werden, um langfristig konkurrenzfähig zu bleiben.

So werden die Preise für bestimmte Waren unternehmensübergreifend konstant gehalten, auch wenn pro Unternehmen unterschiedliche Kosten für die jeweiligen Artikel anfallen. Dies trifft insbesondere auf jene Warengruppen zu, die unbedingt vom Konsumenten im Sortiment des Handelsunternehmens erwartet werden, wie z. B. Lebensmittel. Da diese Artikel somit nur mit geringen Handelsspannen kalkuliert sind bzw. teilweise sogar negative Deckungsbeiträge aufweisen, werden gemäß der Mischkalkulation andere Artikel, sogenannte „Ausgleichsartikel", mit höheren Handelsspannen belegt, um die mit niedrigen Gewinnspannen kalkulierten Artikel zu subventionieren. Das Handelsspannenverhältnis zwischen den „Ausgleich gebenden" Artikeln und den „Ausgleich nehmenden" Artikeln ist dabei so zu gestalten, dass insgesamt positive Deckungsbeiträge erzielt werden.

Der im Rahmen der Mischkalkulation stattfindenden Quer-Finanzierung von Artikeln kommt in der Handelspraxis eine hohe Bedeutung zu.

Dabei ist nicht nur eine Subventionierung zwischen Warengruppen möglich, sondern auch eine Subventionierung des gleichen Artikels über einen gewissen Zeitraum. Dies geschieht bei Preisvariationen, d.h. wenn der Artikel zu einem Zeitpunkt günstiger verkauft wird und zu einem späteren wieder im Preis angehoben wird, um die Deckungsbeitragsverluste der vorigen Periode auszugleichen.

Missing Sales
→ Fehlverkäufe.

Mock-up
Muster einer → Verpackung oder eines → Displays im Maßstab 1:1.

MTV
→ Mehrwegtransportverpackung.

Multifacing-Effekt
Erhöhung des Abverkaufs, der auf eine zusätzliche Platzierung eines weiteren Frontstücks einer Produktverpackung zurückzuführen ist. Ein Multifacing führt zu einer Verlängerung der Kontaktstrecke für den Shopper. Als Regel kann davon ausgegangen werden, dass die Mindestkontaktstrecke 10 cm betragen sollte und dass die Flächenelastizität bis zu einer Kontaktstrecke von 30 cm sehr groß ist.

Eine Kontaktstrecke von über einem Meter soll zu keinem absatzfördernden Effekt durch breitere Präsentation führen.

Multimodaler Statusbericht
(engl.: *International Multimodal Status Report Message*)
EANCOM-Nachrichtentyp: IFTSTA
Nachricht, die zwischen Geschäftspartnern versandt wird, um den Status einer Lieferung abzufragen oder die Statusänderung einer Lieferung zu berichten. Der multimodale Statusbericht kann an jedem Punkt der Lieferkette übermittelt werden. Wann bzw. an welchem Punkt der Lieferkette ein multimodaler Statusbericht übermittelt wird, kann zwischen den jeweils beteiligten Partnern individuell festgelegt werden.

Multioptionaler Kunde
→ hybrider Kunde.

Multipack
(engl.: *Multibuy*)
Verkaufsförderungsaktion, bei der zwei oder mehr Verpackungen in einer Verpackung zusammengestellt (z. B. eingeschweißt) und angeboten werden, meist zu einem niedrigeren Preis, als das einzelne Produkt kosten würde.
Beispielsweise werden zwei Flaschen Shampoos mit einem Band versehen und als Aktionsware verkauft. Es kann sich bei den zwei Flaschen um dieselbe Sorte oder aber auch um unterschiedliche Sorten handeln, nicht jedoch um unterschiedliche Marken oder Packungsgrößen.

Multiple Belastungsanzeige
(engl.: *Multiple Debit Advice*)
EANCOM-Nachrichtentyp: DEBMUL
Dient dazu, einen Kontoinhaber über die bereits erfolgte oder noch ausstehende Belastung eines bestimmten Geldbetrags auf seinem Konto zu informieren. Diese Nachricht wird hierzu von dem jeweiligen Kreditinstitut an den Kontoinhaber oder einem berechtigten Dritten versandt und kann dabei für eine oder mehrere finanzielle Transaktionen verwendet werden. Transaktionen bezeichnen hierbei Transaktionen des kommerziellen Bereichs wie Gutschriften, Belastungen, Rechnungen usw.
Alle Belastungen, die sich aus dem Wertpapierhandel ergeben, werden von dieser Nachricht nicht umfasst.

Multiple Credit Advice Message (CREMUL)
→ Multiple Gutschriftsanzeige.

Multiple Gutschriftsanzeige
(engl.: *Multiple Credit Advice Message*)
EANCOM-Nachrichtentyp: CREMUL
Dient dazu, einen Kontoinhaber über die bereits erfolgte oder noch ausstehende Gutschrift eines bestimmten Geldbetrags auf seinem Konto zu informieren. Diese Nachricht wird hierzu vom jeweiligen Kreditinstitut an den Kontoinhaber oder einem berechtigten Dritten versandt und kann dabei für eine oder mehrere finanzielle Transaktionen verwedet werden. Transaktionen bezeichnen hierbei Transaktionen des kommerziellen Bereichs wie Gutschriften, Belastungen, Rechnungen usw.
Alle Zahlungen, die sich aus dem Wertpapierhandel ergeben, werden von dieser Nachricht nicht umfasst.

Mussartikel
(Synonym: Plankaufartikel)
Artikel, die von Verbrauchern im Rahmen des Einkaufsprozesses bewusst und geplant gekauft werden. Im Gegensatz zu → Impulsartikeln hat der Käufer schon vor dem Betreten der Einkaufsstätte geplant, einen bestimmten Artikel oder ei-

Musssortiment

ne bestimmte Marke zu kaufen, weshalb der Mussartikel unter stark kognitiver Kontrolle gekauft wird.

Musssortiment
→ Pflichtsortiment.

Mystery Shopping
(Synonym: Testkäufe)
Mystery Shopping bezeichnet Test- oder Scheinkäufe, bei denen geschulte Testkäufer anonym verschiedene Leistungen eines Unternehmens testen. Die Testkäufer geben sich hierbei als normale Kunden aus und lassen sich beispielsweise bezüglich eines vorab ausgewählten Produkts von einem Verkäufer des Unternehmens beraten. Anschließend bewertet der Mystery Shopper anhand eines definierten Fragenkatalogs die in Anspruch genommene Leistung des Unternehmens. So können durch Mystery Shopping u. a. die Produktqualität, der → Kundendienst, die Freundlichkeit und die Integrität der Mitarbeiter, das → Visual Merchandising, Diebstahlsicherungen sowie allgemein die Umsetzung vorgegebener Richtlinien überprüft werden. Mystery Shopping wird im Handel oftmals von den Herstellern in Auftrag gegeben, um zu überprüfen, inwieweit die Handelsunternehmen die Vorgaben der Hersteller, z. B. bezüglich Platzierung oder Erklärung des Produkts, einhalten. Nach der MSPA (Mystery Shopping Providers Association) vollzieht sich Mystery Shopping in einem siebenstufigen Prozess:
1. Festlegung der Ziele, die mit dem Mystery Shopping verfolgt werden
2. Festlegung des Fragenkatalogs
3. Auswahl und Einteilung der Shopper-Typen, die das Mystery Shopping durchführen
4. Daten-Erhebung
5. Daten-Aufbereitung
6. Ableitung von Handlungsempfehlungen
7. Überprüfung der Ergebnisse und Wiederholung der Schritte 3–7

Die Vorteile des Mystery Shoppings liegen darin, dass in Zeiten homogener Produkte die Qualität des kontinuierlich an Bedeutung gewinnenden Kundendienstes effektiv überprüft werden kann. Problematisch ist allerdings der Verzerrungseffekt, da die Testkäufer sich bewusst darüber sind, dass es sich um einen Testkauf handelt. Diese Verzerrungseffekte können durch biotische Tests, d. h. reine Beobachtungstests, bei denen sich die Testkäufer nicht bewusst darüber sind, dass sie Testkäufer darstellen, reduziert werden.

N

Nachbestellungszeitpunkt
Bezeichnet den Zeitpunkt, zu dem eine Wiederauffüllung des Lagerbestands eines bestimmten Artikels durch eine Nachbestellung erfolgt. Der Nachbestellungszeitpunkt kann hierbei entweder schon vorab definiert sein und sich innerhalb einer Periode in regelmäßigen Abständen wiederholen oder durch die Unterschreitung eines festgelegten Bestands, wie dem → Meldebestand oder → Mindestbestand, ausgelöst werden. Die richtige Wahl des Nachbestellungszeitpunkts ist für die kontinuierliche Produktionsmöglichkeit und die Reduktion des „ → Out of Stock"-Risikos von hoher Bedeutung.

Nachfrageseite
→ Demand Side.

Nachhaltigkeit
Normatives Leitbild des verantwortlichen und auf Dauer ausgerichteten Wirtschaftens von Staaten und Unternehmen. Das Konzept der Nachhaltigkeit sieht vor, dass der gegenwärtige Bedarf einer Volkswirtschaft gedeckt wird, gleichzeitig jedoch dafür Sorge getragen werden muss, die Lebensqualität zukünftiger Generationen hierdurch nicht negativ zu beeinträchtigen. Der Begriff der Nachhaltigkeit wurde erstmals im 18. Jahrhundert in der Forstwirtschaft erwähnt. Die Förster wurden damals verpflichtet, nachhaltig Bäume zu schlagen, d. h. nur so viele Bäume zu fällen, wie auch auf natürlichem Wege wieder nachwuchsen.
Die Nachhaltigkeit setzt sich aus den drei Säulen Ökologie, Ökonomie und Soziales zusammen. Ziel soll es sein, alle drei Größen in gleichem Ausmaß in das politische und wirtschaftliche Handeln einzubeziehen und so ein im Sinne der Nachhaltigkeit verantwortliches Wirtschaften zu gewährleisten.
Dieses sogenannte „Drei-Säulen-Modell" wurde von der Enquete-Komission „Schutz des Menschen und der Umwelt" des 13. deutschen Bundestags als Grundlage der Nachhaltigkeit genannt. Hiernach basiert Nachhaltigkeit auf fundierten „Erkenntnissen über Wechselwirkungen und Wechselbeziehungen zwischen sozialen, ökonomischen und ökologischen Dimensionen" (26.06.1998, Abschlussbericht der Enquete-Komission „Schutz des Menschen und der Umwelt – Ziele und Rahmenbedingungen einer nachhaltig zukunftsverträglichen Entwicklung", S. 77).
Bereits 1992 auf der UN-Konferenz in Rio de Janeiro verpflichtete sich die internationale Staatengemeinschaft dazu, das Konzept der Nachhaltigkeit in ihre Politik aufzunehmen. 1994 nahm Deutschland darüber hinaus die Umsetzung einer nachhaltigen Entwicklung als Staatsziel in Artikel 20a des Grundgesetzes auf. Für die Koordination nachhaltigen Wirtschaftens in Unternehmen ist das World Business Council for Sustainable Development (WBCSD) zuständig.

Nachorder
Häufig in der Textilbranche verwendeter Begriff. Bedeutet die Nachbestellung von Waren, deren Verkaufssaison bereits begonnen hat, → Vororder.

Nährwertampel
Bezeichnet eine farbige, in den Ampelfarben gestaltete Lebensmittelkennzeichnung, die auf Lebensmittelverpackungen aufgedruckt wird und dem Verbraucher einen schnellen Überblick über die Nährwerte eines Produkts geben soll. Diese Nährwertkennzeichnung gibt da-

Nearfood-Warenklassen

Abb.: Nährwertampel

bei sowohl die absoluten als auch die relativen (prozentualen) Anteile von Zucker, Energie, Fett, gesättigten Fettsäuren und Salz pro 100 g bzw. pro 100 ml des jeweiligen Produkts an.
Ist in einem Produkt ein Inhaltsstoff, wie z.B. Zucker, überdurchschnittlich stark enthalten, wird diese Angabe rot hinterlegt. Bei niedriger bis mittlerer Konzentration des Stoffs, würde dieser grün bzw. gelb hinterlegt. Durch die Nährwertampel ist es dem Verbraucher so möglich, sich auf einen Blick einen Eindruck über die Nahrhaftigkeit betrachteter Produkte zu informieren. Die exakte Festlegung, ab wann eine bestimmte Zutat als „überdurchschnittlich" und somit gesundheitsschädlich angesehen wird, ist bislang noch nicht einheitlich festgelegt.
Der von der Partei Bündnis 90 Die Grünen eingebrachte Vorschlag über die Einführung der Nährwertampel in Deutschland wurde zwar zunächst am 06.03.2008 abgelehnt, jedoch vom damaligen Bundesminister für Ernährung, Landwirtschaft und Verbraucherschutz, Horst Seehofer, wieder aufgegriffen. Er schlug vor, die Nährwertampel nicht verpflichtend für alle Unternehmen durchzusetzen, sondern auf freiwilliger Basis zu gestalten.

Ebenfalls auf freiwilliger Basis wurde die Nährwertampel in England erstmals 2006 eingeführt. Aufgrund der Freiwilligkeit der Maßnahme und der uneinheitlichen Beteiligung der Unternehmen kann eine Aussage über Erfolg oder Misserfolg der Nährwertampel derzeit noch nicht getroffen werden.

Nearfood-Warenklassen
(Synonym: Nonfood I)
Warenklasse, die einkaufsmäßig dem Food-Bereich zugeordnet wird, auch als Nonfood I bezeichnet (vgl. EHI). Dazu zählen: Körperpflegemittel, Papierhygiene, Waschmittel, Reinigungs- und Pflegemittel, Tierfutter & Hygiene, Haarpflege, Babypflege und Babynahrung, Gesundheits- und Fitnessprodukte, Mundpflege, Haushaltseinwickler, Haushaltsartikel (vgl. ACNielsen).

Nebeneinanderverwendungsanalyse
Analyse des Kaufverhaltens der Konsumenten anhand einer festgelegten Referenzmarke. Mit der Nebeneinanderverwendungsanalyse wird die Markentreue der einzelnen Konsumenten analysiert und eine Untersuchung der Verbundeffekte zwischen der betrachteten Marke und anderen Markenprodukten vorgenommen. Es wird analysiert, welche Marken ein bestimmter Konsument neben dem Referenzprodukt zur Deckung seines Bedarfs noch konsumiert. Die Summe der nebeneinander verwendeten Marken ergibt das Relevant Set eines Haushalts.
Basis für diese Analyse kann die Zahl der Einkaufsakte oder eine detaillierte Kundenbeobachtung sein.
Anhand der Nebeneinanderverwendungsanalyse kann der gesamte Bedarf eines Haushalts ermittelt werden. Mit der Nebeneinanderverwendungsanalyse können nicht nur Marken, sondern auch Packungs-

größen, Sorten, Preisklassen, Einkaufsstätten usw. betrachtet werden.

Nettospanne
→ Handelsspanne.

Nettoumsatz
(engl.: Net Proceeds of Sales)
Bezeichnet die Erlöse eines Unternehmens, die innerhalb einer Periode mit dem Verkauf der Waren- und Dienstleistungen des Unternehmens erzielt werden, abzüglich der Umsatzsteuer, sowie der Erlösschmälerungen, also Rabatte, Boni und Skonti, der Nachlässe aufgrund von Mängelrügen und z. B. auch der Gutschriften.
Gelegentlich wird unter Nettoumsatz auch der Umsatz abzüglich der Umsatzsteuer verstanden.

Nettoverkaufserlöse
(engl.: Net Proceeds of Sales)
→ Nettoumsatz.

Nettoverkaufsfläche
Gesamte Verkaufsfläche bzw. Bruttoverkaufsfläche einer Verkaufsstätte, abzüglich der Kassenzonen, → Loops, Kabinen, Fahrstühle usw. Die Nettoverkaufsfläche stellt die Fläche einer Verkaufsstätte dar, die tatsächlich zum Abverkauf der Waren und Dienstleistungen genutzt wird.

Neue Käufer
Unter „neue Käufer" werden Verbraucher verstanden, die in der vergangenen Periode nicht eine bestimmte Marke oder ein bestimmtes Produkt einer Warengruppe konsumiert haben, dies aber dafür in der aktuellen Periode tun. Neben den bereits existierenden Käufern der Marken oder Produkte kommen diese Verbraucher somit als „neue Käufer" im aktuell betrachteten Zeitraum hinzu.

Nicht verkaufende Geschäfte
Anteil der Geschäfte, die ein bestimmtes Produkt innerhalb einer betrachteten Periode zwar in ihrem Sortiment geführt, allerdings nicht verkauft haben, im Verhältnis zu allen, den betrachteten Artikel führenden Geschäften in der jeweiligen Periode. Der Anteil der nicht verkaufenden Geschäfte wird in Prozent angegeben und dient als Kennzahl, um Probleme im Abverkauf bestimmter Produkte und Marken aufzudecken.

Nie ausgehende Bestände
(Synonym: NOS-Artikel)
(engl.: Never Out of Stock)
Konzept aus der Logistik, das für bestimmte Artikel gilt, sogenannte → NOS-Artikel, die niemals den → Bestand null erreichen dürfen, da sie meist essenziell für die Produktion sind oder vom Kunden unbedingt erwartet werden. Das System des Never → Out of Stock stellt dabei hohe Anforderungen an das → Bestandsmanagement.

No-Name-Produkt
→ Gattungsmarke

Non-Food-Sortiment
Die Unterscheidung des Non-Food-Sortiments in Nonfood I und Nonfood II ist üblich (vgl. EHI).
Nonfood I wird oft auch als → Nearfood bezeichnet.
Zu Nonfood II gehören im Lebensmittelhandel folgende Warenbereiche (vgl. EHI):
- Textilien, Heimtextilien, Kurzwaren
- Schuhe, Lederwaren, Koffer, Schirme
- Haushaltswaren, Bilderrahmen, Galanteriewaren
- Camping, Garten, Sport
- Unterhaltungselektronik
- Elektrokleingeräte und Elektroartikel
- Elektrogroßgeräte

Non-Promotion-Woche

- Schmuck, Foto, Uhren, Brillen
- Spielwaren
- Papier-, Büro-, Schreibwaren, Bücher, Zeitungen/Zeitschriften
- EDV, Kommunikation
- DIY u. a. Werkzeuge, Eisenkurzwaren, Farben, Lacke
- Autozubehör und sonstige Fahrzeuge, Fahrräder
- Blumen/Pflanzen, Samen, Düngemittel, Insektizide
- sonstige Nonfoods wie Möbel, Sanitär

Non-Promotion-Woche

Gegenteil zur → Promotion-Woche Zeitraum, in der für ein Produkt X keine → Promotion stattfand.

Normalabsatz

Anzahl der innerhalb einer Periode verkauften Artikel eines Handelsunternehmens oder einer Verkaufsstätte – erzielt ohne den Einsatz von → Aktionen des Handels.

Der Normalabsatz spiegelt somit den tatsächlichen, unbeeinflussten Bedarf der Haushalte innerhalb einer Periode wider.

Normalverkauf

Bezeichnet den Verkauf bzw. die Absatzmenge eines Unternehmens innerhalb aktions- bzw. promotionfreier Wochen. Der Normalverkauf dient als Vergleichsgröße zur Bewertung des Erfolgs von durchgeführten → Aktionen.

Normierter Verkauf

Der normierte Verkauf ist eine Kennzahl, mit der die Abverkaufsleistung eines Handelsunternehmens gemessen werden kann. Der normierte Verkauf berechnet sich nach folgender Formel:

$$\frac{\text{durchschnittlicher Monatsabsatz} \times \text{numerische Distribution}}{\text{gewichtete Distribution}}$$

NOS-Artikel

(Synonym: Never-Out-of-Stock-Artikel)
→ Nie ausgehende Bestände.

Number of Displays

→ Sonderplatzierung, Anzahl.

Nummer der Versandeinheit (NVE)

(Synonym: Serial Shipping Container Code (SSCC))
Dient der weltweit überschneidungsfreien Identifizierung von Versandeinheiten entlang der gesamten Wertschöpfungskette. Einmalig vergeben, kann die Versandeinheit, z.B. eine Palette, ein Paket etc., auf dem Weg vom Versender zum Empfänger lückenlos zurückverfolgt werden. Die NVE wurde Anfang der 1990er-Jahre von der GS1 Gemeinschaft eingeführt und ist ein anerkannter ISO-Standard (ISO 15459). Der Begriff Serial Shipping Container Code (SSCC) wird im englischsprachigen Raum genutzt. Aufbauend auf der GLN vom Typ 2 hat die NVE 18 Ziffern. Zu Beginn steht eine sogenannte Verpackungs- oder auch Reserve-Ziffer, die seit 2001 vom Anwender frei belegt werden kann. Darauf folgt eine sieben- bis neunstellige Basisnummer, die mit der GLN vom Typ 2 zu vergleichen ist. Diese gewährleistet die Eindeutigkeit und weltweite Überschneidungsfreiheit der NVE (SSCC). Die fortlaufende, vom Anwender frei wählbare Nummer hat ebenfalls sieben bis neun Ziffern, je nach Länge der vorangegangen Basisnummer. Den Aufbau der NVE verdeutlicht nochmals die folgende Abbildung:

NVE

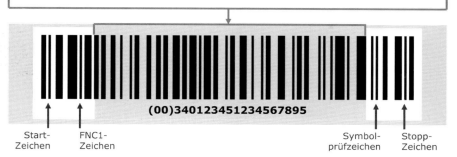

Quelle: GS1 Germany GmbH

Die NVE kann als Strichcode im GS1-128-Standard dargestellt werden. Jeder Partner in der logistischen Kette ist befugt, seine Versandeinheit vor dem Versenden mit einer NVE zu versehen, es sei denn, es existiert bereits eine NVE für diese Einheit. Die Vergabe einer NVE ermöglicht eine lückenlose Rückverfolgung und, falls notwendig, Rückrufaktionen der einzelnen Versandeinheiten. Wie bei der klassischen GLN, so wird auch bei der NVE auf in einer Datenbank hinterlegte Informationen zurückgegriffen. Unternehmensinterne und unternehmensexterne Transport- und Kommunikationsabläufe entlang der Wertschöpfungskette können optimiert und rationalisiert werden, da z.B. alle Wareneingänge und Warenausgänge durch Scanning schnell und eindeutig erfasst werden können. Genutzt wird die NVE beim Electronic Data Interchange (EDI), z.B. im EANCOM-Standard bei einer Lieferavis, und wird integriert in Transportetiketten, auch in Zusammenhang mit EPC/RFID.

NVE
→ Nummer der Versandeinheit.

Omnibusbefragung
Befragungsmethode, bei der mehrere Themen unterschiedlicher Auftraggeber innerhalb einer Befragung erörtert werden. Bei der Omnibusbefragung wird meist ein Fragebogen von einem bestimmten Marktforschungsinstitut entwickelt, in den interessierte Unternehmen Fragen eingeben können, die für sie relevant sind. So entsteht ein themenübergreifender Fragebogen größeren Umfangs, der einem Probanden zur Beantwortung vorgelegt wird.
Der Name „Omnibusbefragung" ergibt sich daher aus der Tatsache, dass mehrere unterschiedliche Firmen einen Fragebogen nutzen, um an dieselben bzw. ähnlichen Ziele zu kommen, so wie bei der Mitfahrt in einem Omnibus.
Vorteile der Omnibusbefragung liegen in der Kostengünstigkeit der Befragung sowie des geringen Verzerrungsrisikos der Fragebogenergebnisse, da die Probanden nur relativ kurzfristig mit einem Thema konfrontiert werden und sich nicht intensiv damit auseinandersetzen müssen.

One-Stop-Shopping
Bezeichnet die Möglichkeit der Konsumenten, mit nur einem einzigen Halt bzw. dem einmaligen Parken des Pkw aufgrund einer branchenübergreifenden → Agglomeration von Handelsbetrieben an einem Ort den gesamten Bedarf befriedigen zu können.
One-Stop-Shoppings sind beispielsweise große Einkaufszentren, Ladenpassagen oder auch Innenstädte.
One-Stop-Shopping bezeichnet aber auch die Bemühungen des Handels, dem Kunden seinen gesamten Bedarf an Waren in einem einzigen Geschäft anzubieten, mit einem „Stop".

Online-Service
Bezeichnet eine online angebotene Dienstleistung, die über das Internet abrufbar ist. Online-Services können sowohl kostenpflichtig als auch kostenlos sein. Typische Online-Services sind z.B. Suchmaschinen wie „Google" oder „Yahoo" sowie die kostenlosen E-Mail-Accounts der Anbieter Hotmail, Web oder GMX.

On-pack-Promotion
Dem zu verkaufenden Produkt werden Produktmuster oder sonstige Beigaben zugefügt. Zwischen beiden Produktteilen besteht eine feste Verbindung, sodass der Handel ein einfaches Handling hat und der Verbraucher die Beigabe nicht ohne Weiteres abtrennen kann.
Ziel dieser Verkaufsförderungsaktion kann sein, durch eine attraktive Beigabe den Abverkauf zu fördern bzw. durch das hinzugefügte Produktmuster eine Probe eines anderen Produkts abzugeben.

On-Shelf-Availability (OSA)
Bezeichnet die Verfügbarkeit von Waren im Sortiment eines Handelsunternehmens. Die OSA wird ermittelt, indem die zu einem bestimmten Stichtag in den Regalen des Handels tatsächlich vorhandenen Artikel ins Verhältnis zu den gelisteten Artikeln des Unternehmens gesetzt werden. Die OSA basiert somit auf einer Art Soll-Ist-Vergleich, mit dem → Vorratslücken aufgedeckt werden können. Da eben diese Vorratslücken im Sortiment zu → Fehlverkäufen führen, sollen im Rahmen der OSA die Bestandsdefizite aufgedeckt und Verbesserungsmaßnahmen eingeleitet werden, um Out-of-Stock-Situationen so weit wie möglich zu vermeiden.
Ziel der On-Shelf-Availability ist es somit, eine Optimal-Shelf-Availablity zu erreichen.

Open-to-Buy-Controlling
→ Limitkontrolle.

Open-to-Ship-Controlling
Teilprozess des → Bestandsmanagements. Dient im Wesentlichen zur Feinsteuerung der Filialbestände durch proaktive Änderungsmöglichkeiten der Vorverteilschlüssel und durch Auslösung der Filialumlagerung.

Order (ORDERS)
→ Bestellung.

Orderchange (ORDCHG)
→ Bestelländerung.

Orderresponse (ORDRSP)
→ Bestellantwort.

Order Status Enquiry (OSTENQ)
→ Bestellstatusanfrage.

Order Status Report (OSTRPT)
→ Bestellstatusbericht.

Orientierungsblick
→ Blockplatzierung.

Out of Stock
(deutsch: ohne Vorrat, Vorratslücken)
Von besonderem Interesse ist die Regalverfügbarkeit, d.h. die Verfügbarkeit der Waren in den Regalen der Verkaufsgeschäfte des Handels. Die Regalverfügbarkeit kann, je nach Handelsorganisation, unterschiedlich sein: manchmal beträgt sie weniger als 90 % , d.h., mehr als 10 % der Artikel waren bei der Bestandsaufnahme nicht verfügbar.

P

Palette
→ Europoolpalette und → Düsseldorfer Palette.

Palette, artikelrein
Mit dem Begriff artikelreine Palette wird ein Ladungsträger bezeichnet, der ausschließlich mit einer bestimmten Anzahl gleicher Artikel beladen ist. Artikelreine Paletten eignen sich insbesondere für Artikel größeren Volumens.

Palette, Mischpalette
Mit dem Begriff Mischpalette bezeichnet man einen Ladungsträger, der mit unterschiedlichen Artikeln beladen ist. Mischpaletten werden im → Cross-Docking filialgerecht kommissioniert. Insbesondere Artikel kleineren Volumens werden häufig auf Mischpaletten distribuiert.

Palettendekoration
Verkaufsförderungsmittel, das im Handel in Verbindung mit Palettenware zum Einsatz kommt. Bei Palettendekorationen handelt es sich um warenbegleitende Werbemittel, zumeist aus Wellpappe.

Palettendisplay
→ Displays, die auf → Palette, meist als Viertel- oder als Halb-Palette, im Handel angeliefert und so auch im Verkaufsraum präsentiert werden, um die innerbetriebliche → Logistik zu vereinfachen.

Panel
Dauerhaft konstante sowie repräsentative Anzahl von Personen, Haushalten oder Unternehmen, die im Rahmen von Marktforschungsstudien über einen längeren Zeitraum beobachtet werden, um bestimmte Aspekte ihres Verhaltens, wie beispielsweise ihres Konsumverhaltens, zu analysieren.
Die zwei bekanntesten Panel-Arten sind das Einzelhandelspanel sowie das → Verbraucherpanel.
Panelerhebungen werden meist von Marktforschungsinstituten durchgeführt, z. B. von der GFK, Nürnberg (Verbraucherpanel) oder von ACNielsen, Frankfurt am Main (→ Handelspanel).
Innerhalb dieser Panels werden z. B. die Verbraucher dazu aufgefordert, ihre täglich eingekauften Waren aufzulisten und dem Institut zur Analyse zu übermitteln. Während dies früher noch mit erheblichem Aufwand für die Konsumenten verbunden war, erfolgt heute die Erfassung der gekauften Waren meist über Scanner, anhand derer die Einkaufsdaten an die Institute versandt werden.
Nachteile der Panelbefragung liegen im → Paneleffekt sowie in der Panelsterblichkeit und darüber hinaus in der teils aufgrund von fehlender Motivation oder Unzuverlässigkeit der Befragten herbeigeführten Verzerrungen der Ergebnisse.

Paneleffekt
Mit dem Paneleffekt wird die unbewusste bzw. auch teils bewusste Verhaltensänderung der Teilnehmer einer → Panelerhebung bezeichnet, die zu einer Verzerrung des Ergebnisses der Panelbeobachtung führt.
Der Paneleffekt kann sich in einer Änderung des Konsumverhaltens ausdrücken oder im sogenannten „Overreporting", d. h., die Konsumenten geben dem Marktforschungsinstitut mehr Produkte an, als sie in Wirklichkeit gekauft haben, oder vice versa im „Underreporting".
Durch den Einsatz von Scannern zur Erfassung der tatsächlich gekauften Güter

Partizipationseffekt

kann der Paneleffekt jedoch eingeschränkt werden.

Partizipationseffekt
Durch → Komplementärartikel wird die Sortimentsbreite vorteilhaft erweitert, und es können neue Kunden gewonnen werden, die bislang beim Mitbewerber einkauften.

Partnerstammdaten
(engl.: Party Information Message)
EANCOM-Nachrichtentyp: PARTIN
Die Party Information Message (PARTIN) wird zwischen Handelspartnern versandt und dient dazu, Partnerstammdaten zu übermitteln. Die Nachricht kann dabei standortbezogene Informationen enthalten und wird verwendet für die Übermittlung operationaler, administrativer, finanzieller, kommerzieller sowie von Produktions- und Handelsdaten.

Party Information Message (PARTIN)
→ Partnerstammdaten.

Partyverkauf
Form einer direkten Vertriebsstrategie, bei der im Rahmen einer Party, in meist häuslicher Umgebung, Produkte zum Kauf angeboten werden. Hierbei können die Produkte vom Gastgeber selbst oder von einem externen Verkäufer vorgestellt und angeboten werden.
Bei Letzterem erhält der Gastgeber der Veranstaltung meist einen Einkaufsvorteil. Für den Partyverkauf bekannt ist das US-amerikanische Haushaltswaren-Unternehmen „Tupperware", das den Abverkauf seiner Artikel über eben solche, vorwiegend private „Tupperware-Partys" organisiert.
Neben Haushaltsartikeln werden über den Partyverkauf insbesondere Kosmetika (Avon) und Modeschmuck (Pierre Lang) vertrieben, aber auch Textilien.

Personality Promotion
Ein Begriff, der unterschiedliche Inhalte hat:
Zum einen versteht man darunter Promotion-Maßnahmen, bei der das Produkt durch Menschen vorgeführt wird, z. B. eine Gruppe von Menschen tritt verkleidet als Schokoladenriegel auf(!)
Zum anderen ist damit eine Promotion mit Prominenten gemeint.
In einer dritten Bedeutung werden darunter Verkaufsförderungsmaßnahmen verstanden, die durch Personen direkt beim potenziellen Kunden durchgeführt werden, also z. B. Degustationen oder Demonstrationen.

Pflicht-Kategorie (Routine-Kategorie)
(Synonym: Pflichtsortiment, Pflicht-Warengruppe)
(engl.: Routine Role)
Das Pflichtsortiment des Handels wird im Rahmen der → ECR-Aktivitäten und der stärkeren Betonung der Bedeutung von → Warengruppen bzw. Warenkategorien heute meist als Pflicht- bzw. Routine-Kategorie bzw. als Pflicht- bzw. Routine-Warengruppe bezeichnet.
Die → Pflicht-Kategorie umfasst die Produkte, die vom Kunden unbedingt im Sortiment eines Handelsunternehmens erwartet werden. Das Pflichtsortiment macht etwa 55 % bis 60 % des gesamten Sortiments aus und bildet somit den Schwerpunkt des Warenangebots. Das Pflichtsortiment kennzeichnet den Betriebstyp und variiert daher je nach → Betriebsform und → Branche. Insofern ist das Pflichtsortiment auch die Voraussetzung für einen einheitlichen Marktauftritt einer bestimmten Vertriebsschiene eines Handelsunternehmens. Folgende weitere Gründe sprechen für ein Pflichtsortiment:
- es ist Voraussetzung für eine Sortimentssteuerung mittels Deckungsbeiträgen (DPR)

- es ist Voraussetzung für EDV-gestützte Regaloptimierungssysteme (→ Space Management!)
- eine Delegation der Sortimentsfestlegung auf lokaler Ebene ist meist nicht möglich, da die Marktkenntnis der Marktleiter nur lokal ist
- es bietet eine bessere Auswahl und Kontrolle des Aktionssortiments
- es führt zu einer höheren Verbindlichkeit gegenüber den Herstellern aufgrund des regelmäßigen Warenbezugs und der damit verbundenen Bedingungen

Ziel eines Handelsunternehmens sollte es sein, das Pflichtsortiment derart zu gestalten, dass ein dauerhaft hoher Verbrauchernutzen geschaffen und ein positives Image der Vertriebsschiene beim Verbraucher aufgebaut wird.

Die Pflicht-Kategorie leistet einen wesentlichen Beitrag für Ertrag, Cashflow und Rendite.

Pflichtsortiment
(Synonym: Stammsortiment, Kernsortiment, Basissortiment, Dauersortiment)
Stellt das Sortiment dar, das die Kernprodukte des jeweiligen Unternehmens enthält und über ausreichende Ertragskraft verfügt.

Man kann drei Arten von Pflichtsortimenten unterscheiden:
- **Grundsortiment:** ist das den Betriebstyp bestimmende Dauerpflichtsortiment
- **Aktionssortiment:** ist das Pflichtsortiment während einer Bewerbung
- **Saisonsortiment:** ist das Pflichtsortiment während eines bestimmten Zeitraums

→ Randsortimente und → Zusatzsortimente dienen zur Abrundung, → Pflicht-Kategorie.

Plagiat
Ein Plagiat ist die Verwendung fremden geistigen Eigentums oder das Ausgeben eines fremden Werks als eigenes Werk. Produkte als Plagiate anderer Produkte auf den Markt zu bringen, verstößt gegen die guten Sitten. Bei Vorliegen von Urheberrechten macht sich der Plagiat-Hersteller strafbar. Seit einigen Jahren wird der „Plagiarius-Award" verliehen für die dreistesten Plagiate, vgl. www.plagiarius.com.

Plankauf
Vor dem Betreten eines Geschäfts geplanter Kauf von meist höherwertigen Gütern, dem mehr oder weniger umfangreiche Auswahl- und Entscheidungsprozesse vorangehen. Gegenstück zum Plankauf ist der → Impulskauf.

Planogramm (Regalbelegungsplan)
(Synonym: Regalspiegel)
Ein Planogramm ist eine dreidimensionale Visualisierung der Platzierung von Produkten auf Verkaufsflächen, insbesondere im Regal, an Warenträgern oder z. B. auf Hängewänden. Es dient zur Veranschaulichung der Platzierungspositionen nach Größe, Form und Zusammensetzung der einzelnen Artikel und Marken.

Ein Planogramm ist notwendig zur richtigen Platzierung und Verräumung der Waren, insbesondere dann, wenn durch Ein- oder Auslistungen die Anordnung verändert wird.

Die Erstellung der Planogramme erfolgt im Rahmen der Regaloptimierung auf Basis einer Analyse der Produkte in dem betrachteten Verkaufsflächensegment nach Umschlagsgeschwindigkeit und Ertragserzielung unter Beachtung der generellen Anforderungen für → Space Management.

Seit vielen Jahren stehen sowohl für die Analyse als auch für die Umsetzung in ei-

Platzierungsgelder

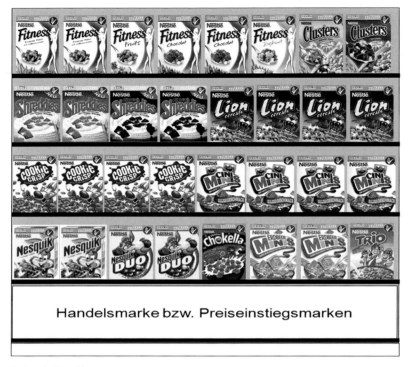

Abb.: Beispiel eines Planogramms
Quelle: Cereal Partners Deutschland – Nestlé Deutschland AG

ne entsprechende Visualisierung Softwareprogramme von verschiedenen Anbietern zur Verfügung, wie z. B. Spaceman von ACNielsen, Apollo (ursprünglich von Gfk/IRI!) seit Dezember 2008 von Aldata Solutions GmbH, Sirius von Numerikon (für Textilhandel!) oder opheo CM von Initions.

Platzierungsgelder

Platzierungsgelder werden dann gezahlt, wenn die vom Hersteller gewünschte oder vom Handel angebotene Platzierung eine signifikante Verbesserung gegenüber einer Standardplatzierung darstellt. Es kann sich um temporäre zusätzliche Platzierungen handeln, also z. B. um Zweit- oder Mehrfachplatzierungen, etwa am Gondelkopf, Palettenplatzierungen auf Sonderflächen oder Displayplatzierungen im Gang usw.

Möglich sind aber auch Platzierungsgelder für dauerhafte (Erst-)Platzierungen wie z. B. an Kassenplätzen und Kassenschächten für Süß- und Tabakwaren.

Platzierungs-Split-Analyse

Analysemethode im Handel, anhand derer die unterschiedlichen Platzierungsarten von Marken bestimmter Kategorien und Subkategorien in unterschiedlichen Betriebs- und Geschäftstypen untersucht werden. Auf Grundlage der Platzierungs-Split-Analyse können somit Empfehlun-

POS-Marketing

gen für die Artikelplatzierung im Sortiment des Handels getroffen werden (Basis: → Handelspanel).

Point of Purchase (POP)
Bezeichnet den Einkaufsort aus Kundensicht, d.h. den Ort, an dem Waren nachgefragt und erworben werden. Im stationären Einzelhandel stellt die Verkaufsfläche der Handelsbetriebe den Point of Purchase dar. Der Begriff Point of Purchase wird häufig synonym zum Terminus → Point of Sale verwendet.

Point of Sale (POS)
Aus Handelssicht der Punkt, an dem das Warenangebot und der Abverkauf der Waren der Handelsunternehmen stattfindet. Im stationären Einzelhandel stellt der POS die Verkaufsfläche der Handelsunternehmen dar. Die Gestaltung des POS hat große Bedeutung in der Marketingpolitik der Lieferanten gegenüber dem Handel, indem viele Hersteller versuchen, über ein aktives POS-Management die Präsentation ihrer Waren in ihrem Sinne optimal verkaufsfördernd zu unterstützen.

Auch die Handelsorganisationen unternehmen große Anstrengungen im Rahmen des Handelsmarketings gegenüber ihren Shoppern, das → POS-Marketing derart zu gestalten, dass Impulskäufe (siehe → Impulskauf) bei den Konsumenten zunehmen, die Verweilzeiten in den Geschäften steigen, die durchschnittlichen Werte der Einkaufsbons sich erhöhen und insgesamt die Bindung des Kunden an das Geschäft intensiviert wird.

Der Begriff POS wird häufig synonym mit dem Begriff → Point of Purchase (POP) verwendet.

POPAI
POPAI „Point of Purchase Advertising International" ist ein Verband, der sich seit seiner Gründung 1936 in den USA für die Interessen an und um den → Point of Purchase (POP) von Industrie, Handel, POP-Produzenten und POP-Dienstleistern einsetzt.

POPAI ist international tätig mit weltweit mehr als 2.000 Mitgliedern, davon 1.000 in Europa.

Als global agierende Non-Profit-Organisation versteht sich POPAI als Kompetenzcenter und umfassende Kommunikationsplattform für „Marketing at Retail".

POS (POP)
→ Point of Sale bzw. → Point of Purchase.

Positionierung
Aus Marketingsicht ist die Positionierung die Position, die ein Produkt oder z.B. ein Unternehmen in den Köpfen der Verbraucher hat. Welche Vorstellungen, Bilder, Wörter, Eigenschaften verbindet ein Verbraucher mit einer bestimmten Marke, mit einem bestimmten Unternehmen? Die Analyse der Positionierung zeigt, welche Wirkungen die verschiedenen Marketingmaßnahmen bei den Zielgruppen erreicht haben. Insbesondere, inwieweit die Soll-Positionierung, d.h. das angestrebte Image/Selbstbild, mit der Ist-Positionierung, d.h. dem Fremdbild bzw. dem tatsächlichen Image, übereinstimmen.

Aus Wettbewerbssicht kann unter der Positionierung auch verstanden werden, wie sich ein Unternehmen gegenüber anderen Unternehmen abgrenzt. Ein Handelsunternehmen kann sich gegenüber einem anderen Handelsunternehmen z.B. durch die Auswahl und die Gestaltung der → Profilierungs-Kategorien oder der Produkte in den → Impuls/Saison-Kategorien erheblich abgrenzen.

POS-Marketing
Darunter sind alle Maßnahmen zu verstehen, die am → Point of Sale den Auswahl-

Präfix

und Entscheidungsvorgang des Konsumenten beeinflussen sollen. Dies sind werbliche Maßnahmen, wie z. B. Lautsprecherdurchsagen, Laden-Radio (In-store-Radio), Fußbodenwerbung (Floor Graphics), Deckenhänger, Werbung an Einkaufswagen, aber darüber hinaus alle weiteren Maßnahmen, die aus den Marketing-Mix-Instrumenten resultieren, wie Sonderpreise, Preisschilder, Warenträger, Displays, Verkaufspersonal usw.

Präfix
(Synonym: Ländernummer)
Wichtiger Bestandteil der globalen Identifikationsnummern (→ ILN, → GTIN), der von der → GS1 Germany GmbH vergeben wird. Die zwei- bzw. dreistellige Zahlenfolge gibt Auskunft über die Herkunft der Ware oder des Objekts und leitet die Basisnummern sowie die daraus hervorgehenden Artikelnummern ein.
Beispiele:
Länderpräfixe beginnend mit „4"
400–440 Deutschland
460–469 Russland
Länderpräfixe beginnend mit „5"
50 Großbritannien
54 Belgien und Luxemburg
57 Dänemark
Eine Ausnahme ist die ladeninterne Auszeichnung. Hier wird „2X" anstelle der Ländernummer für Waren ohne festen Preis verwendet, wie z. B. bei Obst und Gemüse.

Preis-Absatz-Analyse
Analyse, die dazu dient, die Auswirkungen von Preisänderungen auf den Absatz eines Unternehmens zu untersuchen.
Bei der Preis-Absatz-Analyse werden die prozentualen Änderungen des Preises den darauf folgenden Absatzänderungen in Prozent gegenübergestellt. Der auf diese Weise ermittelte Reagibilitätsgrad gibt an, wie stark die Absatzmenge auf Preissteigerungen oder Preissenkungen reagiert.
Mithilfe der Analyse kann u. a. der Erfolg von Preisaktionen bewertet sowie der Spielraum des Preises sinnvoll ausgenutzt werden.

Preisabstands-Analyse
Erfolgt auf Basis der Daten eines Handels- oder Verbraucherpanels. Die Preisabstands-Analyse zeigt die Wirkung von verschiedenen Preisabständen einer Marke zu einer oder mehreren Konkurrenzmarken auf den Marktanteil der betrachteten Marke. Die Analyse zeigt, welche Preisabstände zu einem Konkurrenzprodukt geeignet sind, die Marktanteile zu festigen oder auch zu erhöhen.

Preisführerschaft
Bei der strategischen Option „Preisführerschaft" ist es das Ziel des Händlers, das preislich günstigste oder noch günstigere Angebot als der Wettbewerber zu haben. Dieses Konzept wird typischerweise im Diskount verfolgt.
Im Gegensatz dazu steht das Konzept der → Leistungsführerschaft.

Preisindex
Statistisch ermittelte Kennzahl, welche die prozentualen oder absoluten Preisänderungen von verschiedenen Gütern im Zeitablauf, ausgehend von den Preisen eines festgelegten Basisjahres angibt.
Ein bedeutender, sowie bekannter Preisindex ist der Index der Verbraucherpreise bzw. der → Lebenshaltungskostenindex. Daneben existiert im Handel der Einzelhandels-Index, welcher die Veränderungen der Preise des Einzelhandels im Zeitablauf angibt.

Preislagenabdeckung
Die Preislage, in der ein Handelsunternehmen seine Waren anbietet, ist vom

Premiummarke

Fachmarkt	Warenhaus	Fachgeschäft
		obere Preislage 100 Euro
	obere Preislage 50 Euro	mittlere Preislage 60 Euro
obere Preislage 20 Euro	mittlere Preislage 30 Euro	untere Preislage 30 Euro
mittlere Preislage 15 Euro	untere Preislage 15 Euro	
untere Preislage 10 Euro		

Betriebstyp abhängig bzw. wird durch den Betriebstyp definiert. So ist die Preislage in einem Fachgeschäft üblicherweise (sehr) hoch, in einem Fachmarkt vergleichsweise niedriger und in einem Discountgeschäft am niedrigsten.

Innerhalb dieser grundsätzlichen Preislage muss der Händler jedoch entscheiden, inwieweit er Produkte in der oberen, in der mittleren oder in der unteren Preislage anbietet.
Beispiel: Damenbluse

Preisliste / Katalog
(engl.: Price Sales Catalogue)
EANCOM-Nachrichtentyp: PRICAT
Bei der PRICAT-Nachricht übermittelt der Lieferant dem Käufer der Ware einen Katalog, der sämtliche Informationen über die vom Lieferanten vertriebenen Produkte enthält, d. h. die → Stammdaten der Produkte. Darüber hinaus können anhand dieser Nachricht Änderungen bezüglich Einzelheiten wie Preis, Qualität, Inhaltsstoffe oder technische Daten eines Produkts kommuniziert werden.

Premiummarke
Unter dem Begriff Premiummarke werden Marken subsumiert, die sowohl aus preislicher als auch aus qualitativer Sicht in der Oberklasse liegen und somit insbesondere Zielgruppen mit überdurchschnittlichen Haushaltsnettoeinkommen (HHNE) ansprechen.

Darüber hinaus genießen Premiummarken ein hohes Image und verschaffen dem Konsumenten durch den Erwerb und Besitz der Ware Prestige und ein bestimmtes gesellschaftliches Ansehen, was u. a. auch als wesentlicher Kaufgrund für Premiummarken gilt.

Mit dem Aufbau von Premiummarken setzen Firmen eine Präferenzstrategie um, mit der über die Vorzugsstellung sowie die Qualität der Marke die hohen Absatzpreise gerechtfertigt werden. Der Vorteil liegt in dem Ausweichen vom Preiswettbewerb hin zum Qualitätswettbewerb und dem Aufbau von Kundentreue durch die Erschaffung von Präferenzen. Nachteile liegen jedoch meist in der hohen Gefahr der Produktpiraterie sowie in dem hohen Aufwand der Pflege einer Premiummarke.

Der ursprünglich aus dem Baugewerbe stammende Begriff wurde zuerst von dem schweizer Unternehmen Mövenpick aufgegriffen, das mit der Eigenmarke Mövenpick die erste Premiummarke schuf. Seither finden sich in nahezu allen Branchen und Produktkategorien Güter,

Price-Look-up-Verfahren

die im Rahmen einer Premiummarkenstrategie vertrieben werden.

Price-Look-up-Verfahren (PLU)
Das Price-Look-up-Verfahren bezeichnet das System des automatisierten Preisabrufs eines Artikels aus einem zentralen EDV-System im Handel, wenn an der Kasse der Artikel mittels Scanner anhand des Strichcodes elektronisch erfasst wird.

Price Sales Catalogue (PRICAT)
→ Preisliste/Katalog.

Primärverpackung
→ Verkaufsverpackung.

Private Brand/Private Label
→ Handelsmarke.

Private-Label-Hersteller
(engl.: Private Label Manufacturer)
Private-Label-Hersteller bieten ihren Kunden normalerweise Komplettlösungen, d. h., sie schlagen Rezepturen vor, stellen Produkte her, füllen diese ab und übernehmen teilweise auch die Logistik. Private-Label-Hersteller beraten den Kunden auch z. B. bezüglich Sortimentserweiterungen, Verpackung oder neuen Rohstoffen.
Im Unterschied dazu fertigen Lohnhersteller im Auftrag nach den Rezepturen bzw. Vorgaben ihrer Kunden und liefern die so hergestellten Produkte an diese aus.
→ Private Label Manufacturer Association.

Private Label Manufacturer Association (PLMA)
Die Private Label Manufacturers Association wurde 1979 gegründet. Sie verfolgt als internationaler Handelsverband die Förderung der Handelsmarken. Die PLMA betreibt Büros in Amsterdam und New York und vertritt mehr als 3.200 Hersteller und Zulieferer aus aller Welt. Ihre Mitglieder sind Firmen, die entweder ausschließlich → Handelsmarken herstellen oder daneben auch noch eigene Fabrikmarken produzieren.
Jährlich veranstaltet die PLMA Fachmessen, u. a. die weltgrößte Fachmesse für → Food- und → Non-Food-Handelsmarken in Amsterdam: „Welt der Handelsmarken" mit über 3.000 Ausstellungsständen und Einkäufern aus mehr als 90 Ländern.

Problemloses Gut
Mit dem Begriff problemloses Gut werden vom Kunden bereits bekannte, oft auch routinemäßig erworbene, standardisierte Waren bezeichnet, deren Kauf keine Beratung oder zusätzliche Informationsbereitstellung seitens des Anbieters erfordert.
Der Terminus „Problem" bezeichnet in diesem Zusammenhang den erhöhten Aufwand im Sinne von Werbung, Beratung, Kundendienst, Informationsmaterial etc., den die Handelsunternehmen betreiben müssen, um die Konsumenten von dem Produkt zu überzeugen.
Problemlose Güter sind u. a. Güter des täglichen Bedarfs sowie → Convenience-Goods, die im stationären Einzelhandel vorwiegend über Selbstbedienung vertrieben werden.
Das Pendant zu den problemlosen Gütern bilden die problemvollen Güter. Diese Produkte sind meist im höheren Preissegment liegende, qualitativ hochwertige und technisch anspruchsvolle Güter. Da diese Produkte in der Regel erklärungsbedürftig sind, obliegt es den Handelsunternehmen, die Konsumenten zu beraten und diese mit Informationen zu versorgen, um sie vom Erwerb des Produkts zu überzeugen.
Die Trennung zwischen problemlosem und problemvollem Gut ist nicht eindeu-

Produktlebenszyklus

tig möglich, da die Grenzen oftmals fließend sind.

Problemvolles Gut
→ Problemloses Gut.

Product Data Message (PRODAT)
→ Produktstammdaten.

Product Inquiry Message
EANCOM-Nachrichtentyp: PROINQ
Die Product Inquiry Message wird vom Kunden an den Lieferanten gesandt und dient dazu, genau die Informationen und Spezifikationen aus den insgesamt vorliegenden Produktstammdaten des Lieferanten für ein Produkt oder eine Produktgruppe abzufragen, die für den Kunden tatsächlich interessant sind. Die PROINQ gibt dem Hersteller/Lieferanten die Möglichkeit, an den Kunden anstelle des gesamten Produktstammdatenkatalogs nur die Produktdaten zu senden, die der Kunde wirklich benötigt.

Produktblock
→ Blockplatzierung.

Produktdifferenzierung
Bezeichnet die Veränderung von Einzelmerkmalen wie Form, Farbe, Gewicht, Preis, Verwendungszweck, Funktion etc. eines Produkts zur Erschaffung einer neuen Produktvariante. Eine Produktdifferenzierung kann entstehen aus der Veränderung der physischen, funktionellen, ästhetischen oder symbolischen Eigenschaften, aber auch aus dem Angebot von Zusatzleistungen. Es handelt sich bei der Produktdifferenzierung also um eine neue (innovative!) Produktvariante, die sich in einem bestimmten Aspekt von der bestehenden unterscheidet und die parallel zum Basisprodukt angeboten wird. So führt eine Produktdifferenzierung zur Erweiterung der Produktprogrammtiefe bzw. der Sortimentstiefe. Ziel der → Differenzierung ist die verbesserte Anpassung an den Bedarf der Zielgruppe, die Erschließung neuer Märkte und die Umsatzausweitung.
Produktdifferenzierungen sind keine Seltenheit und werden insbesondere in den Sättigungs- und Degenerationsphasen des → Produktlebenszyklusses durchgeführt.

Produktinnovation
Bezeichnet ein neues bzw. neuartiges Produkt. Die Bandbreite, was unter „innovativen" Produkten verstanden werden kann, ist sehr groß. Es kann sich um eine vollkommen neue Art der Lösung eines Problems handeln, die am Markt bislang nicht bekannt ist (Weltneuheit) oder auch um ein Produkt, das nur aus der Sicht eines Unternehmens eine → Innovation darstellt, da dieses Produkt bislang noch nicht Teil des Produktprogramms bzw. des Sortiments eines Unternehmens ist.
Durch Produktinnovationen können Marktanteile gewonnen bzw. vollkommen neue Märkte erschlossen werden.

Produktlebenszyklus
Dem Produktlebenszyklus liegt die Annahme zugrunde, dass Produkte, aber auch Märkte oder Betriebsformen, analog zu Organismen eine begrenzte Lebensdauer aufweisen und innerhalb dieser Lebensdauer verschiedene Phasen durchlaufen.
Nach der Theorie des Produktlebenszyklusses erstreckt sich die Lebensdauer eines Produkts über fünf genau definierte Phasen. So beginnt der Lebenszyklus eines Produkts zunächst mit dessen Markteinführung, was im weitesten Sinne die „Geburt" des jeweiligen Produkts darstellt. Die darauf folgende Phase bildet die sogenannte Wachstumsphase, die

Produktlebenszyklus

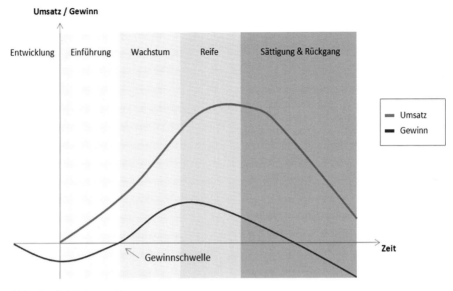

Abb.: Produktlebenszyklus

nach einer gewissen Zeitspanne in die Reifephase übergeht. Die letzten Phasen sind die Sättigung oder die Degeneration, die sich bis zum „Sterben" des Produkts erstrecken, d.h. bis zu dessen Entfernung vom jeweiligen Markt.

Je nach Produkt und Markt kann die zeitliche Länge der Phasen sehr unterschiedlich sein, im Allgemeinen wird jedoch davon ausgegangen, dass ein Produkt unabhängig von der Dauer der Phasen alle Phasen in einem bestimmten Zeitraum durchläuft.

Die einzelnen Phasen des Produktlebenszyklusses lassen sich wie folgt kennzeichnen:

- **Einführungsphase:** In der Einführungsphase wird das Produkt nach erfolgreichem Abschluss der Entwicklungsphase auf dem jeweiligen Markt eingeführt. Für den Hersteller ist es in dieser Phase besonders wichtig, die Bekanntheit des Produkts zu steigern. Hierzu sind in dieser Phase meist sehr hohe Aufwendungen in Form von Werbekosten und/oder → Verkaufsförderungsmaßnahmen notwendig. Zudem ist es in dieser Phase für Herstellerunternehmen von Bedeutung, eng mit dem Handel zusammenzuarbeiten, um eine möglichst vorteilhafte Listung im Handel zu erzielen. Da in dieser Phase die zuvor getätigten, zumeist hohen Entwicklungskosten des Produkts noch nicht über die in der Einführungsphase erzielten Umsätze amortisiert wurden, verläuft die Gewinnkurve in diesem Bereich unterproportional bzw. im negativen Bereich.

  Mit Erreichen der Gewinnschwelle ist die Einführungsphase beendet.

- **Wachstumsphase:** In der darauf folgenden Wachstumsphase ist das Produkt bereits am Markt bekannt, die Umsätze steigen stark an. Auf diese Weise erzielen die Unternehmen erst in der Wachstumsphase Gewinn.

Produktlinie

- **Reifephase:** In der Reifephase können Marktanteile abgeschöpft und die Marktposition ausgebaut werden. Die Umsätze erreichen in dieser Phase ihren Höhepunkt. Je nach Markteintrittsbarrieren verzeichnet der Markt hier zum Teil eine steigende Anzahl neu eintretender Unternehmen, sodass gegen Ende der Phase aufgrund der zunehmend steigenden Marktsättigung, einhergehend mit stärkerer Konkurrenz, die mit dem Produkt erzielten Umsätze zurückgehen.
- **Sättigungs- und Degenerationsphase:** In der Sättigungs- und Degenerationsphase ist das Potenzial des Markts ausgeschöpft, und der Bedarf der Verbraucher weist starke Sättigungserscheinungen auf. Aufgrund der steigenden Anzahl an verfügbaren Substituten und der Sättigung gehen die mit der Nachfrage einhergehenden Umsätze stark zurück. Die Degenerationsphase birgt somit ein hohes Verlustpotenzial für die Unternehmen.

Der Vorteil des Produktlebenszyklusses ist das vereinfachte Management von Produkten, da diese im Zeitablauf betrachtet werden und sich aus den einzelnen Phasen leicht Strategien für das Management ableiten lassen. Nachteilig ist jedoch, dass der Produktlebenszyklus eine sehr isolierte Betrachtung eines Produkts darstellt, da dieser ein Produkt lediglich in Bezug auf die Zeit betrachtet.

Produktlinie

Produktlinie ist die Bezeichnung für eine Gruppe von Produkten, die von einem Unternehmen angeboten und vertrieben werden und die aufgrund von Produktions- und/oder Markt- und Nachfragezusammenhängen eng miteinander verbunden sind. Die Artikel einer Produktlinie werden je nach Produktstrategie entweder als komplementäre oder substitutive Güter angeboten.

Im Rahmen einer Markenfamilienstrategie tragen die Artikel einer Produktlinie

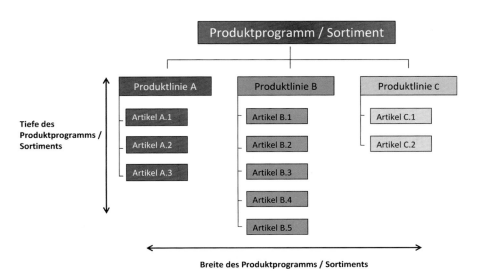

Abb.: Breite und Tiefe des Produktprogramms

Produktstammdaten

denselben Markennamen, unterscheiden sich jedoch zumeist in ihrer weiteren Spezifikation. Ein Beispiel hierfür wäre die Markenfamilie Audi, deren Produktlinien im Premiumsegment u. a. die Artikel Audi A3, Audi A3 Sportback, Audi A4 Limousine, Audi A4 Avant, Audi A4 Cabriolet etc. umfassen. Ein anderes Beispiel sind z. B. die Marken, die die Firma Nestlé im Bereich der Kinderernährung anbietet: Alete, Bübchen und Beba.

Die hergestellten Produktlinien geben Auskunft über die Breite des jeweiligen Produktprogramms. Die Zahl der in einer Produktlinie enthaltenen Artikel bestimmt die Tiefe bzw. die Länge des Produktprogramms (siehe Grafik). Dies sind z. B. die von der Nestlé AG angebotenen unterschiedlichen Mineralwasser-Marken: Contrex, Perrier, S. Pellegrino, Vittel, Aqua Panna, Nestlé Aquarel, Fürst Bismarck, Frische Brise, Kloster Quelle, Nestlé Wellness und Neuselters.

Bezüglich der Bezeichnungen und Bedeutung der Breite und Tiefe des Produktprogramms besteht eine starke Gemeinsamkeit zur Breite und Tiefe des Sortiments der Handelsunternehmen. Siehe → Sortimentsbreite/Sortimentstiefe.

Produktstammdaten

(engl.: Product Data Message)
EANCOM-Nachrichtentyp: PRODAT
Die Product Data Message wird vom Lieferanten an seine Kunden übermittelt und enthält die Kerndaten der vom Lieferanten angebotenen Produkte. Kerndaten bedeutet in diesem Zusammenhang die ausschließlich technisch-funktionale Beschreibung der Produkte ohne weitere Angabe kommerzieller Daten. Diese meist langfristig gültigen Angaben beinhalten die Produktcharakterisierung, die technischen Daten des Produkts sowie die Produktanforderungen und Anweisungen zum korrekten Umgang mit dem jeweiligen Produkt. Die PRODAT kann sowohl Daten über das gesamte lieferbare Sortiment des Herstellers bzw. Lieferanten als auch über einen Teil seiner Ware enthalten. Darüber hinaus kann die Nachricht auch als Aktualisierungsmöglichkeit einer vorab versandten Product Data Message verwendet werden.

Produktvariation

Wenn ein bestehendes Produkt überarbeitet und aktualisiert auf den Markt gebracht wird, spricht man von einer Produktvariation. Voraussetzung ist allerdings, dass das alte Produkt aus dem Markt genommen wird. (Würde das Ursprungsprodukt weiterhin vermarktet werden, würde es sich bei dem neu eingeführten Produkt um eine → Produktdifferenzierung handeln!)
Eine Produktvariation führt damit zu keiner Veränderung im Sortiments- bzw. Produktprogrammumfang.

Profilierungs-Kategorie

(Synonym: Profilierungs-Warengruppe)
Die Profilierungs-Kategorie, als eine der vier Warengruppenrollen im → Category Management (ECR!), ist von besonderem Nutzen für die Kunden des Unternehmens. Sie hat die Aufgabe, das eigene Unternehmen als besten Anbieter zu profilieren, um damit die Führung im Wettbewerb in dieser Warengruppe zu übernehmen. Der Umsatzanteil der Profilierungs-Kategorie beträgt nach → ECR-Best-Practice zwischen 5 % und 10 %.
Für diese Warengruppe bietet der Händler neben dem besten Angebot auch die notwendigen Ressourcen für die Vermarktung, d. h., er stellt die besten Verkaufsflächen zur Verfügung und unterstützt die Abverkäufe durch attraktive Promotions und Preise. Eingebettet ist die Profilierungs-Kategorie idealerweise in (umfangreiche) Marktforschung, Logistik und Service.

Ziel ist es, dass der Käufer – ohne Nachdenken – das betrachtete Handelsunternehmen mit der Profilierungs-Kategorie in Verbindung bringt. Idealerweise sucht der Käufer für den Einkauf eines Produkts aus dieser Kategorie das betreffende Geschäft gezielt auf. Diese Warengruppe definiert also das Profil einer Vertriebsschiene aus Zielkundensicht mit.

Der Erfolg dieser Profilierung äußert sich bei diesen Warengruppen in überdurchschnittlichem Umsatz, Marktanteil, Serviceniveau und Kundenzufriedenheit.

Profitcenter

Mit dem Begriff Profitcenter wird eine in ein größeres Unternehmen eingegliederte Organisationseinheit bezeichnet, die weitgehend autonom arbeitet und eigenverantwortlich nach Profit bzw. Gewinn strebt.

Profitcenter agieren zumeist in einem vom Konzern vorgegebenen Rahmen, wie beispielsweise der Vorgabe des Budgets oder des Investitionsvolumens pro Periode. Für jedes Profitcenter eines Unternehmens sind die Periodenerfolge einzeln auszuweisen, sodass die Rentabilität der Einheiten sehr schnell erfasst und vergleichbar gemacht werden kann.

Im Einzelhandel werden oftmals die Filialen der Handelsketten in dieser Betriebsform geführt.

Vorteile der Profitcenter liegen in der direkten Zuweisung von Kosten und Gewinnen pro Organisationseinheit und somit in der Erstellung einer aussagekräftigen Deckungsbeitrags-Rechnung. Da Profitcenter als eigene Kostenstellen geführt werden, ist es dem Mutterkonzern so möglich, die Gewinn- und Kostenstrukturen transparenter zu gestalten und defizitäre Einheiten schneller aufzudecken. Zudem wird durch die Einrichtung von Profitcentern oftmals die Mitarbeitermotivation erhöht, da Mitarbeiter nun die Möglichkeit besitzen, wie Unternehmer zu agieren und ihren Bereich eigenverantwortlich leiten und gestalten zu können.

Promotion

(Synonym: Verkaufsförderung)
Auch als → Aktion oder → Verkaufsförderungsmaßnahme bezeichnet. Eine Promotion kann eine Anzeige in einem Handzettel sein, eine Zweitplatzierung mit einem Display oder auch eine Preisreduktion für eine bestimmte Zeit. Diese Promotionarten können einzeln oder zusammen auftreten; häufigstes Beispiel ist eine Abbildung im Handzettel, verbunden mit einer Preisreduktion um X Prozent. Man unterscheidet für einen Artikel in Promotion-Wochen und Non-Promotion-Wochen.

Promotion, Anteil

Anzahl der Promotionaktionen, die für eine bestimmte Marke innerhalb einer Periode durchgeführt werden, bezogen auf die Gesamtanzahl aller Promotions für die die jeweilige Marke einschließende Produktkategorie.

Die meist in Prozent angegebene Verhältniszahl bzw. Kennzahl gibt Auskunft über die Intensität der Verkaufsförderungsmaßnahmen für eine Marke. Im Vergleich mit den Abverkaufszahlen der betrachteten Marke dient die Kennzahl dazu, den Erfolg der durchgeführten Promotionaktion zu ermitteln.

Promotion, Anzahl

Menge aller innerhalb einer Periode durchgeführten Promotionaktionen für ein Produkt, eine Marke oder eine Kategorie eines Handelsunternehmens. Die Anzahl der Promotions pro Marke wird u.a. für die Ermittlung des → Promotion Anteils benötigt.

Promotion Distribution

Promotion Distribution (verkaufend gewichtet)
Gibt das Verhältnis des erzielten Umsatzes eines verkaufenden Geschäfts innerhalb einer Kategorie an, für die in der betrachteten Periode eine Verkaufsförderungsmaßnahme durchgeführt wurde, zum gesamten Umsatz aller die Kategorie führenden Geschäfte des Gesamtmarkts. Die Promotion Distribution (verkaufend und gewichtet) wird dabei in Prozent angegeben.

Promotion Distribution (verkaufend numerisch)
Gibt an, wie hoch der Anteil der verkaufenden Geschäfte, die in der betrachteten Periode eine Promotionaktion durchgeführt haben, an der gesamten Anzahl aller Geschäfte des betrachteten Markts ist.

Promotion-Effektivität
Kennzahl, die die Wirksamkeit einer durchgeführten Promotionaktion wiedergibt. Die Effektivität der Promotionaktion wird hierbei danach beurteilt, inwieweit durch diese Maßnahme zusätzliche Absätze erzielt werden konnten. Die Promotion-Effektivität errechnet sich daher nach folgender Formel:

$$\frac{\text{Zusatzabsatz}}{\text{Normalabsatz}} \times 100$$

Um den tatsächlichen Erfolg der Promotion wirksam kontrollieren zu können, sind die Normalabsätze auch nach der Aktion zu kontrollieren. Auf diese Weise kann festgestellt werden, ob es sich bei den Zusatzabsätzen um reale Mehrabsätze oder lediglich um vorgezogenen Konsum handelt, der in den folgenden Perioden zum Einbruch der Normalabsätze führt.

Promotion, personalgestützte
Promotion, die mittels Unterstützung von (geschultem) Verkaufspersonal durchgeführt wird, welches das Produkt dem Konsumenten vorstellen, erklären bzw. verkaufen soll. Typisch sind z. B. Degustationen im LEH, d. h. die Vorführung und Verkostung von neuen Lebensmitteln oder Getränken.

Promotion Price
→ Aktionspreis.

Promotion-Woche
Zeitraum, in dem eine → Promotion für ein Produkt X stattfand. Gegenteil zur → Non-Promotion-Woche.

Proof
Bezeichnet im Druckwesen die vorweggenommene Simulation eines Druckergebnisses zur Revision.

Propagandistin
(Synonym: Werbedame)
Ist eine meist extern beschaffte Mitarbeiterin, die in den Geschäften des Handels und im Auftrag der Hersteller Waren zur Degustation anbietet, Proben verteilt oder auf andere Weise Produkte vorführt/vorstellt.

Prüfziffer
Dient der Absicherung der erfassten Daten und wird anhand der vorangehenden Zahlenfolge für jede → GTIN, → GLN oder → NVE/ → SSCC neu ermittelt. Die Berechnung der Prüfziffer zeigt nachfolgendes Beispiel:

Prüfziffer

	1	2	3	4	5	6	7	8	9	10	11	12	13
GLN	4	3	3	0	9	5	2	0	0	4	0	1	3
Multiplikator	1	3	1	3	1	3	1	3	1	3	1	3	
Produkt	4	9	3	0	9	15	2	0	0	12	0	3	
Summe	57												
Vielfaches von 10	60												
Differenz	3												

Allgemeine Vorgehensweise:
- **Schritt 1:** Die einzelnen Ziffern werden von rechts nach links abwechselnd mit „3" und mit „1" multipliziert.
- **Schritt 2:** Die Produkte werden addiert.
- **Schritt 3:** Die Prüfziffer ergänzt diese Summe zum nächsten Vielfachen von 10. Falls es sich bei der Produktsumme um ein Vielfaches von 10 handelt, dann lautet die Prüfziffer „0".

Q

Qualitätsmanagement

Mit dem Begriff Qualitätsmanagement werden alle auf das gesamte Unternehmen bzw. auf die gesamte Organisation ausgerichteten Maßnahmen zur Planung, Durchführung und Kontrolle der qualitätsgerichteten Aktivitäten bezeichnet. Ziel des Qualitätsmanagements ist es, die eigenen Produkte, Prozesse und Systeme kontinuierlich zu verbessern. Im Qualitätsmanagement werden die Qualitätspolitik, Qualitätsplanung, Qualitätslenkung, Qualitätssicherung und Qualitätsverbesserung festgelegt. Die International Standardization Organization (ISO) hat das Qualitätsmanagement international genormt. Hiernach gelten acht Leitsätze für die erfolgreiche Durchführung eines Qualitätsmanagements:

- **Kundenfokus:** Im Qualitätsmanagement sollen das Unternehmen und seine Leistungen am Bedarf und an den Wünschen der Kunden ausgerichtet werden. Ziel ist das Erreichen einer Balance zwischen den Kunden und den anderen Anspruchsnehmern eines Unternehmens.

- **Führungsstil:** Die Mitarbeiter sollen enger in das Unternehmen einbezogen werden, um so die Ziele effektiv zu erreichen.

- **Einbezug der Mitarbeiter:** Mitarbeiter aus allen Bereichen sind die Hauptsache für ein Unternehmen und müssen daher in die Unternehmenspolitik und in die Entscheidungen mit einbezogen werden.

- **Prozessorientierter Ansatz:** Im Rahmen des Qualitätsmanagements sollen die Aktivitäten und Ressourcen eines Unternehmens als ein Prozess gemanagt werden, um die angestrebten Ergebnisse des Unternehmens leichter und besser erreichen zu können.

- **Systemansatz für das Management:** Die interdependenten Managementprozesse eines Unternehmens sollen als System betrachtet werden, um Ziele effizienter und effektiver erreichen zu können.

- **Kontinuierliche Verbesserung:** Das Unternehmen soll im Qualitätsmanagement bestrebt sein, die kontinuierliche Verbesserung der Leistung als permanentes Ziel des Unternehmens anzustreben.

- **Sachbezogener Entscheidungsansatz:** Effektive Entscheidungen müssen auf Daten- und Informationsanalysen basieren.

- **Beiderseitig vorteilhafte Lieferantenbeziehungen:** Da Organisationen und deren Zulieferer eine gegenseitige Abhängigkeit aufweisen, ist es vorteilhaft für beide, die Beziehungen zu verbessern und so eine Win-Win-Situation zu kreieren.

Quengelware

Mit diesem Begriff werden zumeist Süßigkeiten bezeichnet, die sich in den Regalen in der → Bückzone und damit in Blickhöhe der Kinder befinden und an den Kassen platziert sind.

Quick Response (QR)

Der Begriff kommt aus dem Englischen und bedeutet schnelle Antwort/schnelle Reaktion. Es ist eine Methode, die es Unternehmen ermöglicht, auf ungeplan-

Quick Response

te, spontane Nachfrageänderungen so schnell wie möglich zu reagieren. Quick Response basiert dabei auf einem Zusammenschluss von mehreren Unternehmen in einer Wertschöpfungskette. Über standardisierte Informations- und Kommunikationstechnologien – in der Regel → EDI – werden per Scanner-Kassen erfasste artikelgenaue Daten in Echtzeit ausgetauscht; Produktion, Bestandsmanagement und Distribution werden an die Nachfrage angepasst und mit den aktuellen Verkäufen im Handel synchronisiert. Quick Response wurde erstmals 1985 für die amerikanische Bekleidungs- und Textilindustrie vorgeschlagen. QR unterscheidet sich in wesentlichen Aspekten vom → Continuous Replenishment (CRP), das ursprünglich für die Konsumgüterindustrie entwickelt wurde.

Bei QR findet der Datenaustausch meist zwischen mehreren Partnern in der Wertschöpfungskette statt, während mit CRP die Wiederauffüllung des Bestands zweier aufeinanderfolgender Stufen der Supply Chain zentral von einem Punkt – meist dem Zulieferer – koordiniert wird. In den meisten Fällen basiert → CRP nicht auf POS-Daten wie QR, sondern auf Informationen über tatsächliche Lagerabgänge und Lagerbestände. CRP ist leichter zu implementieren, auch fällt es Händlern meist leichter, Angaben über Warenbestände als über Verkaufszahlen zu machen.

Quittung

Mit dem Begriff Quittung wird ein schriftlicher oder elektronischer Beleg bezeichnet, der als Beweis für den Erhalt einer Leistung dient. Im Rahmen von Kaufverträgen erhält der Schuldner nach erbrachter Leistung eine Quittung vom Empfänger, welche die Entgegennahme der Leistung bestätigt und das Erlöschen der Forderung gegenüber dem Verkäufer belegt. Für die rechtliche Gültigkeit einer Quittung ist eine Unterschrift oder qualifizierte elektronische Signatur notwendig. Ein Stempel als Signatur einer Quittung reicht vor Gericht nicht aus. Nach § 368 BGB hat der Schuldner Anspruch auf eine Quittung. Diese enthält die Bezeichnung der vom Verkäufer veräußerten Waren oder Dienstleistungen, die Güterart und die Menge sowie die Höhe der geschuldeten Forderung in Geldeinheiten.

Eine Quittung kann dabei sowohl handschriftlich als auch in maschineller Form erstellt werden.

Sofern beim Käufer der Ware allerdings ein begründetes rechtliches Interesse besteht, „ (...) dass die Quittung in anderer Form erteilt wird, so kann er die Erteilung in dieser Form verlangen." § 368 S. 2 BGB. Obwohl oftmals synonym verwendet, sind Quittung und Rechnung nicht gleichzusetzen. Im täglichen Gebrauch kommt allerdings einem Beleg ohne Unterschrift, wie dies insbesondere beim Kassenbon im Einzelhandel der Fall ist, eine ähnliche Beweiskraft wie der Quittung zu.

Quotation Message (QUOTES)
→ Angebot.

R

Rabatt

Der Rabatt ist ein Preisnachlass, der für bestimmte Leistungen oder aus sonstigen nicht direkt leistungsbezogenen Anlässen auf Waren und/oder Dienstleistungen gewährt wird.
Im Gegensatz zu anderen Nachlässen wie Skonto, Bonus oder Gutschrift werden Rabatte unmittelbar vom Listenpreis (Bruttoverkaufspreis ohne MwSt.) der jeweiligen Ware abgezogen. Folgende Grundtypen von Rabatten lassen sich unterscheiden:

- **Auftragsmengenrabatte** werden manchmal auch Logistik-, Fracht-, Mengen- oder Bezugspunktrabatte genannt, die für eine bestimmte Abnahmemenge pro Lieferung gewährt werden, damit der Hersteller gleichzeitig distributionslogistische, insbesondere Fracht- und Lagerkostenersparnisse realisieren kann. Durch die Errichtung von Zentrallagern kommt den Auftragsmengenrabatten im aktuellen Bezug besondere Bedeutung zu.
Der Bezugspunkt für den Hersteller ist das Zentrallager des Handels und nicht mehr, wie im Streckengeschäft, die einzelne Verkaufsstelle des Handels.
- **Aktionsrabatte:** Rabatte, die einen Anreiz zur Abnahme von größeren Mengen pro Lieferung oder Aktion bieten sollen.
- **Gesamt-Umsatz-Rabatte:** Solche Rabatte, z.B. nach einem Steigerungs- oder Zielumsatzabkommen, haben das Ziel, dass der Kunde oder die Kundengruppe während eines bestimmten Zeitraums (meist ein Jahr) eine bestimmte Leistung erbringt. Diese Leistung ist gewöhnlich die Erreichung eines bestimmten Umsatzniveaus oder eine bestimmte Umsatzsteigerung. Aber auch die Erbringung einer bestimmten Leistung (z.B. Dauerzweitplatzierung) kann auf diese Weise honoriert werden.

Rabatte können weiterhin unterschieden werden in:
- **Dauerrabatte** oder **Einmalrabatte**
- **Wert-** oder **Mengenrabatte**
- **Sofortrabatte** (Rechnungsabzug) oder **Jahresrückvergütung** (Bonus)
- **Abnehmerrabatte** (die z.B. der einzelnen Filiale zufließen) oder **Zentralrabatte** (welche die Handelszentrale erhält)

Zu den Hineinverkaufsrabatten gehören die Auftragsmengenrabatte und die Gesamt-Umsatz-Rabatte, wohingegen die Aktionsrabatte den Herausverkaufsrabatten zuzurechnen sind.
Seit Wegfall des Rabattgesetzes im Juli 2001 gibt es keine Beschränkungen hinsichtlich der Rabatthöhe und Rabattarten mehr. Seit dieser Zeit ist im Einzelhandel der verstärkte Einsatz von Rabattangeboten und eine hohe Anzahl unterschiedlicher Rabattarten zu verzeichnen. Dies äußert sich in der Entwicklung unterschiedlicher Rabattarten, die sich in der Praxis auch als „Zuschüsse" oder „Prämien" für Hersteller und insbesondere für Handelsunternehmen auswirken, wie an den nachfolgenden Rabattbeispielen deutlich wird: in der Praxis existieren „Konzentrationsrabatte", „Sortimentserweiterungsrabatte", „Frühbezugsrabatte", „Hochzeitsrabatte" für neue Partnerschaften der verschiedenen Unternehmen, „ECR-Boni" bei der Einführung von ECR, „Jubiläumsrabatte". Generell ist die Rabattgewährung ein wichtiges preispolitisches Instrument der Unternehmen und dient zur Abgrenzung von der Konkurrenz.

Rack-Jobber

Als Rack-Jobber werden Großhandels- oder Herstellerunternehmen bezeichnet, die für den Absatz ihrer Waren Regal- oder Verkaufsflächen in Handelsbetrieben anmieten, um auf diesen Flächen ihre Waren zu präsentieren und abzusetzen.

Die Handelsunternehmen erhalten hierfür entweder eine fixe Miete oder eine Provision, gemessen am Umsatz der abgesetzten Produkte des Rack-Jobbers. Teilweise findet auch eine Kombination der beiden Vergütungsarten Anwendung.

Das Rack-Jobbing sieht zudem eine Aufteilung der Aufgaben zwischen Hersteller- und Handelsunternehmen vor. Dem auf eigene Rechnung und eigenes Risiko arbeitetenden Rack-Jobber obliegt die Regalpflege, die Gestaltung der Warenpräsentation sowie die Verantwortung für den stets rechtzeitigen Warennachschub. Die Pflichten des Handelsunternehmens hingegen belaufen sich auf die Bereitstellung der Regalfläche sowie in den meisten Fällen auch auf die Inkassofunktion.

Vorteile des Rack-Jobbings für Handelsunternehmen liegen in der Erweiterung des Sortiments bei gleichzeitiger Vermeidung der Kapitalbindung, da die Produkte des Rack-Jobbers bis zum Verkauf in dessem Eigentum verbleiben. Zusätzliche Vorteile liegen in den garantierten Einnahmen aufgrund der festen Mieterträge.

Für das Herstellerunternehmen bietet Rack-Jobbing insbesondere den Vorteil der Aufnahme der eigenen Waren in das Sortiment des Handels. Das Konzept eignet sich hauptsächlich für schnelldrehende Konsumgüter, wie Haushaltswaren, Papierwaren, Textilien, Kosmetika usw., die über Selbstbedienung vertrieben werden.

Radio Frequency Identification (RFID)

Technologie zur automatischen, berührungslosen und funkgesteuerten Identifikation von Produkten und Objekten jeglicher Art mithilfe elektromagnetischer Wellen. Das RFID-System besteht aus drei Komponenten: Rechner, Lesegerät/Schreibgerät und elektronischem Etikett, dem sogenannten Transponder (auch Tag genannt). Vom Lese- bzw. Schreibgerät werden Radiowellen ausgesandt, die ein elektromagnetisches Feld erzeugen und den Transponder mit Energie versehen. Der aktivierte Transponder kann die auf ihm gespeicherten Informationen über den Gegenstand, auf dem er befestigt ist, zurücksenden oder neue Informationen speichern.

Eigenschaften von RFID:
- kontaktlose Identifikation auch durch physische Hindernisse hindurch
- hohe Lesegeschwindigkeit und Reichweite (über 20 Meter)
- Resistenz gegen Umwelteinflüsse
- hoher Informationsgehalt
- Datenänderung und Datenergänzung (Inhalte können überschrieben werden)
- Sicherheit und Datenschutz sind gefährdet (Zugriff durch Externe)
- vergleichsweise hohe Kosten für neue Technologie

Die RFID-Technologie wurde zunächst in geschlossenen Anwendungen wie z. B. der Skipasscodierung oder der Pkw-Wegfahrsperre genutzt. Mittlerweile gelten weltweite, branchenunabhängige Standards, die u. a. den Einsatz des → Electronic Product Codes (EPC) zur Identifikation gesamter Warenpaletten ermöglichen.

Rahmensortiment

In der Literatur existieren zwei unterschiedliche Verwendungsmöglichkeiten des Begriffs Rahmensortiment. So wird das → Sortiment auch als Ergebnis der strategischen Sortimentsfestlegung bezeichnet, d.h. als die Bestimmung der Warengruppen sowie als die Festlegung der Sortimentsbreite und als die Sortimentstiefe.

Andererseits wird in der Literatur das Rahmensortiment als das Sortiment bezeichnet, in dem nur die sich schlecht umschlagenden Waren bzw. die wenig gängigen Waren geführt werden. So verwendet man das Rahmensortiment in diesem Zusammenhang auch synonym zum Füllsortiment.

Randsortiment
Das Randsortiment ergänzt das bestehende Sortiment des Handels um Produkte, die zumeist in Zusammenhang mit den bereits angebotenen Produkten des jeweiligen Unternehmens stehen. Durch die Führung von Randsortimenten versuchen Handelsunternehmen, sich zu profilieren und sich somit gegenüber dem Wettbewerb hervorzuheben. Es sollen z.B. Verbundkäufe ausgelöst, das eigene Sortiment profiliert oder dem Kunden ein zusätzlicher Service geboten werden.

Die im Randsortiment geführten Artikel dienen dem Unternehmen oftmals nur in geringem Maße zur Umsatzerzielung, da die hier geführten Produkte meist eher eine niedrige Umschlagshäufigkeit aufweisen. Die Umsatzbedeutung des Randsortiments liegt etwa bei 15 % bis 20 % des gesamten Sortiments.

Recall
Ist ein Marketingbegriff, der eine Aussage über die Gedächtniswirkung macht. Der Begriff „recall" wird überwiegend bei der Gedächtniswirkung von Werbung eingesetzt, während man den Begriff „→ awareness" üblicherweise bei der Gedächtniswirkung von Marken verwendet. Wie bei der Awareness wird auch beim Recall zwischen einem ungestützten und einem gestützten Recall unterschieden.

Receiving Advice (RECADV)
→ Wareneingangsmeldung.

Rechnung
(Synonym: Faktura)
(engl.: Invoice)
Bei einer Rechnung handelt es sich um eine schriftliche, in Papierform oder elektronisch erstellte Urkunde, die den Parteien eines Kaufvertrags als Beweismittel, Buchungsbeleg und als Mittel zur Kontrolle der Abrechnung dient.

Eine Rechnung dokumentiert die Leistungs- und Anspruchsverhältnisse, die sich aus einem Kaufvertrag ergeben und stellt meist eine Zahlungsaufforderung dar. Im Gegensatz zur → Quittung hat der Schuldner kein Recht auf Ausstellung einer Rechnung. Rechtlich bestehen keine genauen Vorgaben über den Aufbau einer Rechnung. Nach Umsatzsteuerrecht zählt daher jede Urkunde, die einen Auftrag oder eine Leistung abrechnet, als Rechnung, unabhängig von ihrer Betitelung.

Für eine ordnungsgemäße Rechnung gelten allerdings bezüglich der Inhalte gewisse Voraussetzungen, die folgende Punkte enthalten:
- Name und Anschrift des leistenden Unternehmens
- Name und Anschrift des Schuldners
- Ausstellungsdatum der Rechnung und Lieferdatum
- gültige Steuer- sowie Rechnungsnummer
- Art und Mengenangaben der in Rechnung gestellten Leistung
- Einzel-, Gesamt- und Endpreis der Leistung sowie Zahlungsbedingungen und Zahlungsart
- Ausweisung des Entgelts und Umsatzsteuer mit dem dazugehörigen Steuersatz nach § 14 BGB
- Aufführung aller Preisnachlässe in Art und Höhe

Reckzone

Rechnungen können sowohl elektronisch als auch in Papierform versandt werden. Für den elektronischen Versand ist jedoch eine qualifizierte elektronische Signatur notwendig.

Das Datum des Zugangs der Rechnung beim Kunden dient dem leistenden Unternehmen als Orientierung und Beweismittel für den eventuellen Verzug des Leistungsempfängers.

Reckzone

Im Handel der Regalbereich am POS, der meist in einer Höhe von über 180 cm liegt. Der Konsument muss sich „recken", wenn er die Waren, die hier platziert sind, kaufen möchte. Die dort angebotenen Artikel sind zumeist von eher geringer Bedeutung für die Handelsunternehmen.

Aus diesem Grund wird dem Kunden hier, im Gegensatz zu den Artikeln der Greif- und Blickzone, der Zugriff etwas erschwert. Für die Platzierung in der Reckzone eignen sich ausschließlich leichte Artikel, da das Angebot von Artikeln mit großem Gewicht in hoher Lage nicht unproblematisch ist.

Die Reckzone führt dazu, dass beim Griff zu den Waren in der Höhe der Blick zu den Waren in der Sichtzone intensiviert wird, was möglicherweise auch für deren Abverkauf förderlich ist.

Reduced Space Symbology (RSS)
→ GS1-DataBar.

Regalbelegungsplan
(Synonym: Planogramm)
Bezeichnet die funktionale Aufteilung der Artikel im Regal des Handels, → Planogramm.

Regaldisplay
Displayvarianten mit mehreren Etagen, bei der in jeder Etage der Zugriff auf das Produkt möglich ist. Regaldisplays werden in erster Linie zur Präsentation ganzer Sortimente oder verschiedener Geschmacksrichtungen eingesetzt.

Abb.: Regaldisplay
Quelle: STI-Unternehmensgruppe

Regalgestaltung
Sämtliche Maßnahmen im Rahmen des → Space Managements zur optimalen Gestaltung und Platzierung aller Artikel im Regal des Handelsunternehmens, mit dem Ziel der Absatzförderung, Gewinnerzielung sowie der bestmöglichen Bedürfnisbefriedigung der Konsumenten.

Für die Regalgestaltung bedienen sich Handelsunternehmen häufig sogenannter → Planogramme, mit denen Veränderungen der Regalgestaltung vor deren Durchführung virtuell geplant und visualisiert werden können.

Regal-Layout
Bezeichnet die Anordnung der → Artikel im Regal eines Handelsbetriebs. Grundsätzlich wird hierbei das Regal unterteilt

in → Reckzone, → Greifzone und → Bückzone. Die profitabelsten Artikel werden in der Greifzone präsentiert, wohingegen die Artikel von geringerem Interesse für die Handelsunternehmen in Reck- und Bückzone angeordnet sind.
Weiterhin gehört die Art der Anordnung der Waren nach „Blöcken" zum Regal-Layout. Unterschieden werden: → Herstellerblock, Produktblock und → Kreuzblock.

Regal-Layoutsicherung
Bezeichnet die dauerhaft konstante Erhaltung der den Artikeln eines Sortiments zugewiesenen Stammplätze im Regal.
Die Sicherung erfolgt üblicherweise durch Etikettierung der einzelnen Regalflächen, z. B. mit den jeweiligen Artikelnummern oder den Produktbezeichnungen, wodurch fixe Regalplätze für die Artikel entstehen. Die Etikettierung ermöglicht es auch, für die Bestellung relevante Informationen direkt am fixen Regalplatz auszulesen.
Weitere Möglichkeiten, durch die der Verbraucher sofort erkennt, ob sein Produkt vorhanden ist oder nicht, und zur Verhinderung von Stammplatzpiraterie, sind z. B. variable Fachteiler oder auch das sogenannte → Shelf-Ready-Packaging.

Regalpflege
Begriff für alle Maßnahmen, die notwendig sind, um eine optisch ansprechende Warenpräsentation und ein ansprechendes Warenangebot am → POS aufrechtzuerhalten.
Die Regalpflege umfasst dabei die Überwachung der Artikelanordnung im Regal, das rechtzeitige Nachbestellen und Auffüllen der Artikel nach Verbrauch, Beachtung und Einhaltung der den jeweiligen Artikeln zugewiesenen Regalplätze sowie Maßnahmen zur verkaufsfördernden Präsentation der Artikel, einschließlich der Sauberhaltung der Regale.
Die Aufgabe der Regalpflege kommt grundsätzlich dem Handelsunternehmen zu, wird jedoch immer stärker durch Merchandiser der Lieferanten übernommen.

Regalplatz
Der Regalplatz ist die wichtigste und größte Fläche, die einem Handelsunternehmen zur Warenpräsentation und Verkaufsförderung zur Verfügung steht.
Die Anordnung der Regale im Verkaufsraum und die Anordnung der Arikel im Regal sind von ausschlaggebender Bedeutung für Kundenbindung, Umsatz und Ertrag eines Handelsunternehmens.
Da die Anzahl der Regalplätze von den zur Verfügung stehenden Regalflächen abhängig ist, besteht aufgrund der Vielzahl der Waren ein Kapazitätsengpass. Aus diesem Grund stehen die Herstellerunternehmen untereinander und zugleich mit den Handelsunternehmen in Konkurrenz um diese begrenzte Ressource. Herstellerunternehmen müssen daher für die Regalfächen Mieten oder → Listungsgelder zahlen, um ihre Waren am → POS des Handelsunternehmens präsentieren zu können.
Während für die Herstellerunternehmen die Sicherung ihres Regalplatzes von großer Bedeutung ist, stehen Handelsunternehmen insbesondere dem Problem gegenüber, wie mit gegebener Fläche Steigerungen in Absatz, Umsatz und Ertrag erzielt werden können. Die Unternehmen greifen hierbei oftmals auf Space-Management-Systeme zur Regalflächenoptimierung zurück, um die zur Verfügung stehenden Kapazitäten effizienter zu gestalten.

Regalproduktivitätsanalyse
(Synonym: Flächenproduktivität)
→ Flächenproduktivität.

Regalspiegel

Mit der Regalproduktivität wird der Flächenertrag (Euro/m²) bezeichnet, der von den Artikeln, Marken und/oder der Warengruppe innerhalb eines Regals während einer Periode erzielt wird.

Regalspiegel
→ Planogramm.

Regalstopper
Vom Regal abstehende, meist an der Preisschiene befestigte, farbig gestaltete Schilder kleineren Formats, welche die Aufmerksamkeit der Konsumenten auf die in der Regel über den Regalstoppern platzierten Produkte lenken sollen.
Regalstopper werden im Rahmen von Verkaufsförderungsaktionen eingesetzt und sind oft mit einer Werbebotschaft und/oder der Aktionsart bedruckt, wie z. B. Preisnachlass, Neuprodukteinführung, Mengenerhöhung etc.
Regalstopper dienen dazu, die zum Teil unübersichtlich wirkende Regalgestaltung aufzulockern und einzelne Produkte gezielt hervorzuheben.
Vom Regal abstehende, bewegliche Regalstopper werden auch als „Wobbler" oder „Wipper" bezeichnet.

Regalverpackung
Handelsgerechte Regalverpackungen (→ Shelf-Ready-Packaging, Retail-Ready-Packaging) sind im Handel einfach und ohne Messer zu öffnen und werden gemeinsam mit dem Produkt im Regal platziert.

Regalwertigkeit
(Synonym: Regalbodenwertigkeit)
Bezeichnung für die Wertigkeit und Abverkaufsbedeutung der unterschiedlichen Regalzonen für ein Handelsunternehmen. Die Regalwertigkeit wird in vertikale und horizontale Wertigkeit unterschieden.

Die vertikale Wertigkeit bezieht sich auf die Regalhöhe. Anhand der Körpergröße einer erwachsenen Person wird ein Regal in → Reckzone, → Blickzone, → Greifzone und → Bückzone eingeteilt. Die Wertigkeit der Zonen ergibt sich abhängig von der Höhe der Kaufwahrscheinlichkeit von Artikeln der jeweiligen Zone. Der Regalbereich mit der höchsten Kaufwahrscheinlichkeit ist die Greifzone. Für Kinder ist die Bückzone mit der → Quengelware der wichtigste Bereich.
Die horizontale Wertigkeit bezieht sich auf die Platzierung der Ware in der Regalmitte oder eher am Regalrand. Die erfolgreichste Platzierung soll im Bereich der Regalmitte und rechts von der Mitte liegen. Die Randzonen und der Bereich links von der Mitte werden eher weniger frequentiert.

Regalzone
→ Regal-Layout.

Reichweite
(engl.: Days on Hand)
Gibt Auskunft über den Zeitkorridor (Monate, Wochen, Tage), in dem ein Lager durch Produktion, Lieferungen, Schwund oder Sonstiges vollständig aufgebraucht wird.
Es lassen sich zwei Arten der Reichweiten voneinander unterscheiden:

interne Reichweite
(vergangenheitsorientiert) =

$$\frac{\text{Stichtagsbestand}}{\text{Verbrauch}}$$

interne Reichweite
(zukunftsorientiert) =

$$\frac{\text{Stichtagsbestand}}{\text{Bedarf}}$$

Je geringer die Reichweiten eines Lagers sind, umso mehr minimieren sich die Kapitalbindungskosten. Zu geringe Reichweiten bergen jedoch die Gefahr von Lieferengpässen.

Relative Vorratslücke
Die relative → Vorratslücke ist eine Größe, die sich auf die Bestände von Unternehmen bezieht. Die relative Vorratslücke ergibt sich aus dem Anteil führender Geschäfte, die in einem bestimmten Berichtszeitraum bezüglich eines bestimmten Produkts oder einer bestimmten Marke nicht bevorratet waren.

Relaunch
Ein Relaunch stellt die erneute Einführung eines bereits am Markt vorhandenen Produkts dar, dessen Eigenschaften, Design, Verpackung sowie ggf. auch Werbekampagne neu überarbeitet und den aktuellen Kundenbedürfnissen angepasst wurden.
Unternehmen führen insbesondere in der Reifephase eines Produkts einen Relaunch durch, um die stagnierenden bis rückläufigen Absätze des Produkts zu stabilisieren und zu verbessern. Im Gegensatz zur → Produktdifferenzierung stellt ein Relaunch ein Substitut des Vorgängerprodukts dar, d. h., mit Einführung des Neuprodukts wird das Altprodukt vollständig aus dem Markt genommen. Die Eliminierung des Altprodukts führt für das Unternehmen kurzzeitig zu einem Marktanteilsverlust, der jedoch vom Relaunch kompensiert, bestenfalls sogar überkompensiert wird bzw. werden soll.
Relaunch und Produktrevival unterscheiden sich hinsichtlich des Neuerungsgrads. Während beim Produktrevival ein ehemals nicht mehr auf dem Markt verfügbares Produkt genauso wie früher oder mit z. T. nur sehr geringen Änderungen wieder eingeführt wird, ist der Grad der Veränderung zwischen Vorgängerprodukt und Relaunch sehr viel drastischer.

Beim Relaunch eines Produkts sind zwischen Industrie und Handel die Modalitäten der Umstellung zu klären. Bleibt die Artikelnummer erhalten oder nicht? Verändert sich der Preis? Verändern sich Stammdaten und sonstige Logistikdaten? Wird die alte Ware ausverkauft – zu welchem Preis? Ab welchem Zeitpunkt soll alte Ware retourniert werden?
Wurde der Begriff Relaunch früher ausschließlich für die Neueinführung von Produkten verwendet, spricht man heute dagegen auch bei der Neu- bzw. Umgestaltung einer Website oder der Neueröffnung einer Verkaufsstätte des Handels von einem Relaunch.

Relevant Set
Ein Marketingbegriff, mit dem diejenigen Produkte bzw. Marken bezeichnet werden, die für den Konsumenten für die Auswahlentscheidung infrage kommen. Produkte im Relevant Set haben auch eine → Top of Mind Awareness, d. h., sie stehen an erster Stelle in der Erinnerung des Konsumenten.

Reliable Operations
→ Zuverlässige Arbeitsweise.

Remittance Adivce (REMADV)
→ Zahlungsavis.

Renner/Penner
(Synonym: Schnelldreher/Ladenhüter)
„Renner" und „Schnelldreher" sind Begriffe besonders schnell drehender Produkte, d. h., Produkte mit hoher Lagerumschlagsgeschwindigkeit. Artikel oder Marken, die als „Renner" gelten, werden vom Handel bevorzugt, da sie nur kurze Zeit auf Lager liegen, bevor sie an die Abnehmer veräußert werden. Somit sind bei „Rennern" Kapital- und Kapazitätsbindung relativ gering, und sie fördern die Regalproduktivität.

Renner/Penner-Listen

Analog zu Renner-Marken oder Artikeln werden „Ladenhüter" bzw. Produkte, die sich nur sehr langsam umschlagen, als „Penner" bezeichnet. Da diese Produkte hohe Kosten für die Unternehmen verursachen, gilt es, diese Artikel aus dem Sortiment zu eliminieren. Als Grundlage hierfür können sogenannte → Renner/Penner-Listen dienen.

Renner/Penner-Listen
(EDV-)Listen, die aufführen, welche Produkte im Sortiment des Handels sich wie oft innerhalb einer Periode umschlagen und somit „Renner" und „Penner" des Sortiments identifizieren. Das auf Basis der Umschlagszahlen erstellte Ranking ist von hoher Bedeutung für den → Einkauf und das → Category Management eines Unternehmens, um Sortiments- und Bestandsoptimierungen verwirklichen zu können.

Replenishment
Bezeichnet den Güternachschub bzw. die Versorgung eines Unternehmens mit bestimmten Gütern, → Continuous Replenishment.

Request for Quote Message (REQOTE)
→ Anfrage.

Retoure
Bezeichnet eine Rücksendung oder Rücklieferung einer oder mehrerer Waren an den jeweiligen Absender, da der Abnehmer entweder die Warenannahme aus bestimmten Gründen verweigert hat, die Ware unzustellbar ist oder der Empfänger die Ware aufgrund einer Reklamation zurücksendet. Retouren sind insbesondere im → Versandhandel üblich und stellen hohe Anforderungen an die Logistik eines Unternehmens. So sind im Fall einer Retoure die Waren schnellstmöglich zu überprüfen und evtl. neu zu verpacken, um sie wieder zum Verkauf zur Verfügung zu stellen, Reparaturen vorzunehmen oder die Waren komplett zu entsorgen. Zudem sind bei Retouren meist Gutschriften zu erstellen, durch die der Kunde sein bereits gezahltes Entgelt vollständig oder zu einem Teil wieder erhält.

Reusable Transport Item
→ Mehrwegtransportverpackung (MTV).

RFID
→ Radio Frequency Identification.

Rohertrag
(Synonym: Warenrohertrag)
Kennzahl, die sich aus der Differenz des Netto/Netto-Einstandspreises der Waren und des Umsatzes abzüglich Steuern ergibt. Der Warenrohertrag ist ein absoluter Wert. Wird er in Prozent des Umsatzes ermittelt, so bezeichnet man ihn als erzielte Nettospanne des Handels, → Handelsspanne.

Rohertragsbringer
Artikel im Sortiment eines Handelsunternehmens, der im Vergleich zu anderen Artikeln in überdurchschnittlichem Maß zum gesamten Rohertrag des Unternehmens beiträgt. Welche Artikel zu der Gruppe der Rohertragsbringer gehören, lässt sich mithilfe der → Handelsspanne pro Artikel oder des → Rohertrags errechnen.

Roll Cage Sequencing (RCS)
Roll Cage Sequencing ist eine Kommissioniermethode. Im Handelslager/Zentrallager wird die Ware, die für eine Filiale bestimmt ist, derart auf Paletten oder Rollbehälter gepackt, dass die Reihenfolge, in der das Handelspersonal die Ware abnimmt, möglichst dem Regal-Layout der Filiale entspricht. Damit werden lange Einräumwege in der Filiale oder störendes Abladen von Kartons im Gang redu-

ziert. Mit Roll Cage Sequencing können Personalkosten eingespart werden bzw. haben die Mitarbeiter mehr Zeit, sich den Kunden zuzuwenden.

Roll-Over-Bestand
Überhang an Waren im Umschlagszentrum/Zentrallager, der durch transportmengenoptimierte Bestellgenerierung erzeugt wird.

Routinekauf
Kauf auf Grundlage habitualisierten Kaufverhaltens. Routinekäufe werden zumeist unter geringer kognitiver Kontrolle durchgeführt und zeichnen sich dadurch aus, dass der Konsument routiniert, d.h. wiederholt, gleiche Produkte und/oder gleiche Marken kauft. Insbesondere Güter des täglichen Bedarfs bzw. → Convenience-Goods werden gewohnheitsmäßig erworben. Gründe für den Routinekauf liegen in den positiven Einstellungen eines Konsumenten gegenüber einer bestimmten Marke und in den festen Kaufverhaltensmustern.

Routine Role
→ Pflicht-Kategorie.

RSS
→ Reduced Space Symbology.

Rückverfolgbarkeit
(engl.: Traceability)
Bedeutet allgemein, dass für ein Produkt jederzeit festgestellt werden kann, wann, wo und durch wen das Produkt gewonnen, hergestellt, verarbeitet, gelagert, transportiert, verbraucht oder entsorgt wurde.
Für die Nahrungsmittelindustrie wurden durch die EU entsprechende Verordnungen erlassen. So ist das einzelne Lebensmittelunternehmen verpflichtet,
- über geordnete Wareneingänge die unmittelbaren Vorlieferanten zu identifizieren und zu dokumentieren
- über geordnete Warenausgänge die direkten gewerblichen Abnehmer zu identifizieren und zu dokumentieren
- geeignete organisatorische Maßnahmen einzurichten, um die Behörden auf Verlangen zu informieren
- bestehende rechtliche Kennzeichnungs- und Dokumentationspflichten einzuhalten

Rückwärtsterminierung
Bezeichnet die Terminierung der Start- und Zwischentermine eines Projekts oder eines Prozesses, um einen fixen Endtermin, zu dem eine Leistung eines Unternehmens fertiggestellt und/oder ausgeliefert werden soll, zu bestimmen.
Im Gegensatz zur → Vorwärtsterminierung richtet sich die Rückwärtsterminierung an dem Termin aus, zu dem ein Projekt spätestens abgeschlossen werden soll. Ausgehend von diesem Termin zieht man die einzelnen Zeitspannen der Prozesse, die für die Erstellung der jeweiligen Leistung benötigt werden, vom Endtermin ab und ermittelt so, zu welchem Zeitpunkt das Projekt spätestens begonnen werden muss, um den Endtermin gewährleisten zu können. Wird bei der Berechnung ermittelt, dass der Startpunkt in der Vergangenheit liegt, ist zu überprüfen, an welchen Punkten der Prozesskette die Möglichkeit besteht, Zeiten einzusparen. In diesem Zusammenhang überprüft man in der Regel auch die → Durchlaufzeit der Leistungen, da hier oftmals Zeiteinsparungspotenziale vorhanden sind. Liegt der voraussichtliche Starttermin auch nach der Optimierung der Prozesskette in der Vergangenheit, ist dies für das Unternehmen ein Indiz, dass der Auftrag nicht bis zum festgelegten Endtermin gewährleistet werden kann und daher der Auftrag eventuell abzulehnen ist.

S

SA2 Worldsync
SA2 Worldsync ist ein Joint Venture der Gesellschafter Pironet NDH AG, Agentrics LLC und GS1 Germany. SA2 Worldsync entstand 2008 durch die Verschmelzung der SINFOS GmbH mit dem Agentrics Geschäftsbereich GenSync. Der Hauptsitz der Gesellschaft ist in Köln. Der SA2 Worldsync ist einer der führenden Anbieter im Bereich Datensynchronisierung und Stammdatenservices. Das Unternehmen verfügt über mehr als zehn Jahre Erfahrung in der Branche. Rund 2.600 Unternehmen auf der ganzen Welt nutzen die Services von SA2 Worldsync, darunter 50 der führenden Händler.
www.sa2.com

Saison
Verkaufszeitraum, der früher auf die Jahreszeiten bezogen war. Heute ist die Saison, je nach Vertriebslinie oder Sortimentskonzept, auf wesentlich kürzere Zeiträume reduziert.

Saisonartikel
Artikel, deren Angebot und Absatz stark von saisonalen Gegebenheiten und Veränderungen abhängen. Die unterschiedlichen Saisons sind grundsätzlich durch die Jahreszeiten bestimmt, können jedoch darüber hinaus noch durch andere Faktoren wie beispielsweise gesellschaftliche Anlässe (Faschingssaison, Fußballsaison) oder religiöse Anlässe (Fastenzeiten) usw. bestimmt werden.
Saisonartikel werden oft preislich von der Standardware unterschieden, da für sie während der laufenden Saison höhere Preise erzielt werden können. Gegen Ende einer Saison hingegen werden die jeweiligen Artikel zumeist drastisch reduziert. In der Modebranche wurden die früher üblichen Sommer- und Winterschlussverkäufe dazu genutzt, die verbliebenen Saisonartikel abzuverkaufen.
Besonders bekannt für saisonale Preisdifferenzierung ist zudem die Reisebranche, mit unterschiedlichen Preisen für Hoch- und Nebensaison.
Neben dem Absatz von Saisonartikeln parallel zur Standardware existieren zudem Betriebsformen, die sich vollkommen auf den Vertrieb von Saisonartikeln spezialisieren und ihr Sortiment zu Beginn einer neuen Saison vollständig wechseln. Dies sind beispielsweise Einzelhandelsbetriebe in Skigebieten, die im Winter ausschließlich Ski- und im Sommer nur Outdoorartikel anbieten.

Saisonsortiment
Das Saisonsortiment eines Handelsunternehmens beinhaltet Waren, die dem saisonbedingten Bedarf der Nachfrager entsprechen und nur zeitlich begrenzt – bis zum Ende der jeweiligen Saison bzw. kurz darüber hinaus – angeboten werden. Saisonsortimente sind beispielsweise Feuerwerkssortimente an Sylvester oder spezielle Süßwarensortimente an Weihnachten oder Ostern, Frühjahrs-, Sommer-, Herbst- und Wintermoden etc.
Die in Saisonsortimenten geführten → Saisonartikel werden gegen Ende der jeweiligen Saison zumeist preislich reduziert angeboten. So besteht ein Großteil der gesamten → Aktionsartikel im Handel aus Saisonartikeln.

Saisonüberlappung
Aufgrund der Kürze von Saisons kommt es zu Überlappungen der Saisonsortimente. Das heißt, das alte Saisonsortiment ist noch in den Geschäften, wird aber von dem neu hinzukommenden Sortiment überlappt.

Sales Area

Sales Area
→ Verkaufsgebiet.

Sales Data Report Message (SLSRPT)
→ Verkaufsdatenbericht.

Sales Forecast Message (SLSFCT)
→ Verkaufsprognose (Nachricht).

Sales per Shop (Unit/Value)
→ Abverkauf je führendem Geschäft (Stück/Wert).

Sales Volume
→ Absatzvolumen.

Sample
Muster bzw. Probe, das/die im Rahmen von Sampling-Aktionen verteilt wird.

Sampling
Sampling bezeichnet das (zeitlich befristete) persönliche oder nicht persönliche Verteilen von unentgeltlichen Proben eines Produkts oder einer Dienstleistung durch Promotoren bzw. Verkaufsförderer. Je nach Produkt und Zielgruppe erfolgt das Sampling auch z.T. mit Segmentvorgaben, wie beispielsweise Alter und Geschlecht. Es existieren zahlreiche Versionen des Samplings, wie:

- **Degustation:** Angebot einer Probe verschiedener Lebensmittel, wie Käse, Wein, Bier, Wurst etc, an Promotionständen in oder vor dem Ladengeschäft
- **Cross Sampling:** Distribution von Proben durch den Verkauf bestimmter Produkte, an denen die Produktproben befestigt sind; ein Beispiel hierfür ist eine kostenlose Mundwasserprobe, die an einer Zahnbürstenverpackung befestigt wird; diese Methode wird auch als In-/On-Pack-Sampling bezeichnet
- **Sampling über Zeitschriften:** Auf einer Seite innerhalb einer Zeitung werden Produktproben eingeklebt und so beim Kauf der Zeitung miterworben; zu beachten ist hier, dass sich für das Zeitschriften-Sampling nur flache Proben, wie Hautcremes, Parfums, Papiertaschentücher oder Demo-CDs eignen
- **Sampling im Dienstleistungsbereich:** Auch im Dienstleistungsbereich kann Sampling, insbesondere durch die Einräumung eines zeitlich definierten Nutzungsrechts, durchgeführt werden; ein Beispiel für Dienstleistungssampling ist das Angebot der kostenlosen Nutzung eines ansonsten kostenpflichtigen Onlinedienstes innerhalb einer definierten Zeitspanne

Samplings erfordern gewöhnlich hohen Personaleinsatz und stellen zum Teil sehr hohe Anforderungen an die Produktionsabteilung eines Unternehmens. Dies gilt insbesondere bei der Produktion von In-/On-Packs oder Miniatur-Ausführungen der Standardprodukte.

Da Sampling-Aktionen häufig mit hohen Kosten verbunden sind, ist eine Kontrolle des Samplingerfolgs bzw. die Erreichung der Sampling-Ziele unbedingt notwendig.

SB-Warenhaus
Großflächige, auf Selbstbedienung ausgerichtete Betriebsform des stationären Einzelhandels. SB-Warenhäuser verfügen meist über eine Verkaufsfläche von 5.000 m^2 und mehr, liegen an peripheren Standorten wie Stadträndern oder „auf der grünen Wiese". Da die SB-Warenhäuser insbesondere Auto-Kunden ansprechen, verfügen sie über ein großzügiges Angebot an Parkfläche. Das sehr breite Sortiment der Märkte besteht aus Lebensmitteln (durchschnittlich mehr als 15.000 verschiedene Artikel) und Nicht-Lebensmitteln (durchschnittlich mehr als 35.000 verschiedene Artikel), wobei im Non-Food-Bereich auch Gebrauchsgüter

Schlüsselartikel

wie z. B. Autozubehör oder Fahrräder angeboten werden.
Vertriebslinien sind z. B. die Real-Märkte der Metro-Gruppe, die Kaufland-Märkte der Schwarz-Gruppe, die Globus-Märkte der Globus-SB-Warenhaus Holding oder die Famila-Märkte der Bartels-Langness-Gruppe.

Scanner

Der Scanner ist ein elektrooptisches Gerät, mit dem Bilder, Zeichen oder Schriften in einen Computer eingelesen werden können.
Im Handel ist es die Hauptfunktion des Scanners, die auf den Produktverpackungen aufgedruckten Barcodes ohne manuelle Eingabe einzulesen. Dabei werden beim Scanning die Barcodes vom Lichtstrahl des Scanners abgetastet und auf diese Weise dechiffriert. Ein Scanner wird im Handel, z. B. an der Kasse, eingesetzt oder aber auch bei der Bestandserfassung am Regal bzw. im Lager (siehe → MDE-Gerät).

Scanner-Kassen

Kassen im Handel, die mit einem elektronischen Datenerfassungsgerät (Scanner) ausgestattet sind, bezeichnet man als Scanner-Kassen. Die vom Scanner ausgelesenen Informationen werden elektronisch in Preise und Warenbezeichnungen und ggf. in weitere Informationen umgewandelt und sowohl auf dem Kassengerät gespeichert als auch auf einem physischen Kassenzettel zusammengefasst. Auf diese Weise wird artikelgenau erfasst, welche Produkte gekauft werden.
Durch die Kombination von Scanner-Kassen und → Warenwirtschaftssystemen ist es möglich, die Warenbewegungen detailliert nachzuvollziehen. Die durch Scanner-Kassen generierten Scannerdaten dienen u. a. dazu, Warenkorbanalysen durchzuführen und geben Aufschluss über z. B. Verbundkäufe, Markenwechsel, Preiselastizitäten usw. Insbesondere in Verbindung mit Kundenkarten kann das Kaufverhalten der Konsumenten umfassend analysiert werden.
Im Rahmen von → Continuous Replenishment (→ CRP) werden die Daten aus dem Warenwirtschaftssystem des Handels an den Lieferanten übermittelt, um diesem Daten über die reale Nachfragesituation zur Verfügung zu stellen, auf deren Grundlagen er den Warennachschub optimal zu planen in der Lage ist.
Darüber hinaus bietet der Einsatz von Scanner-Kassen noch weitere Vorteile. So wird beim Scannen von Artikeln gegenüber der manuellen Eingabe die Wahrscheinlichkeit einer fehlerhaften Eingabe gesenkt sowie der Kassiervorgang insgesamt beschleunigt. Die Verwendung von → Barcodes, die für den Einsatz von Scanner-Kassen Voraussetzung sind, ermöglicht zudem eine Vereinfachung der Artikelauszeichnung gegenüber herkömmlichen, manuellen Artiketikettierungen.

Schlüsselartikel

Bezeichnen Artikel im Sortiment des Handels, für die Konsumenten ein besonderes Interesse und ein ausgeprägtes Preiswissen bzw. Preisbewusstsein besitzen und deren Preiserhöhung zu besonders elastischen Nachfragereaktionen führen würde. Die Artikel dienen dem Kunden als Referenzwert für die Preisbeurteilung und verfügen über eine Signalwirkung. So werden Schlüsselartikel zum Teil zum Selbstkostenpreis verkauft, um den Vorstellungen der Konsumenten nach Preisgünstigkeit des Geschäfts gerecht zu werden. Ziel ist, dass sich dieser Eindruck von Preisgünstigkeit möglichst auch auf die anderen Artikel überträgt, die in dem Geschäft angeboten werden. Das heißt, überschreitet der Händler die Preisvorstellung, wird das ganze Sortiment als teuer beurteilt und umgekehrt. Schlüsselartikel im Lebensmitteleinzelhandel sind beispielsweise Milch und Butter.

Schnäppchenjäger

Bezeichnung für Verbraucher, die auf der Suche nach Produkten zum billigsten bzw. günstigsten Preis sind. Schnäppchenjägern fehlt, im Gegensatz zum → Smart Shopper, das Markenbewusstsein.

	Markenbewusstsein hoch	Markenbewusstsein niedrig
Preisorientierung niedrig	Smart Shopper	Schnäppchenjäger
Preisorientierung hoch	klassischer Markenkäufer	desorientierter Bedarfskäufer

Schnelldreher

→ Renner/Penner.

Schwellenpreise

Bezeichnen Preispunkte, deren Über- oder Unterschreitung zu besonders starken Absatzeffekten führen, d. h. zumeist zu Absatzeinbrüchen. In Theorie und Praxis wird davon ausgegangen, dass Preisschwellen bei bzw. kurz vor glatten Preisstellungen angesiedelt sind. Unter glatten Preisstellungen versteht man hierbei Preise, die auf den vollen 0,10-Euro-Betrag enden, wie 0,50 Euro oder 1,00 Euro. Da im Handel oftmals die Vermutung besteht, dass die Setzung eines glatten Preises zu überproportional hohen Umsatzeinbußen führt, dominieren psychologische Preise das Preissetzungsverhalten des Handels. Dies sind Preise, die stets kurz unter der nächsthöheren Dezimalstufe angeordnet sind, wobei Preise wie 1,99 Euro oder 0,49 Euro, d. h. Preise mit der Endziffer „9", sich besonderer Beliebtheit im Handel erfreuen.

Der Grund für die Setzung psychologischer Preise liegt im empirisch fundierten Primacy-Effekt. Ein Theoriestrang dieses Effekts besagt, dass Personen die ihnen vorliegenden Preisziffern von links nach rechts lesen und sie hierbei mit abnehmender Intensität wahrnehmen. Dies bedeutet, dass den rechten Ziffern eines Preises in der Wahrnehmung der Konsumenten eine geringere Bedeutung zukommt als den linken Preisziffern. Der Grund dafür ist, dass die rechten Preisziffern geringe Geldbeträge darstellen. Auf diese Weise vereinfachen Konsumenten Preisinformationen. Ein Preis von 1,99 Euro würde daher von einem Konsumenten möglicherweise als Preis zwischen 1,90 Euro und 2,00 Euro bzw. zum Teil sogar als zwischen 1,00 Euro und 2,00 Euro wahrgenommen, wohingegen ein Preis von 2,00 Euro als Preis zwischen 2,00 Euro und 3,00 Euro wahrgenommen würde. Der Theorie nach werden glatte Preise daher überschätzt, wohingegen gebrochene Preise unterschätzt werden.

Ein diese Theorie belegender signifikanter Mehrabsatz bei gebrochenen Preisen gegenüber glatten Preisen konnte jedoch bislang nicht einheitlich empirisch nachgewiesen werden.

Schwimmende Ware

(engl.: In Transit Stock)
Bezeichnet allgemein Waren, die sich noch auf dem Transportweg zu ihrem Bestimmungsort befinden.

Scribble

Grobe Zeichnung.

Seasonal Occasional Role

→ Impuls-/Saisonkategorie.

Selbstabholung

Second Choice Buyer
Im Gegensatz zum → First Choice Buyer, dem Stammkäufer, ist hiermit der Gelegenheitskäufer gemeint, für den das betrachtete Produkt nicht die erste Wahl, sondern die zweite Wahl ist.

SEDAS (Standardregelung Einheitlicher DatenAustauschSysteme)
Eingeführt im Jahr 1977 durch GS1 Germany (damals noch CCG!), war SEDAS der erste nationale Standard für den elektronischen Datenaustausch in der Konsumgüterindustrie.
Nach Einführung des grenzüberschreitenden globalen → EANCOM-Nachrichtenstandards wurde SEDAS nicht mehr genutzt, sukzessive ersetzt und 2007 von den großen Anwendern endgültig eingestellt.

Segmentblock
→ Blockplatzierung.

Segmentmarke
Marke bzw. Markenname, unter der/dem sämtliche Artikel eines Segments bzw. einer Warengruppe eines Handelsunternehmens geführt werden.
Die Segmentmarkenstrategie gleicht der von Herstellerunternehmen angewandten Familienmarkenstrategie. Ziel des Aufbaus einer Segmentmarke ist der positive Imagetransfer unter den Produkten eines Segments sowie eine Erhöhung des Absatzes der Segmentmarken. Ein Beispiel für eine Segmentmarke ist die Handelsmarke „Salto" für die Tiefkühlprodukte der REWE-Gruppe.

Sekundärverpackung
Umhüllung der → Primärverpackung eines Packguts. Die Sekundärverpackung ist in der Verpackungsordnung § 3 (1) S. 3 definiert als „Verpackungen, die als zusätzliche Verpackungen zu Verkaufsverpackungen verwendet werden und nicht aus Gründen der Hygiene, der Haltbarkeit oder des Schutzes der Ware vor Beschädigung oder Verschmutzung für die Abgabe an den Endverbraucher erforderlich sind."
Sekundärverpackungen sind zudem nach der Verpackungsverordnung rücknahmepflichtig und werden gewöhnlich über das Duale System Deutschland zurückgeführt.

Sekundendisplay
→ Bodenaufsteller der STI Group, der in Sekundenschnelle im Handel platziert werden kann. Bei dieser Displaykonstruktion sind Sockel und Schütte miteinander verklebt.

Abb.: Sekundendisplay
Quelle: STI-Unternehmensgruppe

Selbstabholung
Bezeichnet die Übernahme der vollständigen Transporttätigkeiten durch den Handel. Die Händler führen somit den Transport der Ware von den Herstellern zu ihren Filialen eigenständig oder durch Beauftragung externer Dienstleister aus. Den Herstellern wird somit durch den Handel die gesamte Transportverantwortung entzogen.

Selbstbedienung

Selbstbedienung
Verkaufs- bzw. Bedienungsart, bei der die Kunden bzw. Konsumenten selbst für die Zusammenstellung ihrer Waren am → POS und den Weitertransport in die Kassenzone verantwortlich sind. Das ursprünglich aus dem Lebensmitteleinzelhandel stammende Konzept sieht vor, dass die Bedienungs- und Beratungsleistung durch das Handelspersonal soweit wie möglich reduziert wird. Auf diese Weise können die Anzahl der Verkaufsmitarbeiter gesenkt und höhere Kosteneinsparungen für die Unternehmen erzielt werden.

Das hohe Kostensenkungspotenzial dieser Verkaufsart hat dazu geführt, dass Selbstbedienung nicht mehr nur auf den stationären Einzelhandel beschränkt blieb, sondern sich auch auf andere Branchen ausweitete. So haben z. B. Banken im Laufe der Zeit begonnen, den Selbstbedienungsbereich durch den Einsatz u. a. von Geldabhebungs-, Kontoauszugs- und Überweisungsautomaten stärker auszubauen.

Je nach Ausmaß des Konzepts kann in partielle oder totale Selbstbedienung unterschieden werden. Während der Kunde bei der partiellen Selbstbedienung eine Vorauswahl seiner Waren trifft und anschließend die Beratungsleistungen des Handelspersonals beansprucht, erstreckt sich die totale Selbstbedienung von der selbstständigen Zusammenstellung der Waren bis hin zum selbst durchgeführten Inkasso. Totale Selbstbedienung wird insbesondere durch den Automatenverkauf oder durch den Einsatz moderner „Self Check Out"-Systeme im Einzelhandel verwirklicht.

Selbstbedienungsgroßhandel
→ Cash and Carry.

Selling Expenses
→ Vertriebskosten.

Serial Shipping Container Code (SSCC)
(Synonym: NVE)
Englische Bezeichnung für → Nummer der Versandeinheit (NVE).

Servicegrad
Maßstab für die Lieferfähigkeit eines Unternehmens, d. h. für die Wahrscheinlichkeit, dass die (spontane) Nachfrage von Kunden aus den aktuellen Beständen befriedigt werden kann.

Die Qualität des Servicegrads wird von mehreren Komponenten bestimmt, wie
- **Liefertreue:** Lieferung zum festgelegten Termin
- **Lieferzeit:** Zeitspanne vom Auftragseingang bis zur Auslieferung
- **Lieferfähigkeit:** Anteil der Aufträge, die ausgeführt werden können, gemessen an der Gesamtanzahl aller eingegangenen Aufträge
- **Lieferflexibilität:** Fähigkeit, auf Änderungswünsche (auch nachträgliche) des Kunden einzugehen
- **Lieferqualität:** Auslieferung der richtigen Artikelmenge zur richtigen Qualität im richtigen Zustand
- **Informationsbereitschaft:** Fähigkeit, den Kunden während der Auftragsbearbeitung über Daten und Status der aktuellen Lieferung zu informieren

Der Servicegrad ist stark abhängig von der Bestandshaltung des Unternehmens. Während hohe Bestände den Servicegrad verbessern, aber auch die Kapitalbindung, die Zins- und die Lagerkosten erhöhen, führen niedrige Bestände zwar zur Kostensenkung, aber auch zur Verschlechterung des Servicegrads und der → Out-of-Stock-Gefahr.

→ CPFR oder → Quick Response sind Initiativen, um die Reaktionsfähigkeit wesentlich zu verbessern.

Eine andere Lösung sind → Lagerlistungen, die dazu führen, dass der Händler einen (zum Teil erheblichen) Vorrat auf Lager hält, um den Anforderungen seiner Shopper bei Nachfrageschwankungen sofort begegnen zu können.

Servicepolitik
→ Kundendienst.

Share in Handlers
Kennzahl des potenziellen Marktanteils, der bei einer 100%igen Distribution der betrachteten Marke oder des betrachteten Produkts erreicht werden würde. Der „Share in Handlers" bezieht sich auf alle führenen Geschäfte und lässt sich wie folgt errechnen:

Share in Handlers (SIH) =

$$\frac{\text{Marktanteil der Marke am Gesamtmarkt}}{\text{gewichtete Distribution führend}}$$

Beispiel:
- Marktanteil 8 %
- gewichtete Distribution führend 55 %

Share in Handlers = $\frac{8 \times 100}{55}$ = 14,5 %

Bei Volldistribution wäre ein Marktanteil von 14,5 % zu erzielen.

Share of Displays
→ Sonderplatzierung, Anteil

Share of Market
→ Marktanteil.

Share of Promotions
→ Promotion, Anteil.

Share of Shelf / Number of Shelf Meters
→ Kontaktstrecke, Anteil/Meter.

Shelf-Ready Packaging (SRP)
Optimierung der → Transportverpackung eines Produkts unter Berücksichtigung folgender fünf SRP-Schlüssel:
- **Easy Identification:** schnelles und einfaches Erkennen und Erfassen der Dateninhalte über Strichcode oder RFID-Technologie; Dateninhalte sind hierbei z. B. die genaue Produktbezeichnung oder die Stückzahl
- **Easy Open:** leicht verständliche Anleitung für den Umgang mit den Verpackungen (z. B. für das Zusammenfalten, die Lagerung) mittels Piktogrammen
- **Easy Shelf:** leichtes Handling, Stabilität, Stapelbarkeit und Kompatibilität mit den Regalen
- **Easy Dispose:** einfaches Entsorgen der Verpackungen durch Wahl eines einheitlichen Materials für Packmittel und Packhilfsmittel sowie durch Vermeiden unnötiger Verbundstoffe
- **Easy Shop:** verkaufsförderndes Aufmachung durch optimale Regalplatzierung und ansprechendes und informatives Verpackungsdesign

Für Hersteller und Handel bietet das SRP-Konzept Vorteile entlang der gesamten Supply Chain. In der Logistik erleichtert eine optimierte Transportverpackung Transport und Lagerung, am → POS ermöglicht es einen höheren Abverkauf und mehr Möglichkeiten zur gezielten Kundenansprache.

Shop-in-Shop-Konzept
Besonders in großflächigen Warenhäusern umgesetztes Konzept, bei dem auf der Verkaufsfläche des Handelsbetriebs, innerhalb eines abgegrenzten Bereichs, Teilsortimente des Handels oder ausgewählte Marken von Herstellerunternehmen präsentiert und angeboten werden. Die Abgrenzung eines Bereichs von der restlichen Verkaufsfläche erfolgt durch bauliche Veränderungen, womit die Abhebung einer Warengruppe vom sonstigen Sortiment besonders deutlich gemacht wird. Werden Shop-in-Shop-Systeme von Herstellerunternehmen geführt – als sog. → Concession-Shop –, betreiben diese ihren Shop auf eigenes Risiko und

Shopper

haben für die beanspruchte Fläche eine Betriebskostenpauschale und eine Umsatzbeteiligung an das „vermietende" Handelsunternehmen zu entrichten.

Vorteile vom Einsatz des Shop-in-Shop-Konzepts liegen für das Handelsunternehmen in der Erweiterung des Warenangebots und somit in der Ansprache weiterer Zielgruppen. Des Weiteren wird das große Angebot der Verkaufsstätten durch die Abgrenzung einzelner Bereiche optisch aufgelockert. Zu diesem Zweck werden von den Händlern auch eigene Teilsortimente, wie Bücher, CDs, DVDs usw., abgegrenzt.

Shopper
(Synonym: Käufer in einem Handelsgeschäft)
→ Käufer.

Shopping-Center
→ Einkaufszentrum.

Shopping-Goods
Güter des gehobenen Bedarfs. Shopping-Goods sind → High Interest Products, die nicht routinemäßig erworben werden, für die ein hoher Informationsbedarf besteht und die zumeist erst nach abwägender Planung und dem Vergleich mit Konkurrenzprodukten gekauft werden.

Sicherheitsbestand
(Synonym: eiserne Reserve)
Lagerbestand, der einem Unternehmen als Reserve dient, um bei unvorhergesehenen Beschaffungsengpässen oder Nachfragesteigerungen die Lieferfähigkeit des Unternehmens zu erhalten und einen „stock-out" in der Produktion zu vermeiden. Die Höhe des Sicherheitsbestands hängt von mehreren Komponenten ab, wie:

- **Lieferbereitschaftsgrad:** je höher der Grad der Lieferbereitschaft, desto höher muss der Sicherheitsbestand gestaltet werden
- **Qualität der Nachfrageprognose:** je qualitativ hochwertiger, d. h. genauer, die Nachfrageprognose ist, umso geringer kann der Sicherheitsbestand gewählt werden
- **Wiederbeschaffungszeit:** lange Wiederbeschaffungszeiten für Artikel oder Rohstoffe erfordern hohe Sicherheitsbestände

Des Weiteren wird der Sicherheitsbestand noch durch die Lieferzeit, die Lieferzuverlässigkeit und den → Servicegrad bestimmt.

Eine Unterschreitung des Sicherheitsbestands stellt eine ernsthafte Gefährdung der Lieferfähigkeit dar, deshalb sind die verschiedenen Bestellsysteme darauf ausgerichtet, den Sicherheitsbestand nicht anzugreifen. Zu diesem Zweck wird der Sicherheitsbestand stets von der Produktions- sowie von der Lieferplanung ausgeschlossen.

Sichtverpackung
→ Blisterverpackung.

Sichtzone
(Synonym: Blickzone)
→ Blickzone.

Signalartikel
→ Schlüsselartikel.

SINFOS GmbH, Köln (Stammdaten-Informations-System)
Dienstleistungsunternehmen, das Ende 2007 mit dem Geschäftsbereich Gen Sync der → Agentrics LLC verschmolzen ist und seitdem unter dem Namen → SA2 Worldsync den weltweit größten multilateralen Datenpool für den Artikelstammdatenaustausch betreibt.

Die Hersteller sind für die Einstellung und Pflege ihrer Produkte und Sortimente

und damit für die Aktualität und die Richtigkeit der Daten verantwortlich. Die Daten werden nur jeweils einmal im zentralen Pool gepflegt. Alle angeschlossenen Interessenten, d.h. Handel, Dienstleister, wie z. B. Vorlieferanten, Werbeagenturen usw., können diese Daten abrufen.
Die Datensynchronisation erfolgt nach den GDSN-Richtlinien von GS1 (Global Data Synchronization Network). Grundlage sind die → Global Trade Item Numbers (GTIN) und → Global Location Numbers (GLN). Weitere Informationen auf
www.sinfos.de.

Skonto
Nachträglich auf den Betrag einer Rechnung gewährter Preisnachlass, der für die Zahlung bzw. Begleichung des Rechnungsbetrags innerhalb einer festgelegten Frist gewährt wird. Der Skontobetrag wird in Prozent angegeben und ist nach Zeitablauf gestaffelt, d.h., es wird z.B. für die Zahlung innerhalb der ersten zwei Wochen nach Erhalt der Rechnung ein Skontosatz von 3 % gewährt, während der Satz in den darauf folgenden zwei Wochen auf 1,5 % reduziert wird. Skontoabzug wird grundsätzlich nur dann gestattet, wenn dem Käufer ein Zahlungsziel eingeräumt wird.
Die Gewährung eines Zahlungsziels durch den Lieferanten ist für den Abnehmer vergleichbar mit einem Kredit, dessen Zinsen der Skontosatz darstellt. Nimmt der Käufer das Zahlungsziel voll in Anspruch, erhält er zwar vom Lieferanten die Möglichkeit, die bezogene Ware zu einem späteren Zeitpunkt zu zahlen, dafür verfällt für ihn jedoch die Möglichkeit des Skontoabzugs.
Der Kunde zahlt somit indirekt die Zinsen für den Lieferantenkredit. Die Gewährung eines Skontos stellt daher den Ausgleich dafür dar, dass der Kredit nicht in Anspruch genommen wurde.

Um festzustellen ob sich die Inanspruchnahme des Lieferantenkredits oder des Skontobetrags rentiert, muss der Skontosatz mit einem Jahreszinssatz für eine eigene Kreditaufnahme vergleichbar gemacht werden.
Der Skontosatz als Jahreszins errechnet sich mit der Formel:

$$P = \frac{Skontosatz}{Zahlungsziel ./. Skontofrist} \times 360$$

In der Praxis wird das Skonto oft einbehalten, auch wenn die Zahlungsfrist überschritten ist. Eine Abschaffung oder Reduzierung des Skontos ist praktisch unmöglich und käme einer Konditionenreduzierung gleich.
Durch die in großem Umfang vorkommende Zentralregulierung und den überwiegend papierlosen automatischen Datentransfer (EDI) erfolgt die Zahlungsabwicklung der Handelsorganisationen und Abrechnungszentralen jedoch in regelmäßigen Zyklen. Dies führt für die Lieferanten zu Zahlungseingängen, die sich zumindest in mehr oder weniger gleichbleibenden Abständen zur Rechnungserstellung bewegen.

SKU
→ Stock Keeping Unit.

Slowseller
Mit dem Begriff Slowseller werden langsam drehende bzw. sich schlecht verkaufende Güter bezeichnet, die umgangssprachlich auch „Ladenhüter" genannt werden. Durch die lange Bevorratung der Artikel im Sortiment binden diese Ressourcen Raum und Kapital und wirken sich durch ihren stagnierenden bis rückläufigen Absatz negativ auf die Umsätze des Handelsunternehmens aus. Aus diesem Grund liegt es im Interesse des Handels, die Slowseller möglichst zeitnah zu identifizieren und aus dem Sortiment zu entfernen, → Renner/Penner.

Slowseller Management

Befasst sich mit der Analyse und der Steuerung von Artikeln, die langsam drehen und den Möglichkeiten, diese Artikel zu aktivieren bzw. aus dem Sortiment zu nehmen.

Smart Shopper

Smart Shopper sind äußerst markenbewusste Konsumenten, die Markenprodukte zu einem möglichst günstigen Preis erstehen wollen. Allerdings, Smart Shopper sind nicht unbedingt markentreu. Ihr Motto ist: „More value for less money."

Viele Konsumenten sind der Meinung, dass ein Markenname alleine nicht den höheren Preis rechtfertigt. Insbesondere ärgern sich viele Konsumenten, wenn sie einen Artikel zum vollen Preis gekauft haben, der kurze Zeit später wesentlich günstiger zu erhalten ist.

Die Grenzziehung zum → Schnäppchenjäger liegt in der Motivation und im Einkaufsverhalten und wird am besten durch folgenden Ausspruch charakterisiert: „Der Smart Shopper fährt nach Metzingen, der Schnäppchenjäger geht zu Metzen", womit die Ramschläden des verstorbenen Werner Metzen gemeint waren.

Snob-Effekt

Der Snob möchte sich von der Masse absetzen und Güter besitzen, die andere nicht besitzen. Die Snob-Nachfrage nach dem Gut lässt nach, sobald eine andere Kundengruppe anfängt, das Gut zu kaufen. Es muss sich nicht zwingend um teure Produkte handeln, es kann auch der Geheimtipp „mexikanischer Landwein" sein, den aber nur der Snob kennt und der sonst nicht von anderen konsumiert wird.

Der Snob-Effekt ist zu unterscheiden vom sogenannten → Veblen-Effekt oder Prestige-Effekt und vom sogenannten → Bandwagon-Effekt bzw. Mitläufereffekt.

Solitärmarke
→ Einzelmarke.

Sonderangebot

In der Regel temporär begrenzte Maßnahmen der → Verkaufsförderung, bei der ein bestimmtes Produkt bei konstanter Produktleistung zu einem stark reduzierten Preis im Handel angeboten wird. Das Sonderangebot gilt dabei zumeist nur für einzelne Artikel und nicht für die ganze Warengruppe. Sonderangebote sind eine besonders übliche Verkaufsförderungsmaßnahme des stationären Einzelhandels und werden gewöhnlich von hohen Werbeaktivitäten begleitet. Hauptsächliches Ziel ist es, → Verbundkäufe zu erzeugen und/oder bestimmte Artikel aus dem Lager zu eliminieren, um freie Regalplätze für neue Produkte zu schaffen. Aus diesem Grund werden Sonderangebote im Textilienhandel oftmals am Ende einer Saison durchgeführt, wie die früher üblichen Sommer- und Winterschlussverkäufe.

Werden Sonderangebotsaktionen jedoch dauerhaft durchgeführt, kann dies dem Image des Einzelhandelsbetriebs schaden. Die durch die Sonderangebote oftmals realisierten Verluste werden im Handel durch → Mischkalkulation kompensiert.

Sonderplatzierung

Artikelplatzierung außerhalb der gewöhnlichen Regalfläche, wie z. B. auf Paletten oder Displays, bezeichnet man als Sonderplatzierung. Ein wichtiger Aspekt von Sonderplatzierungen ist, dass diese zumeist zusätzlich zur Stammplatzierung eines Artikels durchgeführt werden, allerdings nur für einen bestimmten Zeitraum.

Daher kommt diese Form der Warenpräsentation insbesondere im Rahmen von Aktionen und für die Präsentation

Sortiment

von → Saisonsortimenten zum Einsatz. Das Ziel von Sonderplatzierungen ist es, die Aufmerksamkeit der Konsumenten für die gesondert platzierten Artikel zu erhöhen und so deren Abverkauf zu steigern.

Sonderplatzierung, Anteil
(engl.: Share of Displays)
Anzahl der Sonderplatzierungen, die innerhalb einer Periode für eine bestimmte Marke oder einen bestimmten Hersteller durchgeführt werden, im Verhältnis zu allen → Sonderplatzierungen der Marke oder Hersteller der jeweiligen Kategorie.

Sonderplatzierung, Anzahl
(engl.: Number of Displays)
Absolute Anzahl aller für eine bestimmte Marke oder einen bestimmten Hersteller innerhalb einer Periode durchgeführten → Sonderplatzierungen.

Sortiment
(engl.: Assortment)
Sämtliche Waren, die ein Handelsunternehmen seinen Kunden innerhalb einer festgelegten Zeitspanne anbietet.
Für die Sortimentszusammenstellung können verschiedene strategische Optionen und deren Kombinationen verfolgt werden. Dies sind: → Zielgruppen-Konzept, → Angebotskonzept, → Preisführerschaft und → Leistungsführerschaft.

Tendenz im LEH	Preisführer, Kostenführer	Leistungsführer
Zielgruppen-Konzept	Fachmarkt	Fachgeschäft
Angebotskonzept	Discount	SB-Warenhaus

Grundsätzlich lässt sich ein Sortiment nach seiner Breite und Tiefe definieren (→ Sortimentsbreite/Sortimentstiefe).
Im Lebensmittelhandel ist die Sortimentsbreite betriebstypenabhängig, wohingegen die Sortimentstiefe verkaufsflächenabhängig ist!
Eine Reihe von weiteren relevanten Sortimentsdimensionen lassen sich unterscheiden:

- **nach dem Zeitraum der Aktualität**
  - Tagessortiment (z. B. Tagesangebot bei Frischeprodukten)
  - Wochen- oder Zweiwochensortiment (im Rahmen des → Aktionssortiments)
  - → Saisonsortiment (z. B. Weihnachten, Sommer, usw.)
  - Stapelsortiment (Verkauf einer bestimmten Warenmenge ohne Nachorder)
  - Dauersortiment (permanentes Angebot/ → Pflichtsortiment)
- **nach der Verfügbarkeit**
  - Lagersortiment (sofort verfügbar)
  - Fremdsortiment (lieferbar, aber nicht lagernd)
- **nach der Herkunft, der Beschaffung**
  - Eigensortiment (aus Eigenproduktion)
  - Fremdsortiment (von Dritten beschafft)
- **nach dem Lebenszyklus der Produkte**
  - Testsortiment (probeweise gelistete Artikel)
  - → Trendsortiment (Pflichtsortiment mit höchster Aktualität)
  - Auslaufsortiment
- **nach dem Umfang bzw. nach der verbindlichen Vorgabe durch die Zentrale** (oft wird in diesem Zusammenhang der Begriff Sortimentsbausteine bzw. → Sortimentsmodule oder einfach nur Modul verwendet)
  - → Pflichtsortiment
  - → Randsortiment (z. B. aus Gründen der Imageprofilierung)
  - → Zusatzsortiment

Sortimentsbaustein

Sortimentsbaustein
(Synonym: Modul)
→ Modul.

Sortimentsbreite
→ Sortimentsbreite/Sortimentstiefe.

Sortimentsbreite/Sortimentstiefe
Im Handel wird ein → Sortiment nach Breite und Tiefe unterschieden. Ein Sortiment wird dann als „breit" bezeichnet, wenn es relativ viele unterschiedliche → Warengruppen beinhaltet, wie z.B. Elektronik-Produkte, Textilien, Lebensmittel usw. Das Sortiment von → Warenhäusern stellt daher ein breites Sortiment dar. Die Tiefe eines Sortiments wird durch die Anzahl der in den Warengruppen vorhandenen gleichartigen Artikel unterschiedlicher Ausprägung bestimmt. So zeichnen sich Fachgeschäfte insbesondere dadurch aus, dass diese über ein tiefes Sortiment verfügen, da hier viele unterschiedliche Artikel geführt werden, die Anzahl an Warengruppen jedoch begrenzt ist, was bedeutet, dass es sich gleichzeitig um ein schmales Sortiment handelt.
Nach H. Buddeberg kann ein Sortiment wie folgt unterschieden werden:
1. ACIG: Mit diesen Punkten wird ein Vollsortiment beschrieben, d.h. ein sehr breites und sehr tiefes Sortiment. Vollsortimente sind jedoch in der Realität nahezu nicht umsetzbar.
2. ACFD: Das Sortiment ist hierbei schmal, weist jedoch innerhalb der Warengruppen eine große Auswahl auf.
3. ABHG: Bezeichnet eine breites, jedoch sehr flaches Sortiment, d.h. eine große Anzahl an Warengruppen mit geringer Auswahl innerhalb der Warengruppen.
4. ABED: Bezeichnet ein Teilsortiment, das sehr schmal und darüber hinaus noch flach ist.

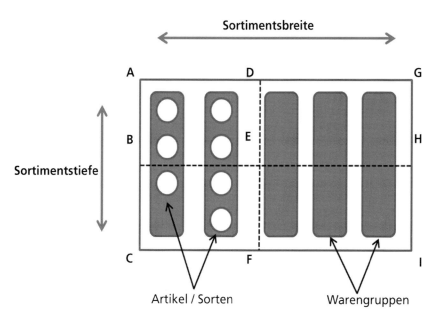

Bezüglich der Bedeutung und der Begrifflichkeit weist die Sortimentsbreite/Sortimentstiefe starke Ähnlichkeit mit der Breite und Tiefe des Produktprogramms eines Unternehmens auf (→ Produktlinie).

Sortimentsdimensionen
→ Sortiment.

Sortimentserweiterungsanalyse
Mit der Sortimentserweiterungsanalyse untersuchen Handelsbetriebe, wie sich das Hinzufügen neuer Produkte zum bestehenden Sortiment auf den Marktanteil des Unternehmens auswirken würde. Parallel hierzu wird der Substitutionsgrad analysiert, um zu erforschen, ob sich die Erweiterung des Sortiments tatsächlich positiv auf den Marktanteil auswirkt oder ob hierdurch das bestehende Sortiment nur ersetzt wird.
Durch die Kombination von Sortimentserweiterungsanalyse und → Preis-Absatz-Analyse kann bestimmt werden, wie stark der Preis den Absatz beeinflusst, um auch hinsichtlich des Preises das Sortiment zu optimieren.

Sortimentskäuferreichweite
(engl.: Assortment Penetration Rate)
→ Käuferreichweite.

Sortimentskompetenz
Bezeichnet die Fähigkeit von Handelsunternehmen, ein Sortiment so zu gestalten, dass es den Kundenbedürfnissen entspricht und darüber hinaus zu wettbewerbsfähigen Preisen angeboten werden kann. Um hohe Sortimentskompetenz zu erlangen, ist für Handelsunternehmen eine genaue Kenntnis der Zielgruppe sowie des jeweiligen Markts notwendig (→ Zielgruppen-Konzept, → Leistungsführerschaft).

Sortimentsmächtigkeit
→ Mächtigkeit des Sortiments.

Sortimentsmarke
Bezeichnet die Führung aller Leistungen und verschiedener Produkte eines Sortiments unter einer übergeordneten Marke (z. B. „Salto" von REWE).
Die Sortimentsmarke weist somit starke Ähnlichkeit zur → Familienmarke (auf Herstellerseite!) auf.

Sortimentsmix
Im Sortimentsmix werden die Waren und Artikelgruppen eines Sortiments festgelegt und sowohl die Breite als auch die Tiefe des Sortiments bestimmt. Darüber hinaus wird im Sortimentsmix das Sortimentsqualitäts- und das Sortimentspreisniveau festgelegt.

Sortimentsmodul (Modul)
(Synonym: Sortimentsbaustein)
Sortimentsmodule oder Sortimentsbausteine werden im filialisierten Handel erstellt, um den Anforderungen heterogener Filialformate und Standorte gerecht zu werden.
Beispiel: Die Edeka-Großhandlung Minden-Hannover hat vier Bausteine für Bio-Produkte erstellt. Der kleinste gemeinsame Nenner ist das sogenannte „Pflichtsortiment" mit 130 Produkten, damit auch auf den Kleinflächen unter 600 m^2 ein Bio-Angebot möglich wird. (Für Ostdeutschland wurde dieser Baustein auf 70 Artikel zusammengestrichen!) Das zweite Modul ist das „Basissortiment", das aus denselben Warengruppen zusammengesetzt ist. Bei insgesamt 500 Produkten ist das Angebot an Breite und Tiefe erheblich attraktiver.
Bei dem „Erweiterungssortiment" soll es über alle konventionellen Artikel hinweg einschließlich frischen Backwaren und SB-Fleisch eine Bio-Alternative geben. Beim

Sortimentspolitik

"Vollsortiment" mit 1.000 Artikeln kommen Wurst und Käse in Bedienung hinzu. Die eingesetzten Module in obigem Beispiel sind additiv, d. h., sie ergänzen sich und werden den unterschiedlichen Filialgrößen gerecht. Ein anderer Weg ist, selektive Module anzubieten, die frei wählbar durch die Filialleiter sind.

Sortimentspolitik

Im Rahmen der Sortimentspolitik befasst sich der Händler mit der Bestimmung des Sortiments, d.h. der Zusammenstellung:
- unterschiedlicher Produkte oder Waren
- von unterschiedlichen Herstellern
- in unterschiedlichen Qualitäten
- in unterschiedlichen Preisklassen

Generell muss der Händler bei der Sortimentszusammenstellung die Entscheidung treffen, ob er ein → Zielgruppen-Konzept verfolgt oder ob er ein → Angebotskonzept zugrunde legt. Weiterhin muss der Händler entscheiden, ob er die Strategie der → Preisführerschaft verfolgt oder als → Leistungsführer gesehen werden will. Operativ sind die Einlistung und die Auslistung (siehe → Artikel-Listung) von Produkten die wichtigsten Entscheidungen.

Für die Sortimentserarbeitung kann folgende Checkliste mit Fragen zugrunde gelegt werden:
- Welche Zielgruppen sollen angesprochen werden?
- Welche → Warengruppen sollen geführt werden (Breite)?
- Welche strategische Bedeutung sollen die verschiedenen Warengruppen haben (Profilierung, Pflicht, Rand, Saison)?
- Welche Artikel und welche Sorten sollen innerhalb der Warengruppe geführt werden?
- Wie viele Artikel sollen maximal in das Sortiment aufgenommen werden (Tiefe)?
- Welche Artikel werden dem → Pflichtsortiment, welche dem → Randsortiment zugeordnet?
- Welche Qualitätsstandards sind für das Sortiment generell aufzustellen?
- Welche Qualitätsstandards dürfen auch bei unteren Preislagen nicht unterschritten werden?
- Welche → Markenartikel sollen in das Sortiment aufgenommen werden?
- Wie sind die oberen und unteren Grenzpunkte der Preislagenabdeckung definiert?
- Können Eigenmarken/ → Handelsmarken entwickelt werden?
- Sind → Generika/ → No-Name-Produkte für das Sortiment geeignet?
- Wie soll das Sortiment an den Saisonverlauf angepasst werden?
- Welches Basissortiment soll saisonunabhängig, d.h. ganzjährig, angeboten werden?
- Wie wird das Sortiment dynamisch an die kontinuierlichen Veränderungen im Angebot der Lieferanten, den Kosten der eingekauften Waren, der Nachfrage durch Konsumenten oder dem Verhalten der Wettbewerber angepasst?

Plant der Händler sein Sortiment im Rahmen der Vorgaben des → Category Managements, so werden die meisten dieser Fragen im → Acht-Stufen-Prozess systematisch aufgeworfen.

Sortimentstiefe
→ Sortimentsbreite/Sortimentstiefe.

Space
→ Verkaufsfläche.

Space Management

Das Space Management umfasst sämtliche Aktivitäten und Maßnahmen, die alleine oder im Verbund dazu beitragen, die Verkaufsfläche des Handels zu optimieren und auf diese Weise die Erträge

des Unternehmens zu steigern. Die Verkaufsfläche eines Handelsunternehmens wird unterschieden in die von der Bodenfläche zur Verfügung stehende Verkaufsfläche und in die Regalfläche, jeweils in Quadratmeter:
- die **Verkaufsflächenoptimierung** bezieht sich auf die Position und die Fläche, die den einzelnen Warengruppen zugewiesen wird
- die **Regaloptimierung** hat das Ziel einer abverkaufsgerechten Platzierung der Artikel, eines verkaufswirksamen Regalbilds, einer optimalen → Sortimentsbreite/Sortimentstiefe sowie einer Verbesserung der Regalkontrolle

Für die erfolgreiche Anwendung von Space-Mangement-Programmen sind verschiedene Voraussetzungen zu erfüllen:
- mindestens 400 m² Verkaufsfläche für das → Pflichtsortiment
- fixe Regalplätze für jeden Artikel; ohne eine Regalplatzsicherung für jeden Artikel ist Space Management nicht durchsetzbar, weil die Platzierung weder exakt vorgegeben noch kontrolliert werden kann
- eine IT-Infrastruktur zur Erfassung der Abverkaufsdaten
- Ertragskennzahlen, wie → Rohertrag oder direkte Produktrentabilität

Für die Regaloptimerungen stehen EDV-Optimierungsprogramme wie z. B. Apollo (GfK) oder Spaceman (ACNielsen) zur Verfügung. Diese → Planogramme gehen über die Optimierung von einfachen Regalen hinaus. Auch Ständerware, Ware in Displays oder Warenträgern, Regalflächen mit unterschiedlichsten Anordnungen werden von diesen Programmen berechnet und optimiert. Zum Einsatz dieser Programme werden für jeden Artikel Informationen benötigt über seine Eigenschaften wie Verpackungsart, Abmessungen, Gewicht usw., d. h. über seine → Stammdaten.

Space Productivity
→ Verkaufsflächenproduktivität.

Speciality-Goods
Speciality-Goods stellen High-Interest-Produkte dar, die einen ganz speziellen Bedarf des Konsumenten befriedigen und in relativ großen Zeitabständen unter hohem Informationsbedarf und hoher Kaufanstrengung erworben werden. Der Kunde sucht nicht nur das richtige Produkt, sondern oft auch den richtigen Händler für diese Produkte. Speciality-Goods sind beispielsweise spezielle Typen von Hi-Fi-Geräten oder antike Möbel. Bezüglich des Informationsbedarfs weisen Speciality-Goods und → Shopping-Goods gewisse Ähnlichkeit auf.

Spill-over-Effekt
(Synonym: Ausstrahlungseffekt)
Die Wirkung einer Werbe- oder Verkaufsförderungskampagne ist meist nicht ausschließlich von den eigenen kommunizierten Inhalten abhängig. Die Aktivitäten für andere Produkte des Unternehmens oder für Produkte der Konkurrenz können auf das Ergebnis der eigenen Kampagne im Sinne einer instrumentellen Verbundwirkung auch einen entscheidenden Einfluss haben.
Bei Dach- oder Familienmarken ist der sogenannte Spill-over-Effekt besonders häufig zu beobachten!
→ Carry-over-Effekt.

Spontankauf
→ Impulskauf.

SRP
→ Shelf-Ready Packaging.

SSCC
→ Serial Shipping Container Code.

Stammdaten

Stammdaten
(Synonym: Artikelstammdaten)
Artikelstammdaten sind die Basisdaten zu einem Produkt, sind quasi der Personalausweis eines Produkts. Sie enthalten relevante Informationen über Größe, Gewicht, Volumen, Verpackungsart etc. des Produkts und können über die dem jeweiligen Artikel zugewiesene → GTIN ausgelesen werden. Diese Daten bilden die Voraussetzung für den Austausch von mündlichen, schriftlichen oder elektronischen Nachrichten. Jeder Stammdatenaustausch mit einem → EDI-Partner erfordert Abstimmungsprozesse, insbesondere über die auszutauschenden Informationsinhalte. Im Zeitablauf des Lebenszyklusses eines Produkts ist es wichtig, vorkommende Datenänderungen wie z. B. Preis-, Maß-, Gewichts- und/oder Verpackungsänderungen etc. regelmäßig in das System der Stammdaten „einzupflegen".

Stammdaten werden aber nicht nur für die elektronische Abwicklung von Geschäftsvorfällen benötigt, sondern u. a. auch in der Warenlogistik, zur Regaloptimierung oder zur Ermittlung der Direkten Produkt-Rentabilität (DPR).

Prinzipiell bestehen zwei Möglichkeiten für den Austausch von Artikelstammdaten im Geschäftsverkehr. Dies ist zum einen ein bilateraler Austausch über → EANCOM über den Nachrichtentyp PRICAT (siehe → Preisliste/Katalog) oder über den Stammdatenpool → SINFOS, jetzt → SA2 Worldsync. Dieser Stammdatenpool hat den Vorteil, dass die Daten nur einmal in den Pool eingegeben werden und daraufhin für alle hieran beteiligten Unternehmen verfügbar sind. Die Bereitstellung der Daten im → SINFOS-Pool ist allerdings kostenpflichtig.

Neben den Artikelstammdaten werden in einem Warenwirtschaftssystem (WWS) Kundenstammdaten, Lieferantenstammdaten und Verkäuferstammdaten benötigt.

Stammkäuferanteil
Anteil der Käufer, die eine starke Präferenz für eine bestimmte Einkaufsstätte aufweisen und die den überwiegenden Anteil ihrer Ausgaben in der Vertriebsschiene tätigen. Die Anzahl der Stammkäufer im Verhältnis zur Gesamtzahl aller Käufer zu erhöhen, ist ein zentrales Ziel des Handelsmarketings.

Stammkäuferumsatz
Bezeichnet den Umsatz pro Einkaufsstätte oder Marke, der allein durch die jeweiligen Stammkäufer erzielt wurde. Der Stammkäuferumsatz wird hierbei ins Verhältnis zum gesamten Umsatz für die betrachtete Marke oder Verkaufsstätte gesetzt, um auf diese Weise die Bedeutung der Existenz von Stammkäufern zu ermitteln.

Stammkunde
(engl.: First Choice Buyer)
Kunde, der seinen Gesamtbedarf in einer Warengruppe hauptsächlich über eine bestimmte Marke oder eine bestimmte Einkaufsstätte deckt.
Da diese Käufertypen für einen durchgängig stabilen Umsatz für eine Marke, eine Einkaufsstätte oder beides sorgen, besteht ein zentrales Interesse der Hersteller und des Handels an der Zufriedenstellung und Haltung der Stammkunden (→ Second Choice Buyer).

Stammsortiment
(Synonym: Pflichtsortiment, Dauersortiment, Kernsortiment, Basissortiment)
→ Pflichtsortiment.

Stationärer Handel
Bezeichnet den Vertrieb von Waren und Dienstleistungen über stationär fixierte Ladengeschäfte. Dies bedeutet, dass, im Gegensatz zum → ambulanten Handel oder zum → Versandhandel, die Ware nicht in die unmittelbare Nähe des Kun-

den gebracht wird, sondern dass der Kunde selbst zum Betrieb des jeweiligen Handelsunternehmens kommen muss. Der stationäre Einzelhandel kann grob in die zwei Kategorien Einzelhandel und Großhandel unterteilt werden, wobei es viele Betriebsmöglichkeiten des stationären Einzelhandels gibt. Bekannte bzw. typische Formen sind hierbei die Fachgeschäfte, Supermärkte, SB-Warenhäuser, Baumärkte, Einkaufszentren usw.

Steuernachweis
(engl.: Tax Control)
EANCOM-Nachrichtentyp: TAXCON
Die Steuernachweis-Nachricht wird vom Lieferanten an den Kunden versandt und wird zur Zusammenfassung sowie zur Kontrolle der Steuern benötigt. Dabei wird die TAXCON den Anforderungen der Behörden gerecht.

Stichprobe
Bestimmte Auswahl an Objekten aus einer → Grundgesamtheit, die dazu dient, durch Hochrechnungen Schlussfolgerungen auf die gesamte Anzahl der zu untersuchenden Objekte zu ziehen.
Ein wichtiger Aspekt an Stichproben ist deren Repräsentativität. So ist, abhängig von der Größe der Grundgesamtheit, eine Mindestanzahl an Objekten zu definieren, die ausreichend ist, um die Grundgesamtheit zu repräsentieren.
Stichproben können entweder zufällig oder in Bezug auf eine bestimmte Zielgruppe mit konkreten Vorgaben, wie ein bestimmtes Alter oder Geschlecht etc., ausgewählt werden. Die Untersuchung einer Stichprobe spart im Vergleich zur Untersuchung der gesamten Anzahl an Objekten Zeit und Kosten.

Stock Keeping Unit (SKU)
Bezeichnung für eine Bestandseinheit bzw. einen → Artikel, der im Lager eines Unternehmens vorrätig ist. Eine Stock Keeping Unit (SKU) ist durch eine Artikelnummer überschneidungsfrei zu identifizieren. Die Optimierung der Bestandsmenge von SKUs ist ein zentrales Ziel der Bestandsführung eines Unternehmens. Dies ist jedoch zumeist sehr schwierig zu realisieren, da sich hierbei zwei gegenläufige Kennzahlen gegenüberstehen: Kapitalbindung und → Servicegrad.

Stock-Out
(Synonym: Out of Stock)
→ Out of Stock.

Store Check
Ist das stichprobenartige Aufsuchen und Kontrollieren von Geschäften. Zum einen – aus Sicht des Herstellers –, um dort die eigene Ware und/oder die der Wettbewerber auf bestimmte, zuvor festgelegte Kriterien zu überprüfen, wie z. B. Platzierung(en), Facings, Bestand, Preisstellung, Umsetzung von Verkaufsförderungsmaßnahmen, Art und Anzahl von Wettbewerbsprodukten usw. Zum anderen – aus der Sicht des Händlers – erfolgen Store Checks in neuen, innovativen Ladenlokalen eines Wettbewerbers, um Ideen, Anregungen oder einfach Informationen über dessen Aktivitäten zu erhalten und diese ggf. als Benchmarks für den eigenen Betrieb einzusetzen.

Store-Test
Ein Store-Test ist ein kleiner Markttest, der sowohl vom Hersteller vor nationaler Markteinführung durchgeführt werden kann, der aber auch von einigen Handelsunternehmen vor der Entscheidung über eine Listung für alle Filialen eingesetzt wird.
Führt ein Hersteller einen Store-Test durch, so erfolgt dies zusammen mit einem Marktforschungsinstitut, z. B. im Rahmen des GfK-Store-Tests. Unter realen Bedin-

gungen wird gezeigt, mit welchem Absatzpotenzial gerechnet werden kann. Die neuen Produkte oder Produktvarianten werden in ausgewählten „normalen" Geschäften (Verbrauchermärkten/SB-Warenhäusern) platziert und unter realen Bedingungen angeboten. Die Ergebnisse stützen sich auf Scannerdaten, Kundenkarten und Befragungen und geben die notwendige Grundlage für die Entscheidung über eine nationale Einführung.

Storno-Nachricht
(engl.: Financial Cancellation Message)
EANCOM-Nachrichtentyp: FINCAN
Dient zur Stornierung vorab gesandter Finanznachrichten oder Aufträgen wie Transaktionen im Finanzbereich. Die FINCAN wird vom Kunden an das jeweilige Finanzinstitut gesandt und muss mit einer BANSTA (Bank Status Message) beantwortet werden.

Streckengeschäft
→ Großhandel.

Strichcode
(Synonym: Barcode, Balkencode)
Die Übersetzung eines Nummernsystems in einen elektronisch lesbaren Code. Dieser Code besteht aus aufeinanderfolgenden, unterschiedlich breiten, parallelen Balken und Lücken und dient der Verschlüsselung verschiedener Dateninhalte. Der klassische Strichcode verschlüsselt die acht- oder dreizehnstellige → GTIN (ehemals → EAN) und ist überall dort einsetzbar, wo die Artikelnummer automatisch erfasst wird (z. B. an der Kasse). Falls der Code weitere Informationen wie z. B. das Mindesthaltbarkeitsdatum beinhalten soll, stehen folgende → Strichcode-Arten in Verbindung mit einem → Datenbezeichnerkonzept zur Verfügung:

- → **GS1-128-Strichcode:** Dieser Code wird in der Logistik und im Gesundheitswesen verwendet und ermöglicht die Verschlüsselung von mehr als 60 verschiedenen Datenelementen.
- → **GS1-Data-Matrix:** Der zweidimensionale Code findet Anwendung in der Direktmarkierung und Auszeichnung von Kleinstprodukten z. B. auf Nadeln oder Lasern.
- → **GS1-DataBar:** Ein kleiner und linearer Strichcode, der ab 2010 als globaler Standard für die Codierung von Verbraucherprodukten zugelassen ist.
- **Transponder/** → **RFID:** Die Dateninhalte werden mit einem Lesegerät von dem Transponder (auch Tag) eingelesen. Das Neue daran ist die berührungslose Übertragung der Informationen.

Um eine hohe Strichcodequalität zu gewährleisten, sind bestimmte Faktoren zu beachten:

- Farbe, Größe, Platzierung und Produktion des Strichcodes. Üblich ist die Darstellung dunkler Striche auf hellem Hintergrund. Zu vermeiden sind dabei rote Striche, da diese vom Laser als weiß interpretiert werden, sowie metallische Farben aufgrund zu starker Reflexion.
- Die optimale Höhe des Codes ist maßgeblich für eine richtungs- und lageunabhängige Lesbarkeit, deshalb werden hier Richtwerte für Höhe und Breite vorgegeben.
- Die Platzierung sollte ein schnelles Auffinden und Erfassen ermöglichen sowie einfache Verschmutzung und Zerstörung vermeiden.
- Bei der Produktion ist neben der Wahl und Ausrichtung des Trägermaterials auch die Größe des Symbols und die parallele Anordnung des Codes zur Laufrichtung der Maschine von Bedeutung. Eine Qualitätsprüfung in Form von Stichproben und Prüfmethoden nach der ISO-Norm identifiziert Fehlerquellen und ermöglicht frühzeitige Korrekturen.

Stücknutzen

Ergibt sich aus der Differenz von Verkaufspreis (inkl. MwSt.) und dem Netto/Netto- → Einkaufspreis eines Produkts. Der Stücknutzen eines Produkts wird in absoluten Zahlen ausgewiesen, d. h. als Betrag in Euro. Aus dem Stücknutzen müssen, neben der abzuführenden MwSt., die Kosten und der Gewinn des Handelsunternehmens gedeckt werden.

Wird der Stücknutzen um die Mehrwertsteuer bereinigt, ergibt sich der → Rohertrag.

Subcategory
(Synonym: Subkategorie)

Bezeichnet eine Teileinheit einer übergeordneten → Kategorie. Die Subkategorie beinhaltet mehrere vom Kunden als substituierbar empfundene Artikel und stellt aus Handelssicht eine heterogene, autonom steuerbare Einheit dar. Nach → GS1 sind die Anforderungen an eine Kategorie:
- Überschneidungsfreiheit
- eindeutige Zuordnung von Produkten
- Objektivität
- Steuerbarkeit
  Subkategorien werden im Rahmen von Schritt 1 des Category-Management-Prozesses, der → Warengruppen-Definition, einheitlich für Handel und Hersteller definiert.

Substitutionsartikel

Artikel im Sortiment eines Handelsunternehmens, die so starke Gemeinsamkeiten bezüglich Verwendungsart und Beschaffenheit aufweisen, dass diese von Konsumenten gegeneinander ausgetauscht bzw. substituiert werden können.

Wird beispielsweise der Preis eines Artikels A angehoben, führt dies dazu, dass der Konsument automatisch auf den Artikel B ausweicht, der den Bedarf in gleicher bzw. ähnlicher Weise befriedigt.

Zwischen Substitutionsartikeln liegen somit positive Kreuzpreiselastizitäten vor, deren Stärke je nach Artikel variieren kann. Wie stark das Substitutionspotenzial von Artikeln ist, hängt jedoch von zwei weiteren Faktoren ab: der reaktiven Äquivalenz und der funktionalen Äquivalenz.

Während die funktionale Äquivalenz die objektive Ähnlichkeit des Artikels bezüglich seiner Verwendungsmöglichkeit darstellt, basiert die reaktive Äquivalenz auf der subjektiven Beurteilung des Artikels durch den Konsumenten. Dies bedeutet, dass kein Austausch der Produkte stattfindet, auch wenn Artikel sich bezüglich ihrer Beschaffenheit und Verwendungsmöglichkeit substituieren würden. Die Konsumenten betrachten diese Produkte aber, aufgrund subjektiver Einstellung, nicht als Alternativprodukte.

Suchartikel

Artikel im Sortiment eines Handelsunternehmens, der von Konsumenten konkret benötigt wird. Bei Suchartikeln ist davon auszugehen, dass Konsumenten nach ihnen suchen. Aus diesem Grund ist es nicht nötig, diese Artikel an stark frequentierten Regalplätzen zu platzieren.

Suchblick

Der vertikale Blick des Konsumenten, das Regal von oben nach unten betrachtend, → Blockplatzierung.

Supermarkt

Betriebsform des stationären Einzelhandels, über die vorwiegend Lebensmittel, Frischwaren sowie generelle Güter des täglichen Bedarfs auf einer Verkaufsfläche von etwa 400 m^2 bis 1.200 m^2 vertrieben werden. Supermärkte sind meist zentral gelegene Einkaufsstätten und führen etwa 7.000 bis 12.000 Artikel in ihrem Sortiment. Das Sortiment besteht dabei

Supplier Relationship Management

aus einem Food- und einem Non-Food-Bereich, wobei der Schwerpunkt eindeutig auf dem Food-Bereich liegt. Das Non-Food-Sortiment hat einen Anteil von 25 % am Gesamtsortiment und beinhaltet vorwiegend Drogerieartikel. Supermärkte vertreiben ihre Produkte gewöhnlich in Selbstbedienung.

Supplier Relationship Management (SRM)

Teilkonzept des → Supply Chain Managements, das sämtliche Maßnahmen zur Gestaltung, Steuerung und Pflege der Beziehungen des Unternehmens zu seinen Lieferanten umfasst. Die Umsetzung des Supplier Relationship Managements erfolgt dabei in Form eines proaktiven, meist softwaregestützten Austauschs bzw. der Kommunikation zwischen Unternehmen und Lieferanten, wodurch Prozesse und Maßnahmen in Beschaffung und Produktion gemeinsam geplant und gesteuert werden können.

Das Supplier Relationship Management wird somit auch als Übertragung des CRM-Konzepts auf die Beschaffungsseite (→ Supply Side) gesehen.

Mit SRM wird das Ziel verfolgt, Lieferanten enger an das Unternehmen zu binden, Waren günstiger zu beschaffen sowie Produktionsprozesse günstiger zu gestalten und somit die Kostenstruktur des gesamten Unternehmens zu verbessern.

Supply Chain

Die Supply Chain stellt ein Netzwerk mehrerer Unternehmen dar und bezeichnet die Geld-, Waren- und Informationsflüsse, die zur Erstellung und Distribution einer Unternehmensleistung notwendig sind. Diese Kette erstreckt sich vom Lieferanten der Lieferanten bis zum Kunden der Kunden. Im Rahmen des → Supply Chain Managements ist es das Ziel, die Supply Chain zu planen, zu organisieren und effizient zu gestalten.

Ansatzpunkte sind dabei insbesondere die verschiedenen Schnittstellen innerhalb der Unternehmensnetzwerke des → Supply Chain Managements.

Supply Chain Management

Bezeichnet alle Maßnahmen und Aktivitäten, die zum Management (Planung, Organisation und Kontrolle) der gesamten Supply Chain, d. h. der sich vom Lieferanten bis hin zum Endverbraucher erstreckenden Lieferkette und der sie umgebenden Geld- und Informationsflüsse, beitragen. Durch ein ganzheitliches Management sollen entlang der Supply Chain Optimierungspotenziale in Form von Kostensenkungen und u. a. beschleunigter Reaktion auf die Nachfrage aufgedeckt und realisiert werden, um somit den Erfolg des Unternehmens zu steigern. Darüber hinaus soll die Supply Chain derart gestaltet werden, dass diese auch in die Prozesse der Lieferanten integriert wird, wodurch nicht nur im eigenen Unternehmen, sondern auch in den extern ausgerichteten Unternehmensnetzwerken Verbesserungsmöglichkeiten aufgedeckt werden können.

Das Supply Chain Management ist primär auf die Supply Side ausgerichtet und stellt einen wesentlichen Baustein von → ECR dar. Supply Chain Management wurde ursprünglich vom sogenannten „Downstream-Ansatz" getragen, also der Bewegung des Waren- und Informationsflusses vom Hersteller zum Handel. Die Themen mit der höchsten Wichtigkeit, die hierbei betrachtet und in der Praxis umgesetzt wurden, waren:

- **die Einführung der ECR-Basisstrategie** → Efficient Replenishment mit unterschiedlichen Varianten in der Verantwortung für die Warennachdisposition bzw. Lagerführung: → Computer-aided

Ordering und → Vendor-managed Inventory
- **die Bildung von „Operating Standards"**
Damit ist die Definition branchenweiter Standardregelungen und grundlegender Techniken in der Prozesskette gemeint; hierzu gehören: → Cross-Docking, → Roll Cage Sequencing, → Efficient Unit Loads (EU) und → Mehrwegtransportverpackungen

Der Supply-Chain-Gedanke ist heute in die „Upstream"-Betrachtungsweise integriert, da Lieferanten gezielt in das ECR-Konzept eingebunden und an der Wertschöpfung des Unternehmens aktiv beteiligt sind.

Seit den 1980er-Jahren hat der Bereich des Supply Chain Managements Einzug in die Forschung gehalten. Auslöser hierfür war die Idee Michael E. Porters, unternehmerische Prozesse nicht isoliert voneinander zu betrachten und zu optimieren, sondern ganzheitlich.

Aus diesem Grund beschäftigt sich auch das Supply Chain Management heutzutage mit der effizienten Gestaltung des gesamten Waren- und Informationsflusses eines Unternehmens und darüber hinaus mit der Geschäftsabwicklung zwischen Lieferant und Kunde.

Supply Side
Im Rahmen von → Efficient Consumer Response (ECR) wird zwischen der → Demand Side als nachfrageorientierte Marketingkooperation und der Supply Side als versorgungsorientierte Prozesskooperation unterschieden. Das Beschäftigungsfeld der Supply Side erstreckt sich dabei insbesondere auf das Management des Warenstroms entlang der → Wertschöpfungskette. Dabei sollen die Aktivitäten der Supply Side so gestaltet werden, dass sie die → Supply Chain optimieren. Als geeignete Methode hierfür gilt hauptsächlich das → Efficient Replenishment gemeinsam mit → Efficient Unit Loads.

Darüber hinaus sollen Maßnahmen wie → Cross-Docking oder der Einsatz von → RFID im Rahmen der Supply Side zur Verbesserung der → Supply Chain beitragen. Grundlage der Supply Side sowie der → Demand Side sind die → Enabling Technologies.

SWOT-Analyse
(engl.: Strengths Weaknesses Opportunities Threats Analysis)
Bezeichnet eine Methode zur Situationsanalyse eines Unternehmens, bei der unternehmensinterne Faktoren unternehmensexternen Faktoren gegenübergestellt werden, um auf dieser Basis strategische unternehmenspolitische Entscheidungen zu treffen.

Die SWOT-Analayse setzt sich dabei, wie der Begriff verdeutlicht, aus einer Stärken-Schwächen-Analyse (**S**trength-**W**eaknesses) und einer Chancen-Risiken Analyse (**O**pportunities-**T**hreats) zusammen:
- **Stärken- und Schwächen-Analyse:** Die Stärken- und Schwächen-Analyse bezieht sich auf die unternehmensinternen Ressourcen und Potenziale des jeweiligen Unternehmens. Hierbei wird analysiert, welche finanziellen, organisatorischen, personellen, technologischen etc. Stärken oder Schwächen ein Unternehmen gegenüber der Konkurrenz besitzt. Hierzu werden die untersuchten Ressourcen in den, wenn möglich, direkten Vergleich zu den bedeutendsten Konkurrenten am Markt gesetzt. So lässt sich aus der Stärken-Schwächen-Analyse erkennen, wo bzw. in welchen Bereichen strategische Wettbewerbsvorteile existieren und welche Schwächen verbessert werden müssen.

SWOT-Analyse

Stärken/Schwächen- und Chancen/Risiken-Analyse
Quelle: in Anlehnung an Bruhn, 2007, S. 41 ff.

- **Chancen- und Risiken-Analyse:** Bei der Chancen-Risiken-Analyse werden externe Umwelteinflüsse auf das Unternehmen untersucht bzw. es wird versucht, diese vorherzusagen.

Auf diese Weise sollen diskontinuierliche Umweltentwicklungen (positiver oder negativer Art) rechtzeitig antizipiert werden, um zukünftig sich ergebende Chancen zu nutzen und Risiken dementsprechend zu umgehen bzw. Strategieanpassungen vorzunehmen.

In der anschließenden SWOT-Analyse werden die Ergebnisse der vorangegangenen Analysen systematische miteinander abgeglichen, d. h., die „Stärken" werden den „Chancen" und den „Risiken" gegenübergestellt und ebenso die „Schwächen" mit den „Chancen" und „Risiken" abgeglichen. Aus dem Ergebnis lassen sich direkt Marketingstrategien entwickeln.

Vorteile der SWOT-Analyse liegen in der einfachen Umsetzung und der relativ deutlichen Entwicklung von Marketingstrategien. Als nachteilig ist allerdings anzusehen, dass die Daten der SWOT-Matrix zumeist sehr subjektiv sind und die Informationsbeschaffung darüber hinaus sehr zeitaufwändig ist.

T

Tax Control (TAXCON)
→ Steuernachweis.

Tertiärverpackung
Verpackung, die als Umverpackung oder Ladungsträger für mehrere Sekundärverpackungen dient, und zum Einsatz kommt beim Transport, bei der Lagerung oder bei der Platzierung der Zweitverpackungen.

Testkauf
→ Mystery Shopping.

Testsortiment
Teilbereich des Warensortiments des Handels. Im Testsortiment sind neuartige Produkte bzw. → Produktinnovationen gelistet, deren Aufnahme am Markt noch mit Risiko behaftet ist. Durch die Platzierung neuer Produkte im Testsortiment kann innerhalb einer zeitlich festgelegten Periode überprüft werden, wie die Verbraucher das Produkt aufnehmen, um auf dieser Basis eine dauerhafte Listung des Produkts im Sortiment durchzuführen oder die Listung zu unterlassen (→ Store-Test).

Thekendisplay
→ Display, das auf der Theke – z.B. von Apotheken, im → Fachhandel oder in Kiosken – platziert wird.
Bei pharmazeutischen Produkten muss zwischen Freiwahldisplays, bei denen der Konsument direkten Zugriff auf das Produkt hat, und Sichtwahldisplays, bei denen die → Ware nur für den Apotheker zugänglich ist, unterschieden werden.

Themenplatzierung
Anordnung von unterschiedlichen Waren in einem Regal oder auf einer definierten

Abb.: Thekendisplay
Quelle: STI-Unternehmensgruppe

Verkaufsfläche, die zu einem bestimmten Thema gehören, wie z.B. alles für das Frühstück, alles zum Einmachen, alles für den schönen Tisch usw. Neben der Attraktivität der Platzierung sollen insbesondere Verbundkäufe angeregt werden.

Time-to-Market
Zeitspanne, die sich von der Produktidee über sämtliche Maßnahmen zur Umsetzung des Produkts bis hin zu dessen Einführung erstreckt. Da in der Time-to-Market-Phase hohe Kosten verursacht, jedoch noch keine Umsätze erzielt werden, ist es für Unternehmen von großer Bedeutung, diese Phase so effizient wie möglich zu gestalten. Ein relativ kurzes Time-to-Market verschafft dem Unternehmen in der Regel Wettbewerbsvorteile und die Möglichkeit, Markteintrittsbarrieren zu errichten.

Top of Mind Awareness
Bezeichnet die führende Stellung von Marken im Bewusstsein des Konsumenten. Top of Mind Awareness haben Marken mit einer hohen Unaided → Awareness.

Tracking and Tracing

Tracking and Tracing
Tracking (Verfolgen) und Tracing (Rückverfolgen) bezeichnet in der Logistik die elektronische Verfolgung von versandten Einheiten. Das ursprünglich für den Paketdienst entwickelte System wird bereits bei einer Vielzahl unterschiedlicher Versandeinheiten verwendet und gewinnt in Industrie und Handel zunehmend an Bedeutung.

Im Rahmen des Trackings and Tracings werden die zu versendenden Waren mit elektronisch einlesbaren Etiketten versehen, wie → Barcodes, aber auch zunehmend mit → RFID-Tags, die genaue Informationen zum Produkt und der jeweiligen Lieferung enthalten.

Während des Transports der Ware können dann Kunden oder beteiligte Unternehmen den Status der Lieferung, d.h. Lieferort, Lieferzeit etc., über das Internet jederzeit einsehen (Tracking). Dies ist entweder dadurch möglich, dass Versandeinheiten an jedem Be- oder Entladepunkt der Lieferkette gescannt und in ein Datensystem eingelesen werden, oder dass die Lieferung kontinuierlich über Satellit (GPS) oder AEI (Automatic Equipment Identification) entlang der Transportstrecke verfolgt wird.

Die Daten über die komplette Lieferung werden über das Tracing-System archiviert, sodass auch nachträglich eine vollständige Rückverfolgung der Lieferung möglich ist.

Das Tracking und Tracing dient dazu, die gesamte Lieferkette transparenter zu gestalten und anhand dessen Optimierungspotenziale aufdecken zu können.

Trade-Marketing
Unter Trade-Marketing werden sämtliche Aktivitäten eines Herstellers verstanden, die das Ziel haben, den Handel zu beeinflussen und die eigene Position in der Warengruppe im Absatzkanal zu verbessern. In Zeiten intensivsten horizontalen Wettbewerbs ist es das Ziel von Trade-Marketing, als bevorzugter Lieferant im Vergleich zur Konkurrenz angesehen zu werden (Preferred Supplier Position).

Zu den Trade-Marketing-Instrumenten gehören die verschiedenen ECR-Aktivitäten, Konditionen, Feldarbeit, aber auch z.B. der Einsatz von Merchandisern und Werbedamen, Serviceleistungen und Kommunikation.

Übersetzt meint Trade-Marketing eigentlich → „Handelsmarketing". Der Begriff „Handelsmarketing" wird allerdings üblicherweise definiert als das Marketing eines Handelsunternehmens gegenüber seinen Shoppern. Insofern sollten beide Begriffe nicht verwechselt werden, selbst wenn auf der Industrieseite sowohl Trade-Marketing-Abteilungen als auch Handelsmarketing-Abteilungen vorzufinden sind (!).

Trade Promotion
Englisch für handelsseitig orientierte Verkaufsförderungsmaßnahmen. Trade Promotion umfasst alle handelsgerichteten Aktivitäten der Hersteller, die dazu dienen, den Absatz der eigenen Produkte über die Handelsunternehmen zu steigern, sowie die Hersteller-Handels-Beziehungen zu verbessern. So beinhalten Trade-Promotion-Maßnahmen beispielsweise Werbekostenzuschüsse, Schulungen für Mitarbeiter des Handelsunternehmens, Rabatte, Gratisware oder kostenlos zur Verfügung gestellte Werbeartikel.

Trade Promotional Activities
→ Trade Promotion.

Trade Spendings
Sämtliche Aufwendungen eines Unternehmens in der Zusammenarbeit mit dem Handel, einschließlich Konditionen und Listungsgebühren.

Trading-down
Trend zu niedrigpreisigeren Produkten, zur Reduzierung der Auswahl und des Service, zur einfacheren Geschäftsausstattung usw. Solche Maßnahmen können für ein Handelsunternehmen notwendig werden, wenn sich die Präferenzen seiner Shopper verändern und das Leistungsniveau nach unten angepasst werden muss.

Trading-up
Maßnahmen, die zu einer Imagesteigerung eines Geschäftvolumens führen, z. B. durch Anhebung des Leistungsangebots, durch größere Auswahl, durch Anhebung des Preis-Qualitäts-Niveaus, durch umfangreicheren Kundendienst oder durch aufwändigere Geschäftsausstattung, aber auch durch verbesserte Qualität des Verkaufspersonals usw.

Transaktionswert
Andere Bezeichnung für die → Bonsumme eines Einkaufs.

Transportauftrag/Speditionsauftrag
(engl.: Transport Instruction)
EANCOM-Nachrichtentyp: IFTMIN
Die Transport Instruction (Transportauftrag/Speditionsauftrag) dient dem Versand von Waren zum Kunden. Der Auftrag wird von einem Kunden an seinen Transportdienstleister (der auch der Warenlieferant sein kann) gesendet, um den Transport einer Warenlieferung an einen oder mehrere Lieferorte anzufordern. Die versandten Waren können dabei über die → NVE identifiziert werden.

Transporteinheit
Bezeichnet eine für den Transport erstellte Einheit, bestehend aus mehreren Gütern, die mithilfe eines Ladungsträgers bzw. eines Transporthilfsmittels, z. B. einer Palette, gebildet wird. Die Transporteinheit wird dabei oftmals mit der → Lagereinheit gleichgesetzt.

Transport Instruction (IFTMIN)
→ Transportauftrag/Speditionsauftrag.

Transportstatus
(engl.: Transport Status Message)
EANCOM-Nachrichtentyp: IFTSTA
Die Transport Status Message kann dazu verwendet werden, den Status einer Lieferung oder eine Statusänderung innerhalb der Lieferung an jedem Punkt der Lieferkette zwischen den beteiligten Unternehmen zu übermitteln. Somit erhalten die Unternehmen genaue Informationen über den aktuellen Status ihrer Lieferung.

Transport Status Message (IFTSTA)
→ Transportstatus.

Transportverpackung
→ Sekundärverpackung oder → Tertiärverpackung, in der die → Ware in den Handel oder zum Haushalt des Verbrauchers transportiert wird. Transportverpackungen sind häufig großformatige → Verpackungen aus Wellpappe, aber auch → Regalverpackungen können als Transportverpackung bezeichnet werden.

Tray
Mit dem Begriff Tray werden in der → Logistik Transporthilfsmittel bezeichnet, auf denen mehrere Produkte zusammengefasst und befördert werden können. Trays sind meist Schalen mit rechteckiger, meist waagrechter Grundfläche und einem Rand. Den Deckel eines Trays bildet oftmals ein weiterer Tray, auf dem wiederum Waren zusammengefasst werden. Trays werden auch im Rahmen der Verkaufsförderung als Präsentationsmittel für Waren eingesetzt.

Trendsortiment

Ein Trendsortiment beinhaltet Produkte, die aus Kundensicht einen aktuellen Trend am Markt darstellen. In Trendsortimenten werden bzw. wurden beispielsweise Artikel wie Kick Boards, iPods, Tamagotchis, Pokémon-Karten u. Ä. geführt. Trendsortimente orientieren sich stark am Lebenszyklus der jeweiligen Produkte. Da der Lebenszyklus von Trendartikeln zumeist relativ kurz ist, ist es für Handelsunternehmen wichtig, über eine hohe Trendkompetenz zu verfügen, d. h. Trendartikel zur richtigen Zeit in der richtigen Qualität und Quantität in das Sortiment aufzunehmen und rechtzeitig zu entfernen bzw. durch neue Trendartikel zu ersetzen, sobald der Trend ausläuft. Hierzu sind genaue Markt- bzw. Trendanalysen notwendig.

U

Umlaufbestand
(Synonym: Umlaufwarenbestand)
Bezeichnet den Bestand im → Lager eines Unternehmens, der kontinuierlichen Veränderungen, d. h. Verzehr und Wiederbefüllung, unterworfen ist. Die Höhe des Umlaufbestands beeinflusst maßgeblich den → Servicegrad eines Unternehmens. Um eine dauerhafte Produktion und Lieferfähigkeit des Unternehmens zu garantieren, muss der Umlaufbestand regelmäßig wiederbefüllt werden.

Umsatz
Der innerhalb einer Periode erzielte Erlös für die veräußerten Dienstleistungen und Waren des Unternehmens wird als Umsatz bezeichnet. Der Umsatz eines Unternehmens ergibt sich rechnerisch als kumulierter Wert aus den Preisen jedes veräußerten Guts, multipliziert mit den jeweiligen Absatzmengen (→ Bruttoumsatz, → Nettoumsatz).

Umschlagshäufigkeit
→ Lagerumschlagshäufigkeit.

Umverpackung
→ Verpackung.

Uniform Council Code (EAN-UCC)
→ Global Trade Item Number.

Up-Selling
Bestreben, das Kundenpotenzial auszuschöpfen durch das Angebot von höherpreisigen Produkten bzw. zusätzlichen Dienstleistungen.

V

Value-Added-Services
Mit Value-Added-Services werden Dienstleistungen bezeichnet, die über die klassischen Leistungen eines Unternehmens hinausgehen und dem Kunden auf diese Weise einen echten Zusatznutzen bzw. Mehrwert verschaffen sollen. Unter Value-Added-Service wird z. B. der zusätzlich angebotene Liefer- oder Montageservice eines Unternehmens verstanden. Hintergrund dieser Dienstleistungen ist die Intention von Unternehmen, sich aufgrund einer steigenden Anzahl homogener Produkte von der Konkurrenz zu unterscheiden. Zudem sollen hierdurch Kundenbindung und Verkauf gefördert werden.

Value Chain
→ Wertschöpfungskette.

Value Chain Analysis
→ Wertkettenanalyse.

Valuten
Valuten sind Verlängerungen des Zahlungstermins über einen größeren Zeitraum. Eine Valuta von drei Monaten bedeutet z. B., dass die Ware erst drei Monate nach Erhalt bezahlt werden muss. Valuten werden z. B. gewährt bei Geschäftseröffnung oder für → Saisonartikel oder auch bei Abnahme größerer Warenmengen. Aus Sicht der Hersteller spiegelt die Gewährung von Valuten die Sicherheit und die Bequemlichkeit für den Handel wider, die eingekaufte Ware erst dann bezahlen zu müssen, wenn sie bereits an den Endverbraucher verkauft und sich der erzielte Erlös bereits in den Kassen des Handels befindet.

Die Gewährung von Valuten nimmt allerdings insbesondere bei den großen Herstellern unter Verweis auf ihre Lieferungs- und Zahlungsbedingungen zunehmend ab.

Veblen-Effekt
(Synonym: Prestige-Effekt)
Die Devise beim Veblen-Effekt lautet: Hauptsache teuer.
Hier handelt es sich um den typischen Geltungskonsum mit den entsprechenden (erhofften!) Auswirkungen auf das Prestige der betreffenden Person.
Der Einzelne möchte durch aufwändigen Konsum auffallen, wobei die Aufwändigkeit der Güter am Preis gemessen wird. Es wird gekauft und mehr gekauft, nur weil der Preis hoch bzw. höher ist! Sonderpreise oder Preisreduktionen führen in dieser Konsumentengruppe zu negativen Auswirkungen auf das Kaufverhalten.

Vendor Managed Inventory (VMI)
Ist ein Teilbereich des → Continuous Replenishments und bezeichnet die Lieferanten- bzw. Vendor-gesteuerte Bestandsführung der Lagerflächen des Handels. Auf Basis der Handelsdaten, wie z. B. der nachfragebasierten Abverkaufszahlen, Verkaufsförderungsmaßnahmen, Scannerdaten oder aktuellen Beständen, die dem Lieferanten zumeist über EDI übermittelt werden, plant dieser autonom den Warennachschub.
Durch dieses Konzept ist es möglich, die Reaktionszeit der Hersteller auf Nachfrageänderungen zu verkürzen und die Leistungsfähigkeit der gesamten → Supply Chain zu optimieren. Der Handel sichert sich zudem durch empfindliche Konventionalstrafen für den Lieferanten gegen fehlerhafte oder verspätete Lieferungen ab.
VMI wird oftmals mit → „just in time" (JIT) kombiniert bzw. teilweise sogar als

Verbrauchermarkt

JIT II bezeichnet, da die rechtzeitige Nachlieferung wesentlich für dieses Konzept ist. Die Vorstufe des VMI bildet das → Co-Managed Inventory (CMI).

Verbrauchermarkt

Betriebsform des stationären Einzelhandels mit einer Verkaufsfläche von mindestens 800 m². Verbrauchermärkte verfügen über ein breites Sortiment, das sowohl aus einem Food- als auch aus einem Non-Food-Bereich besteht und zwischen 20.000 bis 30.000 Artikel umfasst. Bei den über Verbrauchermärkte vertriebenen Produkten handelt es sich zumeist um Güter des mittel- bis kurzfristigen Bedarfs, die oftmals sehr preisaggressiv vertrieben werden. Die Märkte zeichnen sich dadurch aus, dass die Dienstleistungen sehr eingeschränkt sind, die Waren somit vorwiegend über Selbstbedienung vertrieben werden und oft eine → Dauerniedrigpreisstrategie angewandt wird.

Verbrauchermärkte liegen zumeist an Stadträndern oder anderen peripheren Standorten, wodurch insbesondere Autokunden angesprochen werden. Im Rahmen der → Agglomeration sind jedoch Verbrauchermärkte z. T. auch in → Einkaufszentren mit angesiedelt. Ab einer Verkaufsfläche von 5.000 m² spricht man von einem → SB-Warenhaus, unter 800 m² von einem → Supermarkt.

Verbraucherpanel

Über längere Zeit gleichbleibende, repräsentative Stichprobe aus Haushalten oder Einzelpersonen einer Bevölkerung, die in regelmäßigen Abständen zu demselben Untersuchungsgegenstand befragt werden.

Je nach befragter Personengruppe kann das Verbraucherpanel in Haushaltspanel (Befragung von Haushalten), Individualpanel (Befragung von Einzelpersonen) oder gewerbliches Panel (Befragung von Gewerbetreibenden) unterschieden werden. Durch Verbraucherpanels können Marktforschungsdaten erhoben werden, über die sich das Kaufverhalten bestimmter Personengruppen analysieren lässt. Auf diese Weise erlangen Unternehmen Überblick über einen Querschnitt des Markts, sodass beispielsweise die Marken- und/oder Einkaufsstättentreue der Konsumenten ermittelt werden kann.

Während die Verbraucher früher befragt wurden, indem sie ihre aktuellen Einkäufe in Tagebücher eintrugen und dann der jeweiligen Marktforschungsgesellschaft zuzusenden hatten, erfolgt die Befragung heute hauptsächlich über Online-Einträge oder über mobile Datenerfassungsgeräte, die auch als „Electronic Diary" bezeichnet werden.

Die Ergebnisse des Verbraucherpanels sind für Handelsunternehmen von hoher Bedeutung für die strategische Regalplanung.

Ähnlich wie das → Handelspanel weist jedoch auch das Verbraucherpanel Nachteile auf, und zwar die Panelsterblichkeit und den → Paneleffekt.

Verbundangebot

Bezeichnet Produkte, die aus Konsumentensicht komplementäre Eigenschaften aufweisen und dem Konsumenten deshalb zusätzlich zu seinen bisher konsumierten Produkten angeboten werden. Produkte, die sich gegenseitig ergänzen, werden daher am → POS oftmals in unmittelbarer Nähe zueinander platziert, um eine Bedarfserweiterung bzw. einen Verbundeffekt beim Konsumenten zu erzeugen. So ist beispielsweise das Angebot von Nudeln im LEH oftmals direkt neben dem Angebot von Nudelsoßen platziert. Ziel von Verbundangeboten ist es im Allgemeinen, Mehrabsätze zu erreichen.

Verbundeffekt

Mit Verbundeffekt werden Effekte bezeichnet, deren Auswirkungen sich nicht nur auf den verursachenden Faktor beschränken, sondern in der Regel auch andere Faktoren in gleicher Weise mit beeinflussen. So erhöht beispielsweise eine verkaufsfördernde Maßnahme des Produkts Kaffeepulver nicht nur die Nachfrage nach Kaffee, sondern auch die Nachfrage nach Kaffeefiltern, da diese Produkte sich ergänzen. Ein Verbundeffekt kann hierbei auch durch das Verbundangebot erzeugt werden, d.h. durch die Platzierung mehrerer komplementärer Artikel in unmittelbarer Nähe zueinander. So sollen bei den Konsumenten eine Bedarfserweiterung erzeugt und Mehrabsätze generiert werden.

Verbundkauf

Mit Verbundkauf wird der Erwerb mehrerer komplementärer Artikel innerhalb eines Einkaufsprozesses bezeichnet. Der Handel versucht Verbundkäufe durch → Verbundangebote zu forcieren. So werden sich ergänzende Artikel oftmals in unmittelbarer Nähe zueinander präsentiert, um auf diese Weise durch einen Initialkauf, wie z.B. das Produkt „Nudeln", Folgekäufe, wie „Nudelsoße", auszulösen.

Verkauf

Neben dem Einkauf ist der Verkauf die entscheidende Tätigkeit in einem Handelsunternehmen. Der Verkauf ist verantwortlich für die absatzfördernde Gestaltung des Verkaufsraums, der Zusammenstellung des Sortiments (zusammen mit dem Einkäufer) einschließlich der Preisgestaltung.

Verkaufsdatenbericht

(engl.: Sales Data Report Message)
EANCOM-Nachrichtentyp: SLSRPT

Der Verkaufsdatenbericht (Sales Data Report Message) wird von Herstellerunternehmen zum Zweck der automatischen Verkaufsdatenbearbeitung an deren Lieferanten, an Logistikcenter, an Marktforschungsinstitute oder an sonstige Dritte versandt. Der Report umfasst sämtliche Verkaufsdaten, die für einen bestimmten Verkaufsort innerhalb einer Periode angefallen sind. Darüber hinaus enthält der Bericht die Produktkennzeichnung, die Verkaufspreise und die Verkaufsmenge, den Umsatz in der betrachteten Periode sowie Angaben zum Vertriebsweg, zum Markt und zum Verkaufsort. Benötigt werden die Daten insbesondere für die zukünftige Planung in Produktion, Marketing und Vertrieb und/oder für statistische Auswertungen.

Verkaufseinheit

Die Kombination mehrerer zum Absatz vorgesehener Artikel zu einer Einheit wird als Verkaufseinheit bezeichnet. Eine Verkaufseinheit kann dabei artikelrein sein, d.h. mehrfach den gleichen Artikel beinhalten, oder aus Mischartikeln bestehen, d.h. aus mehreren Artikeln unterschiedlicher Art. Werden Verkaufseinheiten im Handelsunternehmen nicht aufgebrochen und die Artikel somit nicht pro Stück angeboten, stellen Verkaufseinheiten die Mindestabnahmemenge für den Verbraucher dar.

Verkaufsfläche

(engl.: Space)
Die Verkaufsfläche ist aufgrund des Angebotsüberhangs (in Deutschland) eine knappe Ressource. So konkurrieren nicht nur Hersteller untereinander, sondern auch Hersteller und Handelsunternehmen (aufgrund der Handelsmarken) um die begrenzte Regalfläche. Aus diesem Grund ist die optimale Nutzung der vorhandenen Fläche für die Handelsunter-

Verkaufsflächenproduktivität

nehmen von hohem Interesse. Zur Planung und Optimierung der Verkaufsfläche werden → Space-Management-Programme bzw. → Planogramme, wie Apollo oder Spaceman, eingesetzt.

Verkaufsflächenproduktivität
Kennzahl, anhand derer die Produktivität eines Handelsunternehmens im Verhältnis zu der zur Verfügung stehenden Verkaufsfläche pro Quadratmeter wiedergegeben wird. Die Produktivität bezieht sich hierbei auf den Deckungsbeitrag pro Quadratmeter.
Hinsichtlich der Verkaufsfläche ist bei Berechnung der Kennzahl zwischen → Bruttoverkaufsfläche und → Nettoverkaufsfläche zu unterscheiden.

Verkaufsförderung
Analyse, Planung, Durchführung und Kontrolle sämtlicher, insbesondere temporärer kommunikativer Maßnahmen, die darauf ausgerichtet sind, die Absätze eines Unternehmens zu stimulieren. Grundsätzlich können drei Arten der Verkaufsförderung, in Abhängigkeit der Zielgruppe, unterschieden werden:

- **endabnehmergerichtete Verkaufsförderung**
  Maßnahmen, die auf den Konsumenten ausgerichtet sind und die in der Pre-Sales-Phase dazu dienen, dessen Aufmerksamkeit für das jeweils beworbene Produkt zu erhöhen. Hierbei kommen oftmals verschiedene Marketingmaßnahmen in Kombination zum Einsatz, wie beispielsweise die Kombination von Rabatten mit verschiedenen Kommunikationsmaßnahmen und/oder die Drauf- und Dreingabe von Produkten sowie Produktproben (→ Sampling).
- **handelsgerichtete Verkaufsförderung**
  Maßnahmen, die zumeist von den Produzenten der in der Verkaufsförderung beworbenen Artikel initiiert werden und die auf die Abnehmerbetriebe ausgerichtet sind. Die handelsgerichtete Verkaufsförderung umfasst beispielsweise Werbekostenzuschüsse, Schulungen der Mitarbeiter des Handels und/oder das Zurverfügungstellen von Displays oder anderen Verkaufsförderungsmitteln.
- **außendienstgerichtete Verkaufsförderung**
  Maßnahmen, die zumeist auf die Vertriebsmitarbeiter des eigenen Unternehmens gerichtet sind und dazu dienen, deren Motivation hinsichtlich eines höheren Abverkaufs zu steigern. Die Methode zur Zielerreichung liegt hierbei insbesondere in der Gewährung von → Incentives sowie in der Durchführung von Schulungen und Informationsveranstaltungen.

Die Verkaufsförderung ist ein fester Bestandteil des Marketingmixes und bedient sich darüber hinaus zumeist mehrerer unterschiedlicher Maßnahmen des Marketingmixes. So kommen im Rahmen der Verkaufsförderung beispielsweise die Preispolitik (z. B. Gewährung von Aktionsrabatten), die Produktpolitik (z. B. Vertrieb von On-Packages, → Sampling), die Kommunikationspolitik (z. B. Radio- und Fernsehwerbung, Flyer, Broschüren etc.) und/oder die Distributionspolitik (z. B. Zweitplatzierungen) zum Einsatz.
Eine scharfe Trennung des Begriffs Verkaufsförderung von der klassischen Werbung ist nicht eindeutig möglich, da die Grenzen hier oftmals fließend sind.

Verkaufsgebiet
(Synonym: Absatzgebiet)
(engl.: Sales Area)
Geografisch definiertes Areal, innerhalb dessen Unternehmen ihre Waren- und Dienstleistungen anbieten und vertreiben.

Verkaufsprognose

Verkaufsgebiete werden aufgrund unterschiedlicher Kritierien gewählt, wie z. B. Standort des Unternehmens sowie des Absatz- und Umsatzpotenzials, der Kaufkraft, der Wettbewerbsposition etc. des jeweiligen Bereichs. Die Aufteilung einer Region in mehrere Absatzgebiete dient einerseits der Optimierung der Marktbearbeitung und andererseits zur Erfolgskontrolle der verantwortlichen Vertriebsmitarbeiter der unterschiedlichen Absatzgebiete.

Verkaufspreis, bereinigter
→ bereinigter Verkaufspreis.

Verkaufsprognose
(Synonym: Absatzprognose)
Bezeichnet eine auf unterschiedlichen, zumeist empirischen Methoden basierende Vorhersage zukünftig eintretender Marktveränderungen und deren Auswirkungen auf den Absatz eines Unternehmens. Die Absatzprognose ist eine der bedeutendsten Prognosen für Unternehmen, da diese unmittelbar die Bereiche Finanzierung und Investition, Einkauf, Produktion, Marketing und Controlling beeinflusst.
Die Methoden, mit denen Verkaufsprognosen erstellt werden, reichen in der Praxis von naiven Verfahren, wie intuitiven Schätzungen, bis hin zu Regressionsmodellen und Trendexplorationen. Verkaufsprognosen werden dabei entweder kurzfristig bis mittelfristig oder langfristig ermittelt. Während die kurzfristigen Prognosen dazu dienen, die Absätze für die nächsten Perioden vorherzusagen, geben langfristige Absatzprognosen eher einen groben Trend vor. Die Prognosegenauigkeit nimmt jedoch mit der Erweiterung des Zeithorizonts zunehmend ab.
Nach der den Prognosen zugrunde liegenden Daten werden qualitative und quantitative Verkaufsprognosen voneinander unterschieden. Qualitative Prognosen basieren auf Sekundärdaten, wie beispielsweise den Absatzzahlen der vergangenen Perioden, auf deren Grundlage Hochrechnungen für die zukünftig voraussichtlich abzusetzenden Mengen vorgenommen werden. Qualitative Prognosen basieren dagegen meist auf Befragungen der Konsumenten, Händler, Hersteller etc.
Des Weiteren wird bei Verkaufsprognosen zwischen Entwicklungs- und Wirkungsprognosen unterschieden. Während Entwicklungsprognosen nur die zu prognostizierende Größe an sich betrachten, beziehen Wirkungsprognosen noch weitere Faktoren in die Vorhersage mit ein. So werden hier beispielsweise Einflussfaktoren des Markts, wie Marktwachstum und Marktvolumen, oder das Verhalten der Konkurrenz oder der Käufer berücksichtigt.
Beispiele für Entwicklungsprognosen sind Vorhersagen, die auf dem → Lebenszyklus bestimmter Produkte oder auf Kaufeintrittsmodellen basieren.
Ziele der Verkaufsprognosen im Allgemeinen sind möglichst genaue Vorhersagen der zukünftigen Absatzentwicklung, um so das Unternehmen zielgerichtet steuern zu können. Darüber hinaus soll durch die Absatzprognose die Wirkung von verschiedenen Absatzstrategien analysiert und bewertet werden. So ist es möglich, optimierte Absatzstrategien auszuwählen.
Im Rahmen von → CPFR planen Hersteller und Handel gemeinsam ihre Verkaufsprognosen, mit dem Ziel, die Vorhersagegenauigkeit zu erhöhen und so die gesamten Geschäftsprozesse effizienter zu gestalten.

Verkaufsprognose (Nachricht)
(engl.: Sales Forecast Message)
EANCOM-Nachrichtentyp: SLSFCT

Verkaufsraumgestaltung

Nachricht, die Verkaufsprognosedaten enthält und vom Herstellerunternehmen an seine Lieferanten, Warenverteilcenter oder sonstige Dritte versandt wird. Der Empfänger kann die Plandaten automatisch bearbeiten.

Verkaufsraumgestaltung

Die „kundengerechte" Gestaltung des Verkaufsraums ist das Oberziel. Im Einzelnen sollen bei der Gestaltung des Verkaufsraums folgende Ziele erreicht werden:
- Erhöhung der Verweildauer im Verkaufsraum
- Erhöhung der Kontaktzeit mit der Ware
- Erhöhung der Kontaktstrecke, d. h., der Kunde soll möglichst durch das gesamte Geschäft geführt werden
- Verbesserung der Orientierung und der Übersicht über das Warenangebot, um dem Kunden ein effizientes Einkaufen zu ermöglichen
- Vermittlung von Erlebniswelten
- Schaffen einer angenehmen Einkaufsatmosphäre

Verkaufsraum-Produktivität

Kennzahl, welche die Produktivität eines Handelsunternehmens ins Verhältnis setzt zur Fläche des gesamten Verkaufsraums des Unternehmens, gemessen in Quadratmater. Die Bezugsgröße für die Produktivität ist hierbei der Nettoumsatz. Demnach ergibt sich die Verkaufsraum-Produktivität rechnerisch nach folgender Formel:

$$\frac{\text{Nettoumsatz in Euro}}{\text{Verkaufsraumfläche in m}^2}$$

→ Verkaufsraum-Rentabilität.

Verkaufsraum-Rentabilität

Kennzahl, welche die Rentabilität eines Handelsunternehmens im Verhältnis zur Fläche des gesamten Verkaufsraums des Unternehmens, gemessen in Quadratmeter, angibt. Die Bezugsgröße zur Ermittlung der Rentabilität stellt hierbei der Deckungsbeitrag dar.

Formel:

$$\frac{\text{Deckungsbeitrag}}{\text{Verkaufsfläche in m}^2}$$

→ Verkaufsraum-Produktivität.

Verkaufsverpackung

(Synonym: Primärverpackung)
Mit dem Begriff Verkaufsverpackung werden Packmittel bezeichnet, die ein Produkt unmittelbar umschließen und aus Kundensicht → Verkaufseinheiten darstellen. Verkaufsverpackungen wie Flaschen für Getränke oder Plastikbecher für Joghurt schützen das Produkt und übernehmen unterschiedliche Funktionen. So dienen Verkaufsverpackungen beispielsweise dazu, den Kunden über Art, Inhalt, Gewicht sowie Menge und Preis des Produkts zu informieren. Zudem ist der → Barcode gewöhnlich auf Verkaufsverpackungen gedruckt. Darüber hinaus verfügen manche Verpackungen über zusätzliche Funktionen, wie z. B. das Senfglas als Trinkglas (Zweitnutzen), oder bieten Möglichkeiten der erneuten Befüllung.

Nach der deutschen Verpackungsverordnung § 3 (2) sind Verkaufsverpackungen wie folgt definiert: *„Verpackungen, die als eine Verkaufseinheit angeboten werden und beim Endverbraucher anfallen. Verkaufsverpackungen im Sinne der Verordnung sind auch Verpackungen des Handels, der Gastronomie und anderer Dienstleister, die die Übergabe von Waren an den Endverbraucher ermöglichen oder unterstützen (Serviceverpackungen) sowie Einweggeschirr."*

Seit dem 1. Januar 1993 sind Hersteller in Deutschland verpflichtet, ihre Verkaufsverpackungen für den Endverbraucher kostenlos zurückzuführen. In der Regel werden diese Aufgaben vom → Dualen System übernommen.

Verkostung
(Synonym: Degustation)
Mit Verkostung wird im Handel die unentgeltliche Ausgabe von Lebensmittelproben an Verbraucher bezeichnet. Die Verkostung ist somit als eine Art geschmackliche Produktvorführung zu verstehen und wird zumeist im Rahmen von Verkaufsförderungsmaßnahmen an Promotionständen innerhalb oder außerhalb der Verkaufsstätte durchgeführt. Das Verteilen der Produktproben übernehmen dabei sogenannte Verkaufsförderer bzw. Propagandisten. Die Verkostung stellt eine Variante des → Samplings dar.

Verlorene Käufer
Bezeichnet die Anzahl der Käufer, die im Vergleich zur vorigen Periode im aktuell betrachteten Zeitraum die jeweilige Marke oder die jeweiligen Produkte aus der jeweiligen Kategorie nicht mehr kaufen.

Verpackung
Verpackungen sind nach § 3 (1) Nr. 1 der deutschen Verpackungsverordnung definiert als *„aus beliebigen Materialien hergestellte Produkte zur Aufnahme, zum Schutz, zur Handhabung, zur Lieferung oder zur Darbietung von Waren, die vom Rohstoff bis zum Verarbeitungserzeugnis reichen können und vom Hersteller an den Vertreiber oder Endverbraucher weitergegeben werden"*.
Im Sinne der Verpackungsverordnung wird darüber hinaus zwischen Verkaufsverpackung, Umverpackung und Transportverpackungen unterschieden. Während Verkaufsverpackungen zum Schutz der Ware dienen und dazu beitragen, die Übergabe der Ware an den Endverbraucher zu unterstützen, sind Umverpackungen nicht dazu erforderlich, um ein Produkt zu schützen, sondern umhüllen die Verkaufsverpackungen und dienen vorwiegend zu Werbezwecken und/oder zur Reduzierung der Diebstahlgefahr. Verkaufsverpackungen sind beispielsweise Zahnpastatuben, während die Papierschachtel, welche die Zahnpastatube umhüllt, die Umverpackung darstellt.
Verkaufs- und Umverpackungen können in unterschiedlichen Formen wie Einzelstück-, Multi- oder Kombinationspackungen gebildet werden. Multipackungen und Kombinationspackungen unterscheiden sich hierbei darin, dass Multipackungen zumeist mehrere homogene Güter enthalten, wie z. B. zwei verschiedene Sorten Shampoo, wohingegen Kombinationspackungen heterogene, oftmals komplementäre Güter umfassen, wie eine Zahnbürste und Zahnpasta.
Die dritte Differenzierungsmöglichkeit einer Verpackung nach der Verpackungsordnung stellt die Transportverpackung dar. Sie dient dazu, den Transport eines Packguts zu erleichtern, beispielsweise durch eine Zusammenfassung mehrerer Artikel zu einer Handhabungseinheit, und soll darüber hinaus die Produkte beim Transport vor Schaden zu schützen.
Im Allgemeinen übernehmen Verpackungen unterschiedliche Funktionen. Dies sind u. a. die Schutz-, Gebrauchs-, Informations-, Werbe- und Wandlungsfunktionen.
So dienen Verpackungen dazu, Waren im Lager des Herstellers, auf dem Transportweg vom Hersteller zum Handel, im Handel, auf dem Weg vom Handel zum Endverbraucher sowie beim Endverbraucher zu schützen (Schutzfunktion). Die Schutzfunktion der Verpackung wird auch im Produktionsprozess des Unternehmens deutlich. Mit zunehmender Veredelung eines Produkts steigt auch die Anzahl der

Verpackungseinheit

Verpackungen, die ein Produkt umhüllen. So befinden sich Rohstoffe oftmals ohne Verpackungen im Lagerregal des Herstellers, während Fertigerzeugnisse zum Teil von mehreren Verpackungen gleichzeitig geschützt werden.

Zudem wird durch Verpackungen die Haltbarkeit von Produkten gewährleistet und verlängert. Werden Produkte nicht sofort verbraucht, kommt der Verpackung auch eine Gebrauchsfunktion zu, d. h., Verpackungen geben dem Verbraucher die Möglichkeit, eine bestimmte Menge eines Produkts aus der Verpackung zu entnehmen und den Rest der Ware wieder in der Verpackung zu verschließen (z. B. Zahnpastatube). Darüber hinaus dienen Verpackungen dazu, über die Inhalte, den Preis, das Volumen, das Gewicht, das → Mindesthaltbarkeitsdatum, Nährwerte (siehe Nährwertkennzeichnung) etc. des jeweiligen Produkts zu informieren (Informationsfunktion). Zudem bietet die Verpackung den Unternehmen Freiraum, um die Waren anhand von → Barcodes zu etikettieren und sie auf diese Weise überschneidungsfrei zu identifizieren.

Im Rahmen der Vermarktung des Produkts kommt der Verpackungsgestaltung eine besondere Rolle zu (Werbefunktion). Ihre Aufgabe ist es, das Interesse der Käufer zu wecken und das Produkt aufgrund unterschiedlicher Verpackung von den Produkten der Wettbewerber zu differenzieren. Die Gestaltung der Verpackung ist dabei oftmals von gleich hoher Bedeutung wie die Gestaltung des eigentlichen Produkts.

Mit der Wandlungsfunktion wird die Handhabung der Verpackung in einem Pool bezeichnet, wie dies bei einer → Mehrwegtransportverpackung (MTV) der Fall ist.

Je nach Häufigkeit der Verwendung, d. h. Einwegverpackungen oder Mehrwegverpackungen, sind diese bilanziell unterschiedlich zu erfassen. So werden Einwegverpackungen dem Umlaufvermögen eines Unternehmens zugerechnet, während Mehrwegverpackungen Anlagevermögen darstellen.

Verpackungseinheit

Bezeichnet die Umverpackung, mit der mehrere → Verkaufseinheiten gebündelt bzw. zusammengefasst werden. Der Grund für die Erstellung von Verpackungseinheiten liegt zumeist in der Möglichkeit des einfacheren Handlings dieser Gebinde.

Versandeinheit

Als Versandeinheit bezeichnet man einen oder mehrere Artikel, die zu Transportzwecken mithilfe eines Ladungsträgers zusammengefasst und von einem Absender zu einem Empfänger gesandt werden. Die Bildung von Versandeinheiten bietet Vorteile im Lager und an den Umschlagspunkten der Waren. Werden Versandeinheiten mit einer → Nummer der Versandeinheit (→ NVE) versehen, können diese über die gesamte Transportkette überschneidungsfrei identifiziert werden. Versandeinheiten werden zumeist mit Warenbegleitpapieren versandt.

Versandhandel

Betriebsform des nicht stationären Einzelhandels, bei dem das Angebot und die Distribution von Waren unter räumlicher Trennung von Verkäufer und Käufer erfolgt. Das Angebot des Versandhandels erfolgt zumeist über unterschiedliche Medien wie Kataloge, Prospekte, Internet oder Handelsvertreter, über die der Konsument Waren aussucht und anschließend über eine mündliche, schriftliche oder elektronische Nachricht die Bestellung auslöst. Die Ware wird nach Bestellannahme durch das verkaufende Unternehmen kommissioniert und von diesem selbst oder durch einen externen Logistikdienstleister an den Standort des jeweiligen Kunden verbracht, der die Ware mit einigen Tagen Verzögerung nach der Bestellung erhält. Die Zahlung der Versandhandelsleistung erfolgt per Kreditkarte, Vorkasse, Nachnahme oder Rechnung.

Nach der Größe des jeweils vom Versandhandelsunternehmen angebotenen Warensortiments wird zwischen Universalversender und Spezial- bzw. Fachversandhandel unterschieden. Während der Universalversandhandel ähnlich wie ein Warenhaus über ein relativ breites und flaches bis tiefes Sortiment verfügt, führen Fach- und Spezialversandhändler nur wenige Warengruppen im Sortiment, z. B. Textilversandhandel.

Vertikalblock
Form der Warenanordnung im Regal am → POS des Handels. Beim Vertikalblock werden eine Kategorie bzw. werden heterogene → Artikelgruppen mit homogenen Artikeln in einem Block von oben nach unten im Regal angeordnet. Auf diese Weise können die einzelnen Kategorien deutlich voneinander abgegrenzt werden, → Blockplatzierung.

Vertriebskonzept
Bezeichnet das Konzept von Handelsunternehmen zur Planung der Vertriebsstruktur, d. h. die Auswahl der → Betriebsform, das → Sortiment, die Preisstrategie, den → Distributionsgrad und den → Service. So wird durch das Vertriebskonzept im Handel festgelegt, in welcher Form, d. h. als Discounter, SB-Warenhaus, Supermarkt, Verbrauchermarkt, Fachgeschäft etc., die Leistungen des Unternehmens vertrieben werden.

Vertriebskosten
Sämtliche Kosten, die im Absatzbereich eines Unternehmens für den Vertrieb der Produkte bzw. der Leistungen eines Unternehmens anfallen. Die → Vertriebskosten umfassen dabei u. a. die Personal-, Logistik- sowie die Marketingkosten. Die Verrechnung der im Vertriebsbereich anfallenden Kosten gestaltet sich oftmals sehr schwierig, da diese Kostenarten insbesondere aus Gemeinkosten bestehen und der den jeweiligen Kostenträgern direkt zurechenbare Anteil der Einzelkosten gering ist. Die Vertriebsgemeinkosten werden im Rechnungswesen über bestimmte Zuschlagssätze aufgeschlüsselt und den einzelnen Kostenträgern zugewiesen. Nach § 275 (3) Nr. 4 HGB sind die Vertriebskosten bei Anwendung des Umsatzkostenverfahrens in der Gewinn-und-Verlust-Rechnung auszuweisen.

Vertriebslinie
Im Handel stellen Vertriebslinien die Marken des Händlers dar (→ Händlermarke), d.h. die durch die Firmenbezeichnung markierte → Vertriebsschiene eines bestimmten Handelsunternehmens. Ein Handelsunternehmen kann über mehrere unterschiedliche Vertriebslinien verfügen, die sich in ihrem Marktauftritt in der Regel deutlich voneinander unterscheiden. Ein Beispiel für eine Vertriebslinie sind die Penny-Märkte der REWE-Gruppe in der Vertriebsschiene Discounter. Im Geschäftsfeld Vollsortiment ist es die Vertriebslinie REWE.
Die Vertriebslinien stellen somit auch den Distributionskanal der Handelsunternehmen dar, wobei der → Distributionsgrad von Vertriebslinien oftmals nur auf bestimmte Gebiete begrenzt ist, wie beispielsweise die Märkte der Globus-Gruppe, die vorwiegend auf das Saarland und auf Rheinland-Pfalz konzentriert sind. Es lassen sich vier unterschiedliche Distribu-

Vertriebsschiene

tionformen von Vertriebslinien unterscheiden:
- die Mehrheit der → Vertriebslinien/ → Marken ist regional distribuiert
- einige Marken werden national distribuiert
- einige nationale Marken sind darüber hinaus auch im Ausland verfügbar
- einige regionale Marken sind ebenfalls im Ausland verfügbar

Aus Konsumentensicht sind die Unterschiede zwischen Vertriebslinien verschiedener Händler oft kaum ersichtlich. So ist es das Ziel der Handelsunternehmen, ihre Vertriebslinien als eigenständige, differenzierbare „Marken" kontinuierlich zu profilieren.

Vertriebsschiene
(Synonym: Betriebsform, Betriebstyp)
→ Betriebsform.

Visual Merchandising
Mit dem Begriff Visual Merchandising wird die Gestaltung der Verkaufsräume des Handels hinsichtlich Material, Farbe, Form, Licht, Akustik, Möblierung, Flächeneinteilung etc. bezeichnet. In Zeiten stark homogener Produkte und gesättigter Märkte ist es für Unternehmen von besonderer Bedeutung, den Einkauf eines Kunden zum Erlebnis werden zu lassen bzw. eine angenehme Einkaufsatmosphäre zu schaffen und sich so von der Konkurrenz abzuheben.

Zudem müssen Produkte zunehmend selbsterklärend sein und die Konsumenten nur durch die Einteilung der Verkaufsflächen durch die Verkaufsräume geleitet werden, da die Unternehmen sich immer mehr am → Selbstbedienungs-Prinzip orientieren. So ermöglicht das Visual Merchandising beispielsweise durch die Gestaltung von Laufwegen und die Abgrenzung von Funktionsbereichen eine verbesserte Orientierung der Konsumenten.

Beim Visual Merchandising wird darüber hinaus gezielt versucht, Kunden auf der kognitiv-emotionalen Ebene anzusprechen und durch bestimmte Präsentationsformen von Waren in Verbindung mit bestimmten Materialien sowie Musik Kaufimpulse zu stimulieren, um auf diese Weise die Absätze zu erhöhen.

Neben der Einteilung der Verkaufsflächen in Funktionszonen und der Dekoration von Verkaufsräumen ist die Präsentation des Sortiments von hoher Bedeutung. So kann beispielsweise durch Verwendung besonders hochwertiger Displays als Warenträger die Wertigkeit eines Artikels betont werden. Zudem werden oftmals elektronische Displays, Poster oder andere Mittel eingesetzt, um das Interesse der Konsumenten für bestimmte Produkte zu wecken. Das Visual Merchandising hat so den bestimmenden Einfluss auf das Layout einer Verkaufsstätte.

Vororder
Bezeichnet die vorausschauende, noch vor dem Beginn der nächstliegenden → Saison erfolgende Vorbestellung von Waren, die in der folgenden Saison abgesetzt werden sollen. In der laufenden Saison erfolgt die Auffüllung der Bestände durch die → Nachorder.

Vorratslücke
Die Vorratslücke ergibt sich rechnerisch aus der Differenz von führender und → Bestandsdistribution und wird für einen bestimmten Stichtag ermittelt. Dabei zählen die Geschäfte zur Vorratslücke, die zwar den betrachteten Artikel stets im Sortiment führen, am Stichtag jedoch einen Nullbestand für diesen Artikel aufweisen bzw. → Out of Stock sind.

Ziel von → ECR ist es, Vorratslücken so gering wie möglich zu halten.

Vorwärtsterminierung
Die Vorwärtsterminierung wird in der → Logistik dazu verwendet, den frühestmöglichen Liefertermin einer oder mehrerer Leistungen eines Unternehmens zu bestimmen. Bei dieser Form der Terminierung werden, ausgehend von einem bestimmten Startzeitpunkt, die für die einzelnen Prozessschritte – von der Produktion bis zur Auslieferung – geplanten Zeitspannen addiert und so der voraussichtliche Endtermin bzw. der Auslieferungstermin ermittelt. Die Vorwärtsterminierung dient dazu, auf Anfragen von Kunden einen möglichst realistischen Endtermin angeben zu können und die Auftragsannahme des Unternehmens besser zu planen. Das Pendant zur Vorwärtsterminierung ist die → Rückwärtsterminierung.

VVE
Verkaufs-Versand-Einheit. Displayvariante, bei der das → Display direkt nach Entladen vom Lkw platziert werden kann. Meist handelt es sich hierbei um → Palettendisplays, bei denen lediglich die Umverpackung entfernt und die gesamte Einheit im Handel platziert werden kann.

Ware

Bezeichnung für bewegliche Sachen, die Gegenstand des Handelsverkehrs und zum Verkauf bestimmt sind. Die Begriffe „Ware" und „→ Gut" werden häufig synonym verwendet, wobei zu beachten ist, dass der Begriff Gut auch für sogenannte „freie Güter" verwendet wird, d. h. für Güter, für deren Inanspruchnahme keine Gegenleistung zu erbringen ist – wohingegen für den Erwerb einer Ware stets eine Gegenleistung, zumeist monetärer Art, zu entrichten ist.

Im Einzelhandel werden Waren hierarchisch nach Warenart, → Warengruppe, → Artikelgruppe, → Artikel und Sorte gegliedert. So besteht eine Warenart aus mehreren Warengruppen, eine Warengruppe aus unterschiedlichen Artikelgruppen, die wiederum aus verschiedenen Artikeln und deren Sorten besteht. Die Warenart Süßwaren umfasst beispielsweise unterschiedliche Warengruppen wie „Süße Snacks" oder „Salzige Snacks". Die Warengruppe „Süße Snacks" besteht dabei z. B. aus Artikelgruppen wie „Schokoladentafeln" und „Schokoriegeln". Ein einzelner Schokoriegel, der den Artikel darstellt, existiert in unterschiedlichen Sorten sowie in verschiedenen Größen und Geschmacksvariationen.

Warehouse/Warehousing
→ Lager.

Wareneingangsmeldung
(engl.: Receiving Advice Message)
EANCOM-Nachrichtentyp: RECADV
Die Wareneingangsmeldung ist eine Nachricht, die vom Kunden an den Lieferanten gesandt wird und diesen über die genauen Inhalte der Lieferung informiert. Dem Lieferanten wird hierüber mitgeteilt, ob die ausgeführte Lieferung mit den vereinbarten Lieferbedingungen übereinstimmt, welche Waren angenommen und welche abgelehnt wurden und kann zudem noch weitere Informationen zu den einzelnen Artikeln der Lieferung enthalten. Die RECADV kann als Antwort auf die EANCOM-Nachrichtenarten → Bestellung, → Lieferavis, → Lieferabruf oder → Feinabruf versandt werden. Für den Lieferanten bildet die Receiving Advice Message die Grundlage der Rechnungsstellung.

Warenflussmanagement
Bezeichnet die Planung, Steuerung und Kontrolle des Warenflusses eines Unternehmens. Der Warenfluss erstreckt sich hierbei von der Produktion der Waren beim Hersteller bis hin zur Distribution der Waren an den Endverbraucher oder die jeweils zwischengeschaltete Handelsstufe. Über Technologien wie → Radio Frequency Identification (RFID) kann das Management des Warenflusses verbessert werden.

Warengruppe
(Synonym: Kategorie)
(engl.: Category)
Bezeichnet die Zusammenfassung mehrerer → Artikel, die aufgrund verschiedener übereinstimmender Kriterien wie Herkunft, Verwendungszweck oder stofflicher Übereinstimmungen in übergeordneten Warengruppen zusammengefasst werden. So können beispielsweise verschiedene Zuckerartikel wie Schokoladenriegel, Schokoladentafeln o. Ä. zur Warengruppe Süßwaren zusammengefasst werden.
Ferner kann man mehrere Warengruppen anhand wiederum übereinstimmender Kriterien zu sogenannten übergeord-

Warengruppe

neten Warenarten, wie z. B. „Food" oder „Non-Food", zusammenfassen. Die Warengruppen in einem SB-Warenhaus im Lebensmitteleinzelhandel sind folgende (vgl. Handel aktuell, Ausgabe 2008/2009, S. 332 ff.):

		GS1 Warengruppen-Nr.	Warenbereiche/Warengruppen
		00	Fleisch/Wurst/Fisch/Geflügel
		01	Obst und Gemüse
		02	Molkereiprodukte, Speiseöle, Mayonnaisen, Feinkostsalate, Eier
		13	Brot und Backwaren in SB
		14	Frische Convenience-Produkte
A			**Summe Frischwaren (SB und Bedienung)**
B		03	**Summe Tiefkühlkost/Eis**
		04	Nährmittel u. a. Backmischungen, Cerealien, Beilagen, Puddingpulver
		05	Suppen, Soßen, Gewürze, Brotaufstrich, Zucker
		06	Fleisch-, Wurst- und Fischkonserven, Marinaden
		07	Obst-, Gemüse- und Sauerkonserven
		08	Dauerbackwaren, Süßwaren, Knabberartikel
		09	Reform- und Diätkost, Babynahrung
		10	Wein/Sekt/Spirituosen
		11	Biere, alkoholfreie Getränke
		12	Kaffee/Tee/Kakao/Tabakwaren
		87	frei verkäufliche Arzneimittel (OTC)
C			**Summe Trockensortiment**
A–C			**Food insgesamt**
		15	Wasch-, Putz-, Reinigungsmittel, Schuh-, Kleiderpflege
		16	Hygieneartikel/Hygienepapiere, Säuglingspflege, Watte, Verbandstoffe
		17	Haar-, Haut-, Mund- und Körperpflege
		18	Sonnen- und Insektenschutz, Kosmetika, Fußpflegemittel
		96	Tiernahrung/Tierpflege

(Fortsetzung auf Seite 215)

Warengruppen-Bewertung

	GS1 Warengruppen-Nr.	Warenbereiche/Warengruppen
D		**Summe Nonfood I**
	19–30	Textilien, Heimtextilien, Kurzwaren
	31–34	Schuhe, Lederwaren, Koffer, Schirme
	35, 51, 66	Haushaltswaren Bilderrahmen, Galanteriewaren
	36, 44, 46, 64	Camping, Garten, Sport
	37	Unterhaltungselektronik
	38, 39, 65	Elektrokleingeräte und Elektroartikel
	67	Elektrogroßgeräte
	40–43	Schmuck, Foto, Uhren, Brillen
	45	Spielwaren
	52–58	Papier-, Büro-, Schreibwaren, Bücher, Zeitungen/Zeitschriften
	59	EDV, Kommunikation
	61–63, 72–76	DIY u. a. Werkzeuge, Eisenkurzwaren, Farben, Lacke
	77–79	Autozubehör zu sonstigen Fahrzeugen, Fahrräder
	97–98	Blumen/Pflanzen, Samen, Düngemittel, Insektizide
	99	Sonstiges; Nonfood wie Möbel, Sanitär usw.
E		**Summe Nonfood II**
A–E		**Gesamtsortiment**

Warengruppen-Bewertung
(engl.: Category Assessment)
Das ist Schritt 3 im sogenannten „ → Acht-Stufen-Prozess" des → Category Managements. Bei der Warengruppen-Bewertung werden Informationen erhoben, aufbereitet und bewertet, um auf dieser Basis Umsatzpotenziale sowie Diskrepanzen zwischen Soll- und Ist-Zustand der → Warengruppe aufzudecken. Die für die Warengruppen-Bewertung notwendigen Analysen werden dabei oftmals von Handel und Hersteller isoliert vollzogen, während die Beurteilung der Kategorie – basierend auf den Resultaten der Analysen – in Kooperation erfolgt.
Welche Daten erhoben werden, ist unterschiedlich und orientiert sich oftmals an den notwendigen Leistungsdaten für die → Warengruppen-Leistungsanalyse (= Schritt 4 im Prozess). Genutzt werden üblicherweise Daten aus → Handelspanel und → Verbraucherpanel sowie Scannerdatenkassen. Zur Analyse des Shopper-Verhaltens können Shopper-Studien, Befragungen und Beobachtungen von Käufern und Nichtkäufern oder auch Videoaufzeichnungen usw. durchgeführt werden. Für die Analyse des Handelsunternehmens bzw. der Vertriebsschiene werden Marktentwicklungen und aktuelle Trends erfasst, Wettbewerbsanalysen durchgeführt usw.

Warengruppen-Definition

Das Ergebnis der Warengruppen-Bewertung stellt die Gesamtbewertung einer Warengruppe inklusive der zugehörigen Konsumenten-, Markt-, Händler- und Herstellerbewertung dar.

Warengruppen-Definition
(engl.: Category Definition)
Stellt den Schritt 1 im sogenannten „ → Acht-Stufen-Prozess" des → Category Managements dar, bei dem zusammenhängende Subkategorien und gleichartige Produktgruppen zu → Warengruppen zusammengefasst werden. Bei der Warengruppen-Definition wird detailliert festgelegt, welche Produkte zu einer Kategorie gehören und wie diese strukturiert werden können. So entstehen heterogene, autonom steuerbare Kategorien mit homogenen Produkten.
Basis für die Definition homogener Produkte ist ausschließlich die Kundenperspektive, die anhand von Marktforschungsdaten und/oder dem Know-how des Herstellers ermittelt wird.
Vorteil der Kategorie-Definition ist die Generierung eines einheitlichen Kategorie-Verständnisses für Hersteller- und Handelsunternehmen und somit eine Verbesserung der Koordination. Hinzu kommt eine optimierte Kundenorientierung durch die Fokussierung der Unternehmen auf die Vorstellungen und die Sichtweise der Verbraucher.

Warengruppen-Leistungsanalyse
(engl.: Category Measures)
In diesem Schritt 4 des „ → Acht-Stufen-Prozesses" geht es darum, dass Händler und Hersteller gemeinsam sowohl Leistungskriterien als auch Leistungsvorgaben für die → Warengruppen definieren. Welche Leistungsdaten einfließen, wird jeweils unterschiedlich gehandhabt.
Die Kennziffern zur Leistungsanalyse beziehen sich auf:

- **Konsumenten** (z. B. → Käuferreichweite, → Loyalität, → Einkaufshäufigkeit)
- **Markt** (z. B. → Marktanteil, → Handelsmarkenanteil)
- **Finanzen** (z. B. → Umsatzwachstum, → Handelsspannen, → Aktionsanteile)
- **Produktivität** (z. B. Warenverfügbarkeit, → Flächenproduktivität, → Service-Grad, → Umschlagshäufigkeit, → Bestand, Bruch/Verderb, Liefersicherheit)

Warengruppen-Planumsetzung
(engl.: Category Plan Implementation)
Ist Schritt 7 im sogenannten „ → Acht-Stufen-Prozess" des → Category Managements Bei der Warengruppen-Planumsetzung erarbeiten Handel und Hersteller gemeinsam einen ausführlichen Umsetzungsplan, der die Fristen und Verantwortlichkeiten für Handel- und Herstellerunternehmen detailliert definiert. Es wird z. B. genau festgelegt, welche Ein- und Auslistungen zu erfolgen haben, Planogramme sind zu erstellen, die Filialen sind zu ermitteln, in denen Umbauten erfolgen müssen, die Laden-Ausstattung mit Warenträgern, Licht, Regaletiketten usw. muss in den einzelnen Filialen sichergestellt sein usw. Auf diese Weise soll die Umsetzung der Warengruppen-Taktiken ermöglicht werden.

Warengruppen-Rolle
(Synonym: Kategorierolle)
(engl.: Category Role)
Schritt 2 im sogenannten „ → Acht-Stufen-Prozess" des → Category Managements. Hier wird festgelegt, welche Bedeutung, welche „Rolle" die unterschiedlichen → Warengruppen innerhalb des Sortiments eines Handelsunternehmens einnehmen sollen.
Die Beurteilung einer Kategorie erfolgt durch Händler auf der Basis von Marktforschungsdaten sowie von quantitativen und qualitativen Analysen. Die Ergebnis-

se dieser Analysen werden dazu verwendet, die Relevanz der einzelnen Warengruppen des Unternehmens am Gesamtsortiment zu erfassen – d. h. die Rolle der jeweiligen Warengruppe zu ermitteln. Durch diese Rollendefinition entsteht sowohl auf Handels- als auch auf Herstellerseite ein einheitliches, idealtypisches Warengruppen-Verständnis, das zur Orientierung bei der Führung der Kategorien dient und dazu beiträgt, die Ressourcenallokation zu optimieren.
Diese Warengruppen-Rollen sind:
- → Profilierungs-Kategorie
- → Pflicht-Kategorie
- → Impuls-Kategorie/Saison-Kategorie
- → Ergänzungs-Kategorie

Warengruppen-Strategien
(Synonym: Kategoriestrategien)
(engl.: Category Strategies)
Die → Warengruppen-Strategie bezeichnet Schritt 5 im „ → Acht-Stufen-Prozess" des Category Managements und dient dazu, die in der → Warengruppen-Rolle definierten Ziele zu erreichen. Mögliche Strategien zur Zielerreichung hierbei sind:
- Erhöhung des Transaktionswerts
- Steigerung der Kundenfrequenz
- Erhöhung der Gewinne
- Kreation von Begeisterung (Excitement Creation)
- Image-Verbesserungen
- Verbesserung des Cashflows

So soll beispielsweise im Rahmen der Strategie „Erhöhung des Transaktionswerts" dem Kunden ein besonderer Kaufanreiz verschafft werden, indem das jeweilige Produkt einen hohen Mehrwert bietet. Damit einhergehend soll dem Kunden in der Strategie „Excitement Creation" suggeriert werden, er würde in Bezug auf das Angebot eine einmalige Chance erhalten. Zur Umsetzung dieser Strategie ist es empfehlenswert, neue Produkte bzw. Saisonartikel in das Sortiment aufzunehmen.

Warengruppen-Taktiken
(engl.: Category Tactics)
Schritt 6 im „ → Acht-Stufen-Prozess" des → Category Managements. In der Kategorie Taktik legen Handel und Hersteller gemeinsame Taktiken fest, um die in der → Warengruppen-Strategie definierten Strategien zu realisieren.
Die Warengruppen-Taktiken werden dabei für die Bereiche Sortimentspolitik, Regalpräsentation, Preispolitik, Verkaufsförderung und Neuprodukteinführung definiert und führen an dieser Stelle zu der Umsetzung und Realisation der → ECR-Forderung nach → Efficient Assortment (EA), → Efficient Promotion (EP) und → Efficient Product Introduction (EPI). So wird in der Kategorie Taktiken z. B. festgelegt, welche Produkte zu welchem Preis an welchem Regalplatz im Sortiment des Handels gelistet werden sollen. Berücksichtigt werden dabei auch z. B. regionale Anforderungen, Modulgrößen, Verbrauchersuchverhalten usw.

Warengruppen-Überprüfung
(engl.: Category Review)
Schritt 8 als letzter Schritt im „ → Acht-Stufen-Prozess". In der Kategorie Überprüfung werden im Rahmen einer Soll/Ist-Analyse die Planumsetzung überprüft und die notwendigen Anpassungen vorgenommen.

Warenhaus
Betriebsform des stationären Einzelhandels mit einer Verkaufsfläche von mehr als 3.000 m². Das Sortiment von Warenhäusern ist zumeist sowohl breit als auch tief und umfasst zwischen 100.000 und 250.000 Artikel. Neben dem → Non-Food-Sortiment, auf dem der Schwerpunkt der Warenhäuser liegt, verfügen viele Wa-

Warenklassifizierung

renhäuser darüber hinaus noch über ein → Food-Sortiment. Neben → Gütern wie Textilien, Hausrats-, Elektronikartikeln etc. bieten Warenhäuser oftmals Dienstleistungen wie Gastronomie, Reparaturdienste, Schlüsseldienste usw. an. Die Preissetzung der Warenhäuser zeichnet sich durch hohe Flexibilität aus; so werden manche Produkte im Sortiment äußerst preisaggressiv vertrieben, wohingegen andere Produkte ein mittleres bis hohes Preisniveau aufweisen.

Der Unterschied zwischen → Kaufhäusern und Warenhäusern besteht in der Heterogenität der angebotenen Artikel eines Warenhauses, wohingegen das Angebot von Kaufhäusern sich auf eine oder nur wenige Branchen konzentriert.

Warenhäuser sind zumeist in zentralen Lagen im Innenstadtbereich von größeren Städten oder in Einkaufszentren lokalisiert. Beispiele für Warenhäuser in Deutschland sind die Karstadt-Warenhäuser der Arcandor AG und die Kaufhof-Verkaufsstätten der Metro Group.

Warenklassifizierung

Bezeichnung für den Aufbau einer Waren- bzw. → Artikelhierarchie.

Warenkorbanalyse

Die Warenkorbanalyse kann auf Basis von → Paneldaten bzw. auch auf Basis von → Bon-Daten des Handels erfolgen. Ein Warenkorb zeigt auf, inwieweit Konsumenten Verbundkäufe tätigen, d. h. bei einem Einkaufsakt verschiedene Produkte aus derselben Warengruppe oder aus verschiedenen Warengruppen kaufen. Können in der Warenkorbanalyse Verbundwirkungen erkannt werden, würde dies zu einer besseren Abschöpfungsrate führen.

Warenwirtschaftssystem (WWS)

Bezeichnet ein Informationssystem im Handel, das die logistischen Prozesse im Handel erfasst und auf diese Weise ein abstraktes Bild der Warenbewegungen eines Unternehmens darstellt.

Warenwirtschaftssysteme erfassen und bewirtschaften Waren artikelgenau in den Unternehmensbereichen der Disposition, der Wareneingänge und der Warenausgänge, der Kassenabwicklung, der → Inventur, der Rechnungsüberprüfung und im Bestellmanagement.

Grundlage für die Erfassung sind Artikelnummerierungssysteme zusammen mit dem Scanning der Waren. So werden die Artikel u. a. beim Wareneingang und beim Warenausgang über → Scanner erfasst und die Informationen in der Regel in das EDV-gestützte Warenwirtschaftssystem eingespeist.

Durch diese lückenlose Rückverfolgungsmöglichkeit der Warenströme bezüglich wert- und mengenmäßiger Veränderungen ist es durch Warenwirtschaftssysteme möglich, den Warenfluss optimiert zu planen, zu steuern und zu kontrollieren. Die durch das WWS generierten Daten dienen so als wichtige Entscheidungsgrundlage für die Bestandssteuerung im Unternehmen und bilden die Grundlage für sortimentspolitische Entscheidungen im Handel.

Es werden offene Warenwirtschaftssysteme von den geschlossenen abgegrenzt. Während geschlossene Systeme nur die Wareneingänge und die Warenausgänge einbeziehen, werden bei offenen Systemen zusätzliche Informationen wie Marktdaten oder auch Daten externer Informationssysteme, z. B. von Geschäftspartnern, berücksichtigt. Zur Vereinfachung und Standardisierung des Informationsflusses in Warenwirtschaftssystemen wird → EDIFACT oder → SEDAS genutzt.

webEDI

Weiterentwickelte Form des klassischen → EDI-Systems, bei der die Daten über Extranet oder Intranet (d. h. auf html-, ftp- oder smtp-Basis) übertragen werden. Voraussetzung ist, dass einer der Geschäftspartner über ein klassisches EDI-System verfügt, die anderen greifen über den Browser mit Benutzerkennwort und Passwort auf die dort eingegebenen Daten zu. Hierzu wird ein Internetdienstleister wie z. B. STRATEDI oder das Handels-Extranet hinzugezogen. Des Weiteren werden WWW-Formulare und Lösungen wie → XML (eXtensible Markup Language) eingesetzt, um Dokumente im Browser anzeigen zu können.

Vorteilhaft ist der flexible Datenaustausch zwischen den Partnern, da keine spezielle Software zu installieren ist. Dies ermöglicht nun auch den Einsatz bei kleinen und mittelständischen Unternehmen (KMU) sowie eine Integration der gesamten Prozesskette. Eine Verbesserung der Geschäftsbeziehungen und eine erhebliche Kostenersparnis sprechen für den Einsatz von webEDI.

Probleme ergeben sich bei großen Datenmengen, da hier im Gegensatz zum klassischen → EDI keine dauerhafte Schnittstelle zugrunde liegt. Außerdem ist die Datensicherheit nicht immer gewährleistet, weshalb das EDIINT AS2 (Electronic Data Interchange Internet Integration Applicability Statement 2) eingeführt wurde. Hierbei handelt es sich um einen sicheren Umschlag für EDI-Nachrichten auf http-Basis.

Werbekostenzuschuss (WKZ)

Werbekostenzuschüsse sind Zuschüsse, die die Industrie an den Handel für dessen Werbung zahlt, also z. B. für Handzettelwerbung, Anzeigen in Tageszeitungen, Rundfunk- und Fernsehspots des Handels, aber auch für kooperative Werbemaßnahmen in den verschiedenen Medien, so z. B. die gemeinsame TV-Werbung von OBI und Black & Decker. Bei der Listung neuer Produkte ist die Gewährung von WKZ besonders notwendig; denn in der Regel werden die Produkte nach den Zuschussbeiträgen gelistet.

Werbekostenzuschüsse werden vom Handel als Bestandteil der Gesamtkonditionen gesehen.

Wertkettenanalyse

Bei der Wertkettenanalyse handelt es sich um eine Untersuchung der wertschöpfenden Geschäftsprozesse eines Unternehmens mit dem Ziel, die strategische Wettbewerbsposition des Unternehmens zu analysieren und zu verbessern bzw. zu optimieren. In dieser Form der Unternehmensanalyse werden anhand eines Querschnitts durch das Unternehmen sämtliche wertschöpfenden Prozesse der Wertkette identifiziert und analysiert. Hierbei werden die Prozesse unterschieden in primäre, d. h. in direkt wertschöpfende Tätigkeiten und in sekundäre Prozesse, d. h. in die Wertschöpfung unterstützende Tätigkeiten.

Wertkettenanalysen zielen jedoch nicht nur auf die Innenansicht des Unternehmens ab, sondern dienen dazu, die gesamte Wertkette des Unternehmens zu analysieren, vom Lieferanten bis zum Kunden. Die hierbei identifizierten Prozesse werden auf Effektivität und Effizienz überprüft, mit dem Ziel, etwaige Verbesserungspotenziale aufzudecken. In diesem Rahmen spielt auch der Einsatz von → Benchmarking eine bedeutende Rolle.

Anhand der gewonnenen Erkenntnisse einer Wertkette können konkrete Handlungsempfehlungen für die Verbesserung der Wertkette abgeleitet werden.

Der Vorteil der Wertkettenanalyse liegt in der umfassenden Abbildung und Analyse der wertschöpfenden Geschäftspro-

Wertschöpfung

zesse eines Unternehmens. Als nachteilig ist allerdings anzusehen, dass die Erstellung von Wertkettenanalysen oftmals sehr aufwändig ist.

Wertschöpfung

Bezeichnet in der volkswirtschaftlichen Gesamtrechnung den wirtschaftlichen Ertrag bzw. die Leistung, die eine Wirtschaftseinheit innerhalb einer Periode erbringt. Die Wertschöpfung beschreibt darüber hinaus die wirtschaftliche Leistungsfähigkeit eines Unternehmens und ergibt sich mathematisch aus der Differenz zwischen den Umsatzerlösen und dem für die Erzielung der Umsatzerlöse aufgewendeten Faktoreinsatz. Zum Faktoreinsatz zählen hierbei die Vorleistungen des jeweiligen Unternehmens, wie die Personalkosten, Sollzinsen, Materialaufwendungen etc.

Das Verhältnis von Umsatzerlösen zum Wert des Einkaufs ergibt die Wertschöpfungstiefe.

Wertschöpfungskette

(Synonym: Wertkette)
Der Begriff der Wertschöpfungskette wurde von Michael E. Porter geprägt und bezeichnet die Kette sämtlicher wertgenerierender Prozesse primärer und sekundärer Art, innerhalb und außerhalb eines Unternehmens. Als primäre Aktivitäten werden hierbei Eingangslogistik, Ausgangslogistik, Marketing, Vertrieb, Kundendienst sowie weitere betriebliche Operationen genannt, während die unterstützenden Aktivitäten, wie Beschaffung, Technologieentwicklung, Personalwirtschaft, Unternehmensinfrastruktur etc., die Sekundärprozesse darstellen.

Der Mehrwert des Produkts wird mit fortlaufender Kette erhöht.

Neben der unternehmensinternen Wertschöpfungskette existiert eine unternehmensübergreifende Wertschöpfungskette, die sich vom Lieferanten bis zum Endverbraucher erstreckt.

Ziel der Logistik ist es, die Aktivitäten der Wertschöpfungskette effizienter sowie effektiver zu gestalten. Anhand der → Wertkettenanalyse sollen hierbei die Optimierungspotenziale entlang der Kette aufgedeckt werden.

Der Unterschied zur Supply Chain besteht darin, dass die → Supply Chain Geld- und Informationsflüsse in die Betrachtung mit einbezieht.

Win-Win-Strategie

Aus der Zusammenarbeit sollen alle Beteiligte ihren Nutzen und ggf. auch ihren Vorteil ziehen.

Eine Win-Win-Strategie sollte insbesondere das Ziel von ECR sein. Der Verbraucher hat einen höheren Nutzen beim Einkauf, und der Handel und die Hersteller erwirtschaften beide einen höheren Gewinn.

WKZ

→ Werbekostenzuschuss.

XML
→ eXtensible Markup Language.

XYZ-Artikel
Die Verwendung der Buchstaben X, Y und Z dient im Bestandsmanagement dazu, Artikel in Abhängigkeit ihrer Verbrauchsstruktur zu klassifizieren.

Ein „X"-Artikel bezeichnet hierbei ein Produkt, dessen Bedarf sich relativ gut prognostizieren lässt, da dieser in der Regel konstant verläuft. Der Verbrauch an „Y"-Produkten unterliegt hingegen oftmals starken Schwankungen, weshalb deren Verbrauch schwieriger vorherzusagen ist. Bei „Z"-Artikeln hingegen strebt die Prognosegenauigkeit gegen null.

Die Klassifizierung der Artikel ist von hoher Bedeutung für die Bestandsplanung, insbesondere im Hinblick auf die jeweiligen → Sicherheitsbestände der Artikel.

Z

Zahlungsavis
(engl.: Remittance Advice)
EANCOM-Nachrichtentyp: REMADV
Der Zahlungsavis wird zwischen dem Verkäufer und dem Käufer einer Ware versandt und enthält genaue Informationen einer Zahlung oder sonstige finanzielle Daten für die Bereitstellung von Waren und Dienstleistungen. Die REMADV bezieht sich dabei auf einen bestimmten Zeitpunkt.

Zielgruppen-Konzept
(Synonym: Bedarfsgruppenorientierung)
Die Zielgruppe bildet hier die Grundlage für die Festlegung und die Gestaltung der Marktbearbeitung des Handels.
Insbesondere die Angebots- und Sortimentsgestaltung ist am Bedarf unterschiedlicher Zielgruppen ausgerichtet, wobei die Warenherkunft relativ unberücksichtigt bleibt. Die Gestaltung des Sortiments knüpft „(...) an bestimmten Bedarfsgruppen der Kunden (z. B. Alles für das Auto, das Heim, das Kind) oder an bestimmten Erlebnisbereichen (z. B. Sport, Freizeit, Basteln)" an (Katalog E, S. 126).
Das Zielgruppen-Konzept liegt insbesondere den Fachmärkten zugrunde, der klassische Lebensmittelhandel orientiert sich noch stark am → Angebotskonzept!

Zusatznutzen
Addierter oder Mehrwert eines Produkts, der aufgrund einer oder mehrerer mit dem Produkt verbundenen Dienstleistungen wie Kundendienst, Garantie, Service etc. entsteht. Der Zusatznutzen soll ein Produkt von den Produkten der Wettbewerber unterscheiden.

Zusatzsortiment
Der Begriff „Zusatzsortiment" wird nicht einheitlich verstanden. So versteht man darunter lokale oder regionale Ergänzungssortimente, aber auch branchenfremde Waren oder Produkte, die das Kernsortiment eines Unternehmens hinsichtlich Preislage und Qualität nach oben oder unten vervollständigen.

Zuverlässige Arbeitsweise
(engl.: Reliable Operations)
Die zuverlässige Arbeitsweise stellt die Grundlage für die verlässliche Funktionsweise einer synchronisierten → Supply Chain dar und ist als Basis von → Efficient Consumer Response (ECR) zu verstehen.
Der Begriff der „zuverlässigen Arbeitsweise" umfasst sowohl das zuverlässige Funktionieren der Produktions- und Distributionssysteme als auch das Management der Bestellungen sowie die verlässlichen Informationssysteme eines Unternehmens. Je stärker die einzelnen Bereiche der → Supply Chain zuverlässig arbeiten, umso höher ist das hierdurch zu erzielende Optimierungspotenzial → Supply Chain bzw. das der gesamten Logistik eines Unternehmens. Inwieweit die einzelnen Bereiche des Unternehmens zuverlässig arbeiten, kann über das Messinstrument der → ECR-Scorecard analysiert werden.

Zweitplatzierung
Bezeichnet die zusätzliche Platzierung eines Artikels im Sortiment eines Handelsbetriebs parallel zu dessen regulärer Erstplatzierung oder Stammplatzierung. Zweitplatzierungen dienen dazu, die Aufmerksamkeit der Shopper für die entsprechenden Artikel zu erhöhen und so die Absätze zu verbessern. Meist werden Artikel in den Kassenbereichen oder sonstigen frequenzträchtigen Bereichen der Verkaufsstätten „zweitplatziert". Süßwaren sind beispielsweise typische Artikel für Zweitplatzierungen.

Literaturverzeichnis

A

Ahlert, D./Becker, J.: Customer Relationship Management im Handel: Strategien – Konzepte – Erfahrungen. Springer-Verlag, 2002.

Arnold, D. (Hrsg.); et al.: Handbuch Logistik. 3. Aufl., Springer-Verlag, 2008.

Ausschuss für Definitionen zu Handel und Distribution (Hrsg.): Katalog E: Definitionen zu Handel und Distribution. 5. Aufl., 2006.

B

Bahrami, K.: Horizontale Transportlogistik-Kooperationen: Synergiepotenzial für Hersteller kurzlebiger Konsumgüter. Deutscher Universitäts-Verlag, 2003.

Barth, K./Hartmann, M./Schröder, H.: Betriebswirtschaftslehre des Handels. 6. Aufl., Gabler-Verlag, 2007.

Benkenstein, M.: Entscheidungsorientiertes Marketing: Eine Einführung. Gabler-Verlag, 2001.

Birk, F./Fink, W./Lutz, K.: Kundenorientiert verkaufen. 16. Aufl., Gehlen-Verlag, 1991.

Blank, A.: Allgemeine Wirtschaftslehre: Bürokaufmann/Bürokauffrau; Kaufmann/Kauffrau für Bürokommunikation, Lehrbuch/Fachbuch. Bildungsverlag Eins, 2008.

Blank, A. (Hrsg.)/ Christ, H. (Hrsg.)/ Schneider, K.-H. (Hrsg.): Betriebswirtschaftslehre. 3. Aufl., Stam-Verlag, 2007.

Blank, A.; et. al.: Ausbildung im Einzelhandel. 2. Aufl., Bildungsverlag Eins, 2005.

Bruhn, M. (Hrsg.): Handelsmarken im Wettbewerb: Entwicklungstendenzen und Zukunftsperspektiven der Handelsmarkenpolitik. Deutscher Fachverlag, 1996.

Buddeberg, H.: Betriebslehre des Binnenhandels. Gabler-Verlag, 1959.

Bürgerliches Gesetzbuch. 63. Aufl., Beck-Verlag, 2009.

Busch, R./Unger, F.: Integriertes Marketing: Strategie – Organisation – Instrumente. Gabler-Verlag, 2008.

C

Cronenbroeck, W.: Handbuch internationales Projektmanagement: Grundlagen, Organisation, Projektstandards. Interkulturelle Aspekte. Angepasste Kommunikationsformen. Cornelsen-Verlag Scriptor, 2004.

Czech-Winkelmann, S.: Trade-Marketing: Konzepte – Instrumente – Organisationsgestaltung und Management, Cornelsen-Verlag, 2002.

Czech-Winkelmann, S.: Vertrieb: Kundenorientierte Konzeption und Steuerung. Cornelsen-Verlag, 2003.

D

Diller, H. (Hrsg.): Vahlens Großes Marketing Lexikon. Verlag Franz Vahlen, 1992.

Literaturverzeichnis

F

Fuchs, W./Unger, F.: Verkaufsförderung: Konzepte und Instrumente im Marketing-Mix. Gabler-Verlag, 2003.

G

Goldstein, E.: Inventur – leicht gemacht: Grundlagen, Leitfaden, Checklisten, Vordrucke zur Stichtagsinventur. Goyang Media Ltd., 2003.

Grunwald, A./Kopfmüller, J.: Nachhaltigkeit. Campus-Verlag, 2006.

GS1-Germany: Category Management – der Weg zur erfolgreichen Umsetzung. 2. Aufl., GS1 Germany GmbH, 2008.

GS1-Germany: Supply Chain Management – Effiziente Prozesse im Fokus. GS1 Germany GmbH, 2005.

Gudehus, T.: Dynamische Märkte: Praxis, Strategien und Nutzen für Wirtschaft und Gesellschaft. Springer-Verlag, 2007.

H

Hinterhuber, H./Matzler, K.: Kundenorientierte Unternehmensführung: Kundenorientierung – Kundenzufriedenheit – Kundenbindung. 5. Aufl., Gabler-Verlag, 2006.

Homburg, C./Krohmer, H.: Marketingmanagement: Strategie – Instrumente – Umsetzung – Unternehmensführung., Gabler-Verlag, 2003.

J

Jahns, C./Schüffler, C.: Logistik: Von der Seidenstraße bis heute. Gabler-Verlag, 2008.

Jauschowetz, D.: Marketing im Lebensmitteleinzelhandel: Industrie und Handel zwischen Kooperation und Konfrontation. Carl-Ueberreuter-Verlag, 1995.

K

Kamiske, G. F./Brauer, J.-P.: Qualitätsmanagement von A bis Z: Erläuterungen moderner Begriffe des Qualitätsmanagements. Hanser-Verlag, 2007.

Kerth, K./Asum, H./Nührich, K. P.: Die besten Strategietools in der Praxis: Welche Werkzeuge brauche ich wann? Wie wende ich sie an? Wo liegen die Grenzen? 3. Aufl., Hanser-Verlag 2008.

Klaus, P. (Hrsg.)/Krieger, W.(Hrsg.): Gabler Lexikon Logistik. Gabler-Verlag, 1998.

Koether, R. (Hrsg.): Taschenbuch der Logistik. Hanser-Verlag, 2008.

Koschnick, W. J. (Hrsg.): Lexikon Marketing. 2. Aufl, Schäeffer-Poeschel-Verlag, 1997.

Kraus, G.: Managementbegriffe. 2. Aufl., Haufe-Verlag, 2006.

M

Magnus, K.-H.: Erfolgreiche Supply-Chain-Kooperation zwischen Einzelhandel und Konsumgüterherstellern: Eine empirische Untersuchung der Händlerperspektive. Deutscher Universitäts-Verlag, 2007

Mau, M.: Supply Chain Management – Prozessoptimierung entlang der Wertschöpfungskette. Wiley-VCH, 2003.

Meffert, H./Bruhn, M.: Dienstleistungsmarketing: Grundlagen – Konzepte – Methoden: mit Fallstudien. 5. Aufl., Springer-Verlag, 2006.

Meffert, H./Burmann, C./Kirchgeorg, M.: Marketing: Grundlagen marktorientierter Unternehmensführung – Konzepte – Instrumente – Praxisbeispiele. 10. Aufl., Gabler-Verlag, 2008.

Metro Group: Metro Handelslexikon. 2007/2008.

O
Olbrich, R. (Hrsg.): Marketing-Controlling mit POS-Daten: Analyseverfahren für mehr Erfolg in der Konsumgüterwirtschaft. Deutscher Fachverlag, 2006.

P
Pepels, W.: Einführung in das Distributionsmanagement. 2. Aufl., Oldenbourg-Wissenschaftsverlag, 2001.

Pepels, W.: Gabler Lexikon Vertrieb und Handel. Gabler-Verlag, 1998.

Pepels, W.: Marketing: Lehr- und Handbuch. 4. Aufl., Oldenbourg-Wissenschaftsverlag, 2004.

Pfohl, H.-C./Aberle, G./Gimmler, K.-H./Großeschallau, W.: Risiko- und Chancenmanagement in der Supply Chain: proaktiv – ganzheitlich – nachhaltig. Erich-Schmidt-Verlag, 2002.

Pfohl, H.-C./Berentzen, C.: Supply Chain Management: Logistik Plus? Erich-Schmidt-Verlag, 2000.

Poth, L. S./Poth, G. S./Pradel, M.: Kompakt-Lexikon Marketing. 3. Aufl., Gabler-Verlag, 2003.

R
Reinecke, S. (Hrsg.)/Tomczak, T. (Hrsg.): Handbuch Marketingcontrolling: Effektivität und Effizienz einer marktorientierten Unternehmensführung. 2. Aufl., Gabler-Verlag, 2006.

Rudolph, T.: Modernes Handelsmanagement: Eine Einführung in die Handelslehre. Pearson-Verlag, 2005.

Rühl, A./Steinicke, S.: Filialspezifisches Warengruppenmanagement: Ein neues Konzept effizienter Sortimentssteuerung im Handel. Deutscher Universitäts-Verlag, 2003.

S
Schneider, W.: Marketing und Käuferverhalten. Oldenbourg-Wissenschaftsverlag, 2006.

Schemm, J. W.: Zwischenbetriebliches Stammdatenmanagement: Lösungen für die Datensynchronisation zwischen Handel und Konsumgüterindustrie. Springer-Verlag, 2008.

Schröder, H.: Multichannel-retailing: Marketing in Mehrkanalsystemen des Einzelhandels. Springer-Verlag, 2005.

Schüller, A. M./Fuchs, G./Kleinsorgen, M.: Total Loyalty Marketing mit begeisterten Kunden und loyalen Mitarbeitern zum Unternehmenserfolg. Gabler-Verlag, 2007.

Schulte, C.: Lexikon der Logistik. Oldenbourg-Verlag, 1999.

Schulte, G.: Material- und Logistikmanagement. Oldenbourg-Verlag, 1996.

Simon, H./Fassnacht, M.: Preismanagement: Analyse – Strategie – Umsetzung – Entscheidung. 3. Aufl., Gabler-Verlag, 2006.

Stauss, B./Seidel, W.: Beschwerdemanagement: Kundenbeziehungen erfolgreich managen durch Customer Care. 3. Aufl., Hanser-Verlag, 2002.

T
Ten Hompel, M./Heidenblut, V.: Taschenlexikon Logistik: Abkürzungen, Definitio-

Literaturverzeichnis

nen und Erläuterungen der wichtigsten Begriffe aus Materialfluss und Logistik. 2. Aufl., Springer-Verlag, 2007.

Thieme, J.: Versandhandelsmanagement: Grundlagen, Prozesse und Erfolgsstrategien für die Praxis. 2. Aufl., Gabler-Verlag, 2006.

Theis, H.-J.: Handelsmarketing 1 – Strategien und Instrumente im Handelsmarketing. Deutscher Fachverlag, 2006.

Thonemann, U.; et.al.: Der Weg zum Supply-Chain-Champion: Harte Fakten zu weichen Themen. MI-Wirtschaftsbuch, 2007.

W

Waarts, E.; et. al.: Internationales Marketing Lexikon. Fortis-Verlag, 1996.

Wannenwetsch, H. H. (Hrsg.)/Nicolai, S. (Hrsg.): E-supply-Chain-Management: Grundlagen – Strategien – Praxisanwendungen. 2. Aufl., Gabler-Verlag, 2004.

Weis, C. (Hrsg.): Handelsmarketing. Friedrich-Kiehl-Verlag, 1997.

Weise, C.: Hersteller- und Handelsmarken im Kaufentscheidungsprozess. Gabler-Verlag, 2008.

Werner, H.: Supply Chain Management: Grundlagen, Strategien, Instrumente und Controlling. 3. Aufl., Gabler-Verlag, 2007.

Winkelmann, P.: Marketing und Vertrieb: Fundamente für die Marktorientierte Unternehmensführung. Oldenbourg-Verlag, 2008.

Wöhe, G./Döring, U.: Einführung in die Allgemeine Betriebswirtschaftslehre. 22. Aufl., Vahlen-Verlag, 2005.

Z

Zentes, J.: Handbuch Handel: Strategien – Perspektiven – internationaler Wettbewerb. Gabler-Verlag, 2006.

Internetquellen:

http://www.cctop.de
http://www.ciesnet.com
http://www.competence-site.de
http://bundesrecht.juris.de
http://www.bundestag.de
http://www.bvl.de
http://www.gfk.com
http://www.gs1-germany.de
http://www.handelswissen.de
http://www.icc-deutschland.de
http://www.ihk-nordwestfalen.de
http://www.imc-ag.com
http://www.key-account-management.de
http://www.lebensmittelnet.at
http://www.logistik-inside.de
http://www.logistik-lexikon.de
http://www.logistikwoerterbuch.or.at
http://www.lz-net.de
http://www.markenlexikon.com
http://www.marketing.wiwi.uni-due.de
http://www.marktforschung.de
http://www.medialine.de
http://www.mysteryshop.org
http://www.onpulson.de
http://www.prozeus.de
http://www.stratedi.de
http://www.stylusstudio.com
http://www.sinfos.de
http://www.transfair.org
http://www.unternehmerinfo.de
http://www.4managers.de

Der Handel. EDITION

Bernhard Heidel

Lexikon Konsumentenverhalten und Marktforschung

338 Seiten, ca. 100 Grafiken und Tabellen, gebunden

Buch-Bestell-Nr. 41044	**68 €**
CD-Bestell-Nr. 41116	**68 €**
Paket-Bestell-Nr. 41134	**98 €**

Sie finden über 800 Einträge zu den Themengebieten Marktforschung und Konsumentenverhalten:

- Erhebungsmethoden
- Berichterstattung Positionierung
- Marketing
- Psychologie
- Datenquellen und Datenauswertung
- Segmentierung und Positionierung
- Werbewirkung

Klaus Brüne

Lexikon Kommunikationspolitik

Werbung – Direktmarketing – Integrierte Kommunikation

216 Seiten, mit zahlreichen Abbildungen und Grafiken, gebunden

Buch-Bestell-Nr. 41043	**68 €**
CD-Bestell-Nr. 41178	**68 €**
Paket-Bestell-Nr. 41179	**98 €**

Fachausdrücke aus folgenden Bereichen werden ausführlich erläutert:

- Kommunikationsinstrumente wie Verkaufsförderung, Sponsoring, Eventmarketing, Öffentlichkeitsarbeit, Direktmarketing, Multimediakommunikation, Messen, mobile Marketing, Onlinemarketing u.v.m.
- Kommunikationsmix, Kommunikationsforschung
- Werbemittel, Werbeträger
- Marketing u.v.m.

Ihr direkter Weg: www.dfv-fachbuch.de

Erhältlich in jeder Buchhandlung!
Deutscher Fachverlag · 60264 Frankfurt am Main

Der Handel. EDITION

Klaus Brüne

Lexikon
E-Business

Online-Marketing - E-Commerce - Internet-Prozessmanagement

289 Seiten, zahlreiche Grafiken und Tabellen, gebunden

ISBN 978-3-86641-047-3   **68 €**

Fachausdrücke aus folgenden Bereichen werden ausführlich erläutert:

- E-Commerce
- E-Procurement
- Internet-Prozessmanagement
- Kennzahlen
- Qualitätsmanagement
- Erfolgskontrolle
- Instrumente
- Suchmaschinen
- Systeme
- Partnerprogramme
- und vieles mehr

Das vorliegende Lexikon „E-Business" gibt einen Überblick über die Begriffsvielfalt und bietet Hilfestellung zum Verständnis des zeitgemäßen Fachvokabulars. Es trägt dazu bei, dass Praktiker in allen Hierarchiestufen sowie Studierende schnell auf relevantes, aktuelles und prägnant aufbereitetes Wissen zugreifen können

Ihr direkter Weg: www.dfv-fachbuch.de

**Erhältlich in jeder Buchhandlung!
Deutscher Fachverlag · 60264 Frankfurt am Main**

Der Handel. EDITION

Kai Hudetz / Andreas Kaapke

Lexikon Handelsmanagement
Controlling – Führung – Marketing

351 Seiten, gebunden

Bestell-Nr. 41103   68 €

Neue Technologien, geänderte Konsumgewohnheiten und viele andere Faktoren erfordern, dass sich der Handel ständig neuen Rahmenbedingungen anpassen muss. Das hat auch Auswirkungen auf die in der betrieblichen Praxis verwendeten Fachbegriffe. Deren Bedeutung ist nicht immer eindeutig und daraus können Missverständnisse entstehen.

Das vorliegende Nachschlagewerk enthält rund 800 stringent definierte Begriffe aus den vielfältigen Bereichen des Handelsmanagements - vom Controlling über die Logistik bis hin zu Marketing und Vertrieb. Die Begriffsdefinitionen sind wissenschaftlich fundiert, bleiben aber stets praxisnah.

Fachausdrücke aus folgenden Bereichen werden ausführlich erläutert:

- Groß- und Außenhandel
- Einzelhandel
- Controlling
- Betriebsführung
- Personalmanagement
- Marketing und Vertrieb
- Produkt – Sortiment – Service
- Preise – Spannen – Konditionen
- Beschäftigungspolitik und Nachfrage
- Supply-Chain-Management
- Standort und Raumplanung

Ihr direkter Weg: www.dfv-fachbuch.de

Erhältlich in jeder Buchhandlung!
Deutscher Fachverlag · 60264 Frankfurt am Main

DEUTSCHER FACHVERLAG
FACHMEDIEN